WILFRIED JOEST
Gott will zum Menschen kommen

WILFRIED JOEST

Gott will zum Menschen kommen

Zum Auftrag der Theologie im
Horizont gegenwärtiger Fragen
Gesammelte Aufsätze

VANDENHOECK & RUPRECHT
IN GÖTTINGEN

CIP-Kurztitelaufnahme der Deutschen Bibliothek

Joest, Wilfried
[Sammlung]
Gott will zum Menschen kommen : zum Auftr. d. Theologie im Horizont gegenwärtiger Fragen ; ges. Aufsätze. – Göttingen : Vandenhoeck & Ruprecht, 1977.
ISBN 3-525-56142-3

Umschlag: Karlgeorg Hoefer

© Vandenhoeck & Ruprecht, Göttingen 1977. – Printed in Germany. Alle Rechte vorbehalten. Ohne ausdrückliche Genehmigung des Verlages ist es nicht gestattet, das Buch oder Teile daraus auf foto- oder akustomechanischem Wege zu vervielfältigen.
Gesamtherstellung: Hubert & Co., Göttingen.

VORWORT

Die zehn in diesem Band vorgelegten Aufsätze sind in einem Zeitraum von etwas weniger als zwanzig Jahren entstanden und waren mit Ausnahme der beiden letzten schon einmal veröffentlicht. Ort und Jahr ihres ersten Erscheinens sind im Quellenverzeichnis angegeben. Die schon veröffentlichten Aufsätze wurden stilistisch überarbeitet, an einigen Stellen auch sachlich ergänzt, die Titel z. T. anders formuliert. Im Ganzen wurden die Aufsätze aber in ihrer ursprünglichen Gestalt belassen. Die Sammlung bildet keine formale Einheit; neben Stücken, die von vornherein für den Druck konzipiert waren, stehen solche, die auf Vorträge zurückgehen und dies auch in der Diktion noch erkennen lassen. Sie gibt auch inhaltlich nicht eine abgeschlossene Konzeption wieder, sondern eher einen Weg – und auch dies nur sehr in Bruchstücken –, den meine Gedanken durch diese Jahre hindurch gegangen sind. Er war, wenn auch nach meinem Bewußtsein ohne Bruch in der Grundrichtung, so doch sicher nicht ganz ohne Kurven. Manches vor Jahren Gesagte würde ich heute anders sagen, zumindest anders formulieren. Aber nur wo mir Formulierungen gar nicht mehr vertretbar erschienen, habe ich korrigierend eingegriffen. Zweifellos wird man bei dem oder jenem der behandelten Themen auch Bezugnahmen auf die Arbeiten anderer vermissen, die heute unbedingt berücksichtigt werden müßten, mir aber bei der Entstehung des betr. Aufsatzes nicht bekannt waren, weil sie noch nicht erschienen oder mir noch nicht zu Gesicht gekommen waren. Ich habe auch in dieser Hinsicht nur wenige Hinweise in Form von Anmerkungen nachgetragen.

Bei aller Varietät ihrer Themen stehen aber die hier zusammengestellten Aufsätze doch in einem inneren Problemzusammenhang. Durch die ganzen Jahre hindurch hat mich die Frage der Vermittlung der biblischen Botschaft und ihrer kirchlichen Überlieferung in den Horizont des spätneuzeitlichen Bewußtseins hinein sehr beschäftigt. Der Haupttitel der Sammlung versucht das Grundmotiv anzudeuten, aus dem uns nach meiner Überzeugung das viel verhandelte „hermeneutische Problem" in der Tat beschäftigen muß; implizit will er zugleich auf das christologische Kriterium eines theologisch zu verantwortenden Umgangs mit diesem Problem hinweisen. Einige Arbeiten, die sich mit ihm in grundsätzlichen Aspekten befassen, wurden unter der Überschrift „Perspektiven" im ersten Teil dieser Sammlung zusammengestellt. Als „Konkretionen" folgen weitere Aufsätze, in denen es in Bezug auf verschiedene inhaltliche Einzelthemen, also gewissermaßen „im Vollzug", zur Diskussion oder zumindest im Hintergrund steht.

Nur mit gewissen Bedenken bin ich dem Zureden einiger Freunde und Schüler gefolgt, diese kleine Auswahl fast ausschließlich früherer Arbeiten nochmals an die Öffentlichkeit zu geben. Sie stellen ja wirklich nur partielle Ansätze dar auf einem Weg, dem das Ziel vor Augen steht, die „Sache" des biblischen Christuszeugnisses in den Horizont der Gegenwart hinein so auszulegen, daß sie in ihrer unverfügbaren Identität und in ihrem An-gehen an den Menschen dieser Gegenwart zugleich zur Sprache kommt. Die Frage, wie dies in rechter Weise geschehen kann, ist doch mit dem plötzlichen Abflauen der Diskussion um den Lösungsversuch der „existentialen Interpretation" keineswegs erledigt. Sie scheint eher in ein Stadium verwilderter und jene Identität ganz aus den Augen verlierender „Aktualisierungen" eingetreten zu sein. Sie steht zu erneuter Besinnung an. Vielleicht kann einiges, was in dieser Sammlung enthalten ist, zu solcher Besinnung auch heute noch einen Beitrag geben.

Mein herzlicher Dank gilt meinen Assistenten Dr. *Joachim Track* (jetzt Professor an der Augustana-Hochschule Neuendettelsau), *Wolf-Jürgen Starke* (jetzt Pfarrer in Erlangen-Bruck) und *Burghard Krause*; das beratende Gespräch mit ihnen war mir auch bei der Auswahl und Bearbeitung dieser Aufsätze eine große Hilfe. Ebenso herzlich danke ich dem Verlag, daß er sich zur Herausgabe der Sammlung entschlossen hat.

Buckenhof, im Mai 1977   Wilfried Joest

Inhalt

Vorwort 5

I. Perspektiven

Das „Personale" und der Glaube. Möglichkeit und Grenzen einer theologischen Interpretationskategorie 9
Zwischen Barth und Bultmann 46
Thesen zum Problem der existialen Interpretation 64
Bewahren im Übersetzen. Zur hermeneutischen Aufgabe der Theologie 69
Das Gebot und *die* Gebote. Thesen zur theologischen Begründung der Verbindlichkeit ethischer Normen 82

II. Konkretionen

Die Frage der Transzendenz Gottes 97
Gott der Schöpfer und der Kosmos. Zum Verhältnis von Theologie und Naturwissenschaft 108
Adam und wir. Gedanken zum Verständnis der biblischen Urgeschichte 124
Die Allmacht Gottes und das Leiden der Menschen 140
Die Gegenwart Gottes in dem Menschen Jesus. Zur Interpretation des christologischen Dogmas 156
Orte der Erstveröffentlichung 169

I. PERSPEKTIVEN

Das „Personale" und der Glaube[1]

Möglichkeiten und Grenzen einer theologischen Interpretationskategorie

Die folgenden Ausführungen knüpfen an den Aufsatz von Gerhard Gloege über „den theologischen Personalismus als dogmatisches Problem" an, der im ersten Jahrgang von KuD erschienen ist[1a]. Die Bedeutung dieses Aufsatzes ist darin zu sehen, daß er auf einen in den theologischen Auseinandersetzungen der letzten Zeit weithin untergründig wirksamen Fragenkomplex aufmerksam macht und sich bemüht, diesen in seiner inneren Struktur und seinen verschiedenen Dimensionen zu Gesicht zu bringen. Gloege bezeichnet das, was er als „Personalismus" sichtet, als dogmatisches Problem. Er will also weder ein personalistisches theologisches System vertreten, noch will er das Personalistische in der Theologie schlechthin bekämpfen. Zum Problem in einem ernsten Sinn wird ja offenbar gerade das, was keineswegs von vornherein abzulehnen ist, was vielmehr irgendwie „trifft" und sich mit einem echten Anspruch auf Gehör zum Wort meldet; was aber andererseits auch ein versuchliches Moment in sich zu bergen und ein gewisses Gefälle zu abwegigen Konsequenzen zu haben scheint. Wir sind dann aufgefordert, nach dem Recht und den Grenzen der problematischen Größe zu fragen, oder anders gesagt: sie durch den Aufweis ihrer Grenzen in ihrem rechten Ort und Gebrauch zu erkennen. In dieser Richtung bewegt sich Gloeges Fragestellung, wenn er in jenem Aufsatz zwar nicht „hinter den Personalismus zurück" will[2], aber doch vor einer eventuellen konsequenten Systematisierung des personalen Ansatzes warnt, indem er ihm von biblischen Befunden her eine Reihe von Fragen gleichsam kontrapunktisch entgegenstellt.

Den damit gegebenen Denkanstößen soll im folgenden etwas weiter nachgegangen werden. Es soll versucht werden, den Sinn des „Personalen" in der Theologie genauer zu erfassen und so zu Ansätzen einer Unterscheidung von Gebrauch und Mißbrauch zu kommen. Damit sollen Gloeges Feststellungen nicht korrigiert, sondern ausgelegt und zugleich auf bestimmte Brennpunkte hin spezialisiert werden. Da „personal" in

---

[1] Diese Abhandlung ist die erweiterte Fassung einer Gastvorlesung, die am 7.9.1958 vor der Theologischen Fakultät der Universität Jena gehalten wurde.

[1a] *G. Gloege,* Der theologische Personalismus als dogmatisches Problem, in: KuD 1955, S. 23–41.

[2] AaO S. 34.

der theologischen Diskussion unserer Tage als wesentliche Kategorie der Glaubensbeziehung zu Gott geltend gemacht und von da aus ein „personales" theologisches Denken als das dem Wesen des Glaubens allein gemäße gefordert wird, erscheint es angemessen, den Hebel bei der Frage nach der Personalität des Glaubens anzusetzen. Es versteht sich von selbst, daß ein Aufsatz nur einige Grundlinien skizzieren kann und damit vielleicht mehr Fragen aufwirft als er beantwortet. Die Problematik, um die es sich handelt, ist so weitschichtig und vielseitig, daß die Bemühungen Vieler zusammenwirken müssen, um zur Klarheit zu gelangen. Dazu will das Folgende nur ein vorläufiger Beitrag sein. Es soll zunächst eine knappe Analyse des personalen Ansatzes und seiner Problematik unternommen werden. Dem soll die kritische Besinnung folgen.

A. Problem

Gloege hat die Wurzeln und Vorformen personalen Glaubensverständnisses der heutigen Theologie bei Augustin, Luther, Pascal und Kierkegaard aufgezeigt. Darauf möchte ich nicht noch einmal zurückkommen[3]. Vielmehr geht es hier nur um das personale Motiv, wie es in der gegenwärtigen Theologie vor allem des deutschen Sprachraumes sich abzeichnet. „Personalismus" als systematisch abgerundete Größe ist in dieser Theologie kaum zu fassen; es gibt keine Schulrichtung, die sich so nennt oder von andern so genannt würde, wie das vor einem Menschenalter bei der „dialektischen Theologie" der Fall war. Klar ausgeprägt ist aber bei einer Reihe namhafter Theologen die These, daß der Glaube personales Geschehen, personhafte Begegnung von Gott und Mensch ist; und zwar verbunden mit der Überzeugung, daß diese Erkenntnis für die ganze Gestaltung der Theologie maßgebend zu sein habe. Aus dieser Überzeugung erwächst eine bestimmte Richtung der theologischen Methode, ihrer Fragestellungen und ihrer Begriffsbildung[4], und damit verbunden Abneigung und Abwehr gegen gewisse andere Einstellungen des Fragens und der Begriffsbildung. Das führt auch zur Ablehnung bestimmter Inhalte bisheriger theologischer Tradition, sofern diese sich in die Kategorien, die ein personales Verständnis des Glaubens vorzeichnet, nicht einfügen oder nicht übersetzen lassen wollen. In welcher Erstreckung solche Konsequenzen aus dem personalen Ansatz des Glaubensverständnisses gezogen werden, das ist nun freilich

---

[3] Eine umfassende Bearbeitung des Themas, die freilich statt eines Aufsatzes ein Buch erfordern würde, müßte auch diesen theologiegeschichtlichen Zusammenhängen genau nachgehen. Es wäre eine lohnende Aufgabe für sich, das Gemeinsame und die Unterschiede dieser Gestalten personalen theologischen Denkens in der Vergangenheit zu erarbeiten und aus der Situation der betreffenden Denker zu verstehen. Vor allem müßte das Verhältnis des heutigen Personalismus zu dem Personalen in der Theologie Luthers eingehend untersucht werden.

[4] *Gloege* spricht aaO S. 33 von einem „theologischen Klima".

bei einzelnen Theologen, die diesen Ansatz teilen, recht verschieden[5]. Ich möchte darum hier auch nicht unmittelbar in die Diskussion über bestimmte Thesen solcher Theologen eingreifen. Sondern es soll der Versuch gemacht werden, den Ansatz heutiger Theologie bei einem personalen Verständnis des Glaubens gewissermaßen idealtypisch zu erwägen hinsichtlich dessen, was er grundsätzlich bedeuten kann und hinsichtlich der Konsequenzen, zu denen er führen kann. Wieweit solche Konsequenzen im konkreten System irgendeines von diesem Ansatz aus denkenden Theologen hie und da tatsächlich gezogen werden, bleibt dahingestellt und wird allenfalls anmerkungsweise gestreift. Es handelt sich jenseits unmittelbarer Polemik um eine grundsätzliche Erwägung der Möglichkeit und der Grenzen einer „personalistischen" Theologie.

I. Das personale Verständnis des Glaubens im Ansatz

Wenn heute in der Theologie vom Glauben als einem personalen Geschehen gesprochen wird, geht das Verständnis von „personal", das dabei zugrunde liegt, nicht von dem Gedanken der individuellen „Persönlichkeit" in ihrer Selbstentfaltung aus. Im Hintergrund steht vielmehr ein Personverständnis, das an dem personalen Gegenüber von Ich und Du orientiert ist. Dieses Personenverständnis wurde in dem vergangenen Menschenalter vor allem von Ferdinand Ebner, Martin Buber und Eberhard Grisebach entwickelt. Die Arbeit dieser Denker hat auf diejenigen Theologen, die heute im Verständnis des Glaubens den personalen Ansatz betonen, nachweislich stark eingewirkt[6].

Was besagt dieses am Gegenüber von Ich und Du entwickelte Personverständnis? Die Begegnung von Ich und Du wird verstanden als das Geschehen, worin eigentliches Person-sein sich überhaupt erst verwirklicht. Aneinander, durcheinander und füreinander werden wir Personen. Wir

---

[5] *E. Brunner* und *F. Gogarten* arbeiten mit dem Begriff der Personalität des Glaubens, weichen aber in der Radikalität der Folgerungen, die aus diesem Ansatz ins Ganze der theologischen Aussagen gezogen werden, z.T. stark voneinander ab. – Bei *R. Bultmann* und *G. Ebeling* steht die Existenzialität des Glaubens im Vordergrund: Glaube als Verstehen der eigenen Existenz coram Deo. In der Sache ist das aber dem mit „personal" Gemeinten eng verbunden. – M.E. gehört auch *K. Heim*, was den Ansatz im personalen Verständnis des Glaubens betrifft, in eine Reihe mit den Genannten. Freilich, Methode und Ergebnisse seiner Theologie sind ganz andere.

[6] Schon *K. Heim* war stark von *F. Ebner* und *M. Buber* beeinflußt. Vgl. seinen Aufsatz „Ontologie und Theologie" in: ZThK 1930/5. Bei *Gogarten* kommt vor allem die Einwirkung von *Grisebach* hinzu. Bei *Bultmann* kommen die philosophischen Beeinflussungen seiner Theologie von anderer Seite; was bei ihm der Sache nach dem personalen Ansatz im Glaubensverständnis entspricht, dürfte seine Wurzeln in theologischen Einflüssen haben, die in eigentümlicher Verschränkung von *W. Herrmann* und dem jungen *K. Barth* her wirkten. Vgl. dazu *O. Schnübbe*, Der Existenzbegriff in der Theologie Rudolf Bultmanns, 1959.

werden es, indem uns der Appell des Anderen an das eigene Selbst widerfährt und wir ihn beantworten. Ich kenne den Andern als Person noch nicht, solange ich nur etwas oder vielleicht sogar Vieles „über" ihn weiß und ihn darin als eine Größe „an sich" betrachte und abschätze. Denn dann verhalte ich mich zu ihm wie zu einem Objekt. Ich komme aber auch noch nicht zu meinem eigenen Person-sein, solange ich dem Andern in dieser Weise gegenüberstehe und dabei mich selbst als ein isoliertes Subjekt „für mich" verhalte. Sondern erst indem ich den Andern in seinem auf mein Selbst gerichteten Verhalten, in seiner an mein Selbst gestellten Anforderung wahrnehme und anerkenne, erkenne ich ihn als Person. Das Objekt wird zum Du. Und nur indem ich diesem Appell mich öffne und ihn durch mein Verhalten zu dem Selbst des andern Menschen beantworte, erfüllt sich mein eigenes Selbst. Personalität hat ihren Ort also allein in der lebendigen Begegnung, in der Menschen nicht mehr nur etwas voneinander wissen, etwas füreinander (oder auch gegeneinander) tun usw., sondern als Sie-selbst füreinander da sind. Dieses Begegnungsgeschehen wird als der zentrale und eigentliche Bereich menschlicher Existenz verstanden. Statt Personalismus schlechthin sollte man diese Sicht der Person-Bestimmung des Menschen vielleicht besser „Inter-Personalismus" nennen. Die Verwechslung mit einem Personalismus im Sinne des Ideals der autarken Persönlichkeit wäre so von vornherein ausgeschaltet.

In alledem handelt es sich zunächst um das Humanum, interpretiert durch eine bestimmte Sicht des Verhältnisses von Mensch zu Mensch. Im theologischen Bereich wird diese Sicht aber nun für die Begegnung des sich offenbarenden Gottes zum Menschen hin und für das Glaubensverhältnis des Menschen zu Gott bedeutsam. Und zwar

a) zunächst so, daß das mitmenschliche Personverhältnis als im Verhältnis zu Gott begründet verstanden wird: Nur weil Gott Menschen zum Füreinander bestimmt, weil also im Anspruch des menschlichen Du Gottes Anspruch mich trifft, ist dieser Anspruch des Du an mein Selbst so unbedingt. Nur wenn ich im Glauben mir Gottes Anspruch begegnen und mich zugleich von ihm tragen lasse, werde ich zur rechten Antwort auch auf den Appell des menschlichen Du befreit.

b) Sodann aber auch so, daß das Verhältnis zu Gott, die Begegnung von Offenbarung und Glauben nun ihrerseits vom zwischenmenschlichen Personverständnis her verstanden und gedeutet wird. Das interpersonale Verständnis des zwischenmenschlichen Verhältnisses zeichnet gewissermaßen Kategorien vor für das Verständnis des Gottesverhältnisses, in dem es seinerseits real begründet ist. Ist schon dem menschlichen Du gegenüber ein dinghaftes, „objektives" Verhältnis und Verhalten unangemessen, um wieviel mehr gegenüber Gott. Will schon der Nächste nicht als Wissensobjekt, sondern als das mein Selbst anredende Selbst erkannt sein, so darf um so mehr die Offenbarung Gottes nicht als sachhafte Wissensmitteilung verstanden werden, sondern nur als das Wort, in dem Gott sein im höchsten Sinn persönliches Verhalten zu mir selbst ausspricht und übt. Kann ich schon dem Anspruch des Nächsten in echter Weise nur so antworten, daß ich mich in persönlichem Einsatz zu ihm verhalte, so kann und darf erst recht der Glaube, in dem ich Gott antworte, nichts anderes sein als persönliches Hingabe-Verhalten. Und alles, was ich im Glauben erkenne und anerkenne, kann wirkliche Glaubenserkenntnis nur sein, wenn es integriert ist in diesem Selbsteinsatz auf das hin, worin ich mich als Person von Gott angegangen weiß.

Selbstverständlich sind solche Erkenntnisse über Offenbarung und Glauben nicht erst da, seit jene Sicht des menschlichen Ich-Du-Verhältnisses von Ebner, Grisebach und anderen entwickelt wurde, und nicht nur als eine logische Konsequenz, die gewisse moderne Theologen aus jenem humanen Interpersonalismus gleichsam im Schlußverfahren a minori ad majus auf das Gottesverhältnis hin gezogen hätten. Sie waren, wenn auch in anderen Begriffsformen, schon längst und wiederholt geltend gemacht; etwa in Augustins „Deus et anima" oder in Luthers „pro me"[7]. Ja sie haben, wovon noch zu reden sein wird, ihren guten Grund in der Eigenart der biblischen Zeugnisse. Durch die gedankliche Verbindung mit dem Ich-Du-Personalismus erhalten sie aber, wenn ich recht sehe, eine Tendenz auf bewußten Ausdruck innerhalb bestimmter Kategorien unter Ausschluß anderer Kategorien. Unsere Frage ist dabei, ob die Kategorien, die das zwischenmenschliche Ich-Du-Verhältnis einerseits hergibt, andererseits ausschließt, in ihrer interpretierenden wie exkludierenden Kraft auf das „Personale" des Verhältnisses von Gott und Glaubendem ungebrochen anwendbar sind. Bevor wir dieser Frage nachgehen, müssen wir diese Kategorien und ihre möglichen Auswirkungen indessen nach einigen Richtungen genauer verfolgen.

II. Drei wesentliche Entfaltungsrichtungen

Gloege hat am theologischen Personalismus die drei Momente der Relation, der Aktualität und der Subjektivität als charakteristische Kategorien erhoben[8]. Diese drei Begriffe scheinen mir in der Tat wesentliche Richtungen zu bezeichnen, in denen sich in der gegenwärtigen Theologie das personale Verständnis des Glaubens entfaltet und gegen die ihm inadäquaten Momente abzugrenzen sucht. Ich möchte im folgenden die drei genannten Kategorien auf bestimmte Fragestellungen beziehen: die Kategorie der Relationalität auf die Frage nach dem Inhaltsbereich der

---

[7] Damit soll nicht gesagt sein, daß Augustins „Deus et anima" und Luthers „pro me" in jeder Hinsicht dasselbe bedeuten.
[8] AaO S. 32 ff.

Glaubensaussage (und damit auch der rechtmäßigen theologischen Aussage); die Kategorie der Aktualität auf die Frage nach der Seinsweise des Glaubensstandes; die Kategorie der Subjektivität auf die Frage nach der Art des Zugangs zum Glauben. Damit soll nicht gesagt sein, daß die drei Kategorien exklusiv nur je an diese Fragestellungen gebunden wären. Faktisch dürfte es vielmehr so sein, daß sie sich in ihrer Beziehung auf diese gegenseitig verknüpfen und durchdringen, wie ja auch die genannten Fragestellungen selbst einen inneren Zusammenhang bilden. Es soll mit der vorgeschlagenen Zuordnung nur jeweils eine Beziehung a potiori hervorgehoben werden.

1. Die Relationalität des Glaubensinhaltes – das antispekulative Moment

Personales Verständnis des Glaubens bedeutet: Offenbarung ist das Wort, in dem Gott dem Menschen nicht „etwas" enthüllt, sondern sich selbst zuspricht; in dem er sein Verhalten zu ihm in Gericht und Gnade Ereignis werden läßt. Glauben ist nicht ein Fürwahrhalten von „etwas", was der Mensch sich als Stoff seines Wissens aneignet, sondern sein Antwortverhalten zu dem Verhalten, das Gott durch das Wort ihm gegenüber vollzieht. Ist das so, dann geht es also in der Korrelation von Offenbarung und Glauben inhaltlich um alles, was die existenzielle Relation zwischen Gott und Mensch betrifft und für sie Bedeutung hat – und um nichts anderes. Das besagt in diesem Zusammenhang: Relationalität des Glaubensinhaltes. In bezug auf die Inhalte der Theologie bedeutet das offenbar, daß programmatisch gefordert wird, sie um die soteriologische Thematik von Sünde und Gnade, Gesetz und Evangelium, Gericht und Rechtfertigung zu konzentrieren. Inhalte, die schlechterdings abseits dieser Thematik der personhaft-geschichtlichen Relation von Gott und Mensch bleiben, werden als metaphysische Spekulation, als angemaßtes und illusionäres „Objekt"-Wissen über Gott und göttliche Dinge abgelehnt. In der Betonung der Bezüglichkeit aller echten Glaubensinhalte auf die existenzielle Relation zwischen Gott und Mensch liegt das anti-spekulative Moment des personalen Glaubensverständnisses.

Was kann damit des Näheren gemeint sein?

Damit kann und wird zumindest folgendes gemeint sein: Inhalte der Glaubenserkenntnis, die nicht unmittelbar das personale Geschehen zwischen Gott und dem Menschen – und zwar mir, dem jetzt hörenden und zum Glauben gerufenen Menschen – selbst zum Thema haben, müssen doch zu diesem Geschehen eine innere Beziehung haben und eine für seinen Vollzug wesentliche Aussage machen. Sonst können sie nicht wirkliche Glaubensinhalte sein. Anders gesagt: solche thematisch über das Gott-Ich-Verhältnis hinausgreifenden Inhalte müssen gleichwohl innerhalb des Vollzuges dieses Verhältnisses zum Gegenstand des Gebetes, der

Anbetung, des Dankes, der Freude werden können. Und die theologische Explikation muß sie daraufhin durchsichtig machen können. Sie muß also, indem sie zwar nicht auf die oben umschriebene soteriologische Thematik beschränkt bleibt, gleichwohl alles, was sie darüber hinaus zu sagen hat, gewissermaßen in seinem perspektivischen Bezug zu dieser zentralen „relationalen" Thematik durchleuchten können — wenn sie nicht die Grenze zu glaubensfremder Spekulation hin überschreiten will.

Aus dem oben umschriebenen Ansatz könnte aber auch folgende Konsequenz gezogen werden (und wäre nicht das erst die eigentlich konsequente Folgerung?): Alles, was nicht unmittelbar und ausdrücklich von dem Verhalten Gottes zum Menschen und des Menschen zu Gott redet — und zwar so, wie es je mich je jetzt betrifft — ist als glaubensfremde Spekulation zu verweisen. Es kann meinen Glauben nichts angehen, denn es spricht nicht das aus, worin Gott mich jetzt an-geht.

Also etwa: alles Reden über Gottes Sein und Wesen in sich selbst. Denn würde mir Gott dabei nicht zum bloßen Wissensobjekt [9]?

Vielleicht auch: jede Aussage über Gottes Verhältnis zu der Welt im allgemeinen, in ihrer naturhaft-kosmischen Gegebenheit. Denn liegt das Verhältnis Gottes zum Kosmos und des Kosmos zu Gott nicht außerhalb der personalen Beziehung, in der sich Gott zu mir durch sein Wort verhält? Und liegt wiederum meine naturhafte Zugehörigkeit zum Kosmos nicht außerhalb desjenigen Verhaltens zu Gott, zu dem Nächsten und zu den Dingen, zu dem ich im Glauben gerufen werde [10]?

Vielleicht sogar: jede Aussage über Gottes Verhältnis zu der menschlichen Geschichte im allgemeinen, zu deren Sinn, erstem Anfang und letztem Ziel. Denn liegt nicht auch das außerhalb dessen, worin Gott jetzt je mich anredet und zur Antwort ruft? An jenem ersten Anfang — wenn es ihn gab — bin ich ja nicht dabeigewesen, und an dem letzten Ende — wenn es dies geben wird — werde ich nicht dabei sein. Was geht dies also mein Selbstverständnis vor Gott, meine Buße, meinen Glauben an, in dem es doch nicht um die Geschichte Gottes mit dem Abstraktum „Menschheit",

---

[9] In die Richtung dieser Konsequenz weist etwa folgender Satz von *F. Ebner*, Das Wort und die geistigen Realitäten, S. 158: „Eine Thesis bezieht sich auf die Relation eines Seins auf ein anderes, niemals aber auf ein ‚absolutes' Sein ... So hat z. B. der Satz ‚Gott ist', weil er die Existenz Gottes ganz objektiv und relationslos behauptet, keinen Sinn, er besagt gar nichts." Vgl. ebd. S. 168 f. Ob nicht in bezug auf Gott, und zwar allein auf ihn, aber gerade im personalen Zusammenhang des Glaubens und des Bekenntnisses, die absolute Seinsprädikation doch einen notwendigen Sinn hat?

[10] *F. Ebner*, Das Wort und die geistigen Realitäten, S. 192 f.: „Der Mensch interessiert sich eigentlich nur dann für das ihm ja in keiner Weise faßbare Verhältnis Gottes zur Welt, wenn er, interessiert an seiner eigenen Existenz, diese ganz im Dasein der Welt verankert sein läßt — statt sein ganzes Leben in seinem persönlichen Verhältnis zu Gott, unbekümmert um das Treiben und Geschehen in dieser Welt, unmittelbar in die Hand Gottes gelegt zu wissen."

sondern um seine Geschichte mit mir, dem konkreten Menschen, geht[11]? – Wir könnten diese Liste eventuell zu verbietender Themen noch fortsetzen, doch mag es bei diesen Beispielen sein Bewenden haben.

2. Die Aktualität des Glaubensstandes – das anti-sakramentalistische Moment

Wie „bin" ich in der Glaubensbeziehung zu Gott? Wie „ist" das Heil, das Gott in seiner Selbsterschließung schenkt und in dem ich als Glaubender bin, für mich da? Wie „bleibe" ich darin bzw. wie bleibt es bei mir? Geht es der Sache nach in Offenbarung und Glauben um die höchste, alles zwischenmenschliche Ich-Du-Verhältnis neu begründende Weise eines persönlichen Zueinander-Verhaltens von Ich und Du, dann gilt für die Seinsweise dieser Wirklichkeit die Kategorie der Aktualität. Sie ist und bleibt nur wirklich „in actu", im Vollzug von Begegnung und Entscheidung. Gottes Verhalten zu mir ist ja aktuelles Geschehen, Anruf. Also kann auch der „Stand" des Glaubens, und damit der Stand in der Heilswirklichkeit der Gemeinschaft mit Gott, nur den Charakter einer Antwort-Bewegung haben, die je neu auf den Anruf hin vollzogen sein will. Ein Objektwissen kann man einmal erworben haben und dann ein für allemal besitzen. Glauben kann man nur, indem man je jetzt die Entscheidung oder, um mit Kierkegaard zu reden: den „Sprung" des Glaubens wiederholt. Soll man überhaupt von einem Glaubens*stand* sprechen? Er darf jedenfalls nicht als Befindlichkeit in einem objektiv garantierten *Zustand* gesehen werden, denn dadurch würde aus dem persönlichen Verhalten zu Gott quasi der Besitz einer göttlichen, heilshaltigen Sache, so wie man ein Bankkonto besitzt. Ich habe ja schon das persönliche Verhältnis zu einem menschlichen Du nicht in dieser Weise inne, sondern nur durch die Er-

---

[11] Solche Ausklammerung des Themas der Welt-Zukunft um des personalen Bezuges der Botschaft vom Reiche Gottes willen ist etwa angedeutet bei *F. Gogarten,* Die Verkündigung Jesu Christi, S. 146: „Man könnte, wenn ein zugespitzter Ausdruck erlaubt ist, sagen: bei der Vorstellung vom Weltende ist Jesus das, was mit der Welt geschieht, gleichgültig, daß der Mensch dann vor Gott steht, entkleidet von allem, womit er sich in der Welt umstellt, um Gott nicht radikal und bedingungslos preisgegeben zu sein, das ist es ganz allein, woran ihm liegt ... Im Grunde ist das aber nichts Neues gegenüber dem, was durch die Verkündigung Jesu schon geschieht." Die vorsichtige Form, in der G. diese „zugespitzte" Aussage einführt, verrät, daß er selbst offenbar diese erklärte Ausklammerung des Interesses an dem, „was mit der Welt geschieht", aus dem, was die Verkündigung und den Glauben angeht, als nicht ganz problemlos empfindet. Wesentlich unbekümmerter *R. Bultmann* in seiner Auseinandersetzung mit *J. Schniewind,* in: Kerygma u. Mythos I, S. 147: Eine legitime, d. h. die christliche Botschaft existenzial interpretierende Eschatologie „fragt überhaupt nicht nach dem Sinn und dem Ziel der Weltgeschichte, die für sie vielmehr als zum alten Äon gehörend überhaupt keinen Sinn und kein Ziel hat; sondern sie fragt nach dem Sinn und Ziel je meiner Geschichte bzw. der Geschichte der eschatologischen Gemeinde. Und sie sieht den Sinn erfüllt und das Ziel erreicht ... jeweils, wo das Wort des Kerygmas begegnet."

neuerung des Geschehens von Begegnung, Liebe, Vertrauen hindurch; also in Akten der Entscheidung, in denen dieses Verhältnis stets aufs neue vollzogen und bewährt sein will. Noch viel weniger kann die Heilswirklichkeit der Gottesbeziehung zu einem Besitz werden, über den ich verfügen kann oder in dem umgekehrt über mich verfügt ist, wie man über ein dingliches Gut verfügt.

Diese Einsicht führt, wie das in anderem Zusammenhang auch schon die Einsicht in den personal-relationalen Inhalt der Offenbarung tat, zu strenger Betonung des worthaften Charakters der Heilswirklichkeit. Gott ist – oder besser: wird – in der Weise des Wortes, das aktual geschieht und geglaubt sein will, für uns da. Abgelehnt wird damit das „ex opere operato" in jeder Form. Heil ist weder von vergangenen heilsgeschichtlichen Fakten her durch deren bloßes Geschehensein ex opere operato gegeben als ein Zustand, in dem man sich, unabhängig von der aktualen Begegnung von Wort und Glauben, „objektiv" befindet. Noch wird der Stand in der Heilswirklichkeit durch Sakramente so vermittelt, daß deren bloßer Vollzug – wiederum unabhängig von jener Begegnung – „zuständlich" in diesen Stand versetzt bzw. in ihm erhält. Ich möchte diese Betonung von aktualer Worthaftigkeit contra objektive, ex opere operato kausierte Zuständlichkeit als das antisakramentalistische Moment am personalen Glaubensverständnis bezeichnen. Damit ist freilich über das Sakrament im engeren Sinne hinaus die Ablehnung jeglicher Setzung zuständlicher Heilswirkung durch irgendwelche von der aktualen Wort-Glaubens-Begegnung unabhängigen Vollzüge gemeint; und eine Ablehnung des Sakramentalen im engeren Sinne ist nur insofern gemeint, als es im Sinne solcher Vollzüge verstanden wird.

Damit ist wiederum in einer zunächst sehr allgemeinen und begrifflich noch wenig geklärten Form ein Stimmungsmoment ausgesprochen, das für „personalistische" Theologie heute weithin charakteristisch ist. Wir stellen nun aber auch hier die Frage: Was könnte dieses anti-sakramentalistische Moment des näheren bedeuten? Und zwar stellen wir diese Frage sofort in bezug auf zwei konkrete Punkte, an denen sie besonders brennend wird: die Bedeutung der Geschichte Jesu in ihrem Einmal-so-geschehen-Sein für den Glauben, und die Bedeutung des Sakramentes, vor allem etwa der Taufe, in seinem Einmal-vollzogen-Sein für den Glauben.

Die Betonung der Aktualität des Glaubensstandes könnte, auf diese Bezüge angewandt, zunächst folgendes bedeuten: Das Heilsgeschehen der Menschwerdung, des Sterbens und der Auferweckung Jesu Christi ist zwar in sich selbst, d.h. wirklich in seinem Geschehen-sein, der Grund unseres Glaubensstandes und des Heiles, an dem wir als Glaubende teilhaben. Aber dieses Faktum kann und will uns aus seinem eigenen Wesen heraus doch nur so dieser Grund sein, daß es uns durch das Wort als für uns geschehen zugesprochen und im Glauben als für uns geschehen angenommen wird. Nur so kommt es zu dem Ziel, das es, und zwar gerade in der ihm eigenen Objektivität, intendiert. Diese Objektivität ist also etwas essentiell Anderes als die Objektivität, mit der ein Naturereignis Wirkungen kausiert, die mich gänzlich abseits meines persönlichen Verhaltens überkommen. Und doch ist sie ein dem Akt des Zuspruchs an mich und meiner persönlichen „Aneignung" im Glauben real Vorausgesetztes.

Entsprechend: Die Sakramente geben uns zwar durch ihren konkreten Vollzug Verbindung mit der Heilskraft des Christusgeschehens. Die Taufe z. B. ist der konkrete Vollzug, durch den Gott dieses Geschehen für ein bestimmtes Menschenleben gleichsam rechtsgültig setzt. Das Leibhafte des Vollzuges der Sakramente ist also mehr als eine bloße Versinnbildlichung dessen, was je und je das Wort sagt. Aber sie geben diese Verbindung doch nur so, sie kommen nur so zur Erfüllung der in ihrem „objektiven" Geben liegenden Intention, daß sie mit dem worthaften Zuspruch dessen, was sie geben, verbunden sind und daß der Glaube sich dies, was sie geben, „gesagt sein läßt" und sich damit aktual auf das Fundament gestellt sein läßt, das ihm durch ihren konkreten Vollzug zuvorkommend geschenkt wird.

Aber wir verhehlen uns nicht die Paradoxie, die in dieser Lösung der Frage liegt. Sie hält irgendwie zusammen, was logisch in ein Entweder-oder zu treiben scheint. Denn woran „liegt" es nun: an dem Konkreten, das geschehen ist, und daß es geschehen ist – Kreuz und Auferweckung Christi, meine Taufe, die Darreichung der Elemente in der Eucharistie? Oder doch: daran, daß ich dem dieses Geschehen begleitenden bzw. weitertragenden Wort gegenüber den Akt des Glaubens vollziehe? Wenn schon diese „Objektivität" nur und erst in diesem meinem Glauben zur Erfüllung ihrer Intention kommt – warum dann überhaupt noch von einer Objektivität sprechen, in der Heil in einer den jeweiligen Akten des Glaubens vorausgesetzten Weise für mich da ist? Wäre darum nicht auch hier eine radikale Fassung des Aktualitätsprinzips erst die eigentlich konsequente?

Diese könnte etwa so aussehen (wieder in Anwendung auf dieselben konkreten Themen): Das Christusgeschehen in sich selbst, also das Faktum als solches, daß Christus gestorben und auferstanden ist, setzt keine Heilswirklichkeit. Heilswirklichkeit ist im strengen Sinne nur die aktuale Begegnung von Wort und Glauben, und zwar für den, dem diese Begegnung jeweils widerfährt und in dem Jetzt, in dem sie ihm widerfährt. Diese aktuale Begegnung ist sozusagen die ausschließliche ontologische Kategorie von Sein im Heil und damit von dem „Stand" des Glaubenden [12]. Heils-

---

[12] Schon frühe finden sich bei *F. Gogarten* Äußerungen, die in diese Richtung deuten. Vgl. etwa „Ich glaube an den dreieinigen Gott", S. 172: Das Wort Gottes ist „ein durch und durch geschichtliches, Geschichte begründendes und schaffendes Wort ... Geschichte freilich nie in dem Sinne des Geschehenen, des Perfektums, sondern immer nur in dem Sinn des Ge-

wirklichkeit war also das Christusgeschehen zunächst nur für die, die dabei waren, sofern sie aus ihm Anrede Gottes vernahmen. Noch schärfer gesagt: auch für sie war nicht das Geschehen qua Geschehen, sondern die durch es be-deutete Anrede Gottes das Heil – sofern diese Anrede für sie zum Ereignis wurde. Heil ist für jeden von uns nur diese inhaltlich selbe Anrede Gotttes, die durch das Christusgeschehen vernehmbar wurde, sofern sie durch das Wort der Verkündigung von neuem vernehmbar wird – und zwar nur da ist sie es, wo wir ihr glauben. Die Tatsachen der Geschichte Jesu wären dann als solche gewissermaßen nur der Anlaß, an dem sich das ursprüngliche Wort-Glaubens-Ereignis entband. Nicht eigentlich diese Tatsachen, sondern die inhaltgleiche Weiterverkündigung des an ihnen entsprungenen ursprünglichen Wort-Glaubens-Ereignisses trägt die Kette weiterer Wort-Glaubens-Ereignisse. Und den „Stand" des Glaubens im Heil gibt es nur als die Kette solcher Ereignisse.

In Abwandlung auf das Thema Sakrament: Nicht der leibhafte Vollzug der Sakramente an sich gibt Stand und Erhaltung in einer Wirklichkeit des Heiles, und das Wort weist den Glauben auch nicht auf diesen Vollzug – etwa zurück auf den Vollzug meiner Taufe –, daß er sich an eine diesem qua Faktum gegebene Verheißung halte. Sondern nur das Wort (das dann durch jenen leibhaften Vollzug in der Tat nur sinnbildlich illustriert wird) gibt diesen Anteil bzw. eröffnet ihn stets neu, und das Wort weist dabei im strengsten Sinne nur auf sich selbst. Es gibt also nicht irgendein „Etwas", auf das ich gestellt werde vor oder hinter oder neben dem punctum mathematicum des je aktualen Sich-Treffens von Wort und Glauben in meinem Bewußtsein. Sondern mein „Stand" ist wirklich nur in den mathematischen Punkten dieses je aktualen Sich-Treffens. Nur so, scheint es, kann er personale Beziehung meines Selbst zu Gott selbst bleiben.

3. Die Subjektivität des Zugangs zum Glauben – das anti-dogmatistische Moment

Wie wird der Glaube – wie kommt ein Mensch dazu, wirklich zu glauben? Wenn wir diese Frage im Rahmen des personalen Glaubensverständnisses mit der Kategorie der Subjektivität in Zusammenhang bringen, verstehen wir Subjektivität im Sinne Kierkegaards („die Subjektivität ist die Wahrheit"), nicht im landläufigen Sinn des „bloß subjektiven" Einfalls

---

schehens, der Gegenwart. Soweit es sich bei dieser Geschichte um Geschehen handelt, das als solches abgeschlossen ist, geht sie uns schlechterdings nichts an."

Vgl. auch *R. Bultmann*, „Abschließende Stellungnahme", in: Kerygma u. Mythos II, S. 206: „Als Wort Gottes ist Christus ante me und extra me, aber nicht als ein objektiv konstatierbares und chronologisch ante me datierbares Faktum, sondern als der Christus pro me, der mir als das Wort begegnet. Das eschatologische Geschehen, das Christus ist, realisiert sich also immer nur jeweils in concreto, hier und jetzt, wo das Wort verkündigt wird."

von „nur subjektiver" Gültigkeit. Gemeint ist nicht, daß das Glauben seinen Ursprung in der subjektiven Befindlichkeit des jeweiligen Einzelnen hat und von da auch in seinem Inhalt bestimmt ist, so daß also diese Einzelnen mit ihrem Glauben in den Bereich ihrer Individualität eingeschlossen bleiben. Das würde einem Personalismus der „Persönlichkeit" entsprechen, nicht aber dem Inter-Personalismus der Ich-Du-Beziehung, und schon gar nicht dessen theologischer Anwendung auf das Verhältnis zwischen Mensch und Gott. Hier kommt ja vielmehr alles auf die Begegnung mit einem wirklichen Gegenüber an, in der das Mit-sich-allein-Bleiben des Subjektes gesprengt und gerade so erst personale Beziehung verwirklicht wird. Für das in diesem Sinne personale Verständnis des Glaubens hat dieser seinen Ursprung und empfängt seinen Inhalt durchaus nicht vom Innern des Menschen her, sondern aus dem Wort Gottes, das sich ihm von außen zuspricht. Diese Erkenntnis, in der sich wohl alle „personalistisch" denkenden Theologen der Gegenwart einig sind, würde auch dann bestehen bleiben können, wenn in der Linie der unter 2. erörterten Konsequenz der „Stand" des Glaubens auf die punktuellen Akte des Sich-Treffens von Wort und Glauben im Bewußtsein reduziert würde. Denn daß ich nur im Akt des Glaubens selbst den Stand in der „Sache" des Glaubens habe, ja daß dieses Zum-Akt-Kommen die Sache selbst ist, muß nicht bedeuten, daß der Glaube sich und seine Sache aus sich selbst begründet. In diesen Akten schließt sich ja jeweils Wort und Glaube zusammen, und zwar so, daß das Wort dem Glauben vorhergeht. Es muß in diesem personalen Verständnis des Glaubens auch nicht bestritten werden (wenn es auch von manchen seiner Vertreter wenig betont wird), daß das Wort die Einzelnen aus ihrer individuellen Vereinzelung heraus und als Gemeinde zusammenruft. „Subjektivität" des Zugangs zum Glauben bedeutet in diesem Zusammenhang vielmehr, daß mir das, was ich freilich nicht aus mir selbst und auch nicht für mich selbst allein glaube, nur in persönlicher Betroffenheit zu eigen werden kann. Genauer gesagt: so, daß es – wie immer es mir von „außen" zukommen und mich mit anderen zusammenschließen mag – als das an mich gerichtete Wort aufleuchtet, das mich in der Frage meiner persönlichen Existenz entscheidend angeht. Zum Glauben kommt es nur so, daß durch die menschlichen Gestalten und Träger des Offenbarungswortes hindurch Gott selbst zu mir spricht und mich zu dem Ja überwindet, in dem wiederum ich-selbst mit dem totalen Lebensakt innerer Überzeugung (und nicht nur mit dem Verstand oder mit der gehorsamen Übernahme einer Lehrdisziplin) Antwort gebe. Und dies eben kann nur da geschehen, wo mir das Wort als die Frage meiner persönlichen Existenz entscheidend verstehbar wird.

Damit ist jegliche kollektiv-heteronome Weise des Zugangs zum Glauben abgelehnt. Zu wirklichem Glauben kann man nicht so kommen, daß man annimmt, was die Kirche lehrt, weil es die Kirche lehrt; auch nicht so, daß man „glaubt", was die Bibel sagt, weil es in der Bibel steht[13]. Denn so würde man an der Person-Begegnung mit Gott vorbei ja nur ein totes Wissen von Gott und Göttlichem als Objekt gewinnen. Man würde an unpersönliche, sachliche, welthafte „Instanzen" gebunden, anstatt durch Gott selbst zu der Antwort-Begegnung mit ihm selbst befreit zu werden. In dieser Einsicht liegt das antidogmatistische Moment des personalen Glaubensverständnisses.

Das kann nun zunächst ganz schlicht so verstanden werden: Weil Gottes Offenbarungswort das Wort ist, durch das Gott selbst mein Selbst beansprucht, und weil es also das Wort ist, das mich in der eigentlichen Frage meiner Existenz entscheidend angeht, darum will es auch als dieses Wort aufgenommen sein. Nur indem ich es als dieses höre und annehme, gelange ich zu wirklichem Glauben.

Könnte man aber – und müßte man konsequenterweise – diesen Satz nicht auch umkehren? Er würde dann lauten: Weil ich das, was ich glaube, als persönlich mich betreffende Anrede und Antwort auf die eigentliche Frage meiner Existenz verstehen kann, darum eben kann ich es glauben und weiß: es ist das wirkliche Wort Gottes. Von da ist es nur ein kleiner Schritt zu der konditionalen Fassung: nur sofern ich das mir begegnende Wort in der bezeichneten Weise verstehen kann, kann es wirklich das mich betreffende Wort Gottes sein[14]. Und das würde wiederum bedeuten: was ich nicht in dieser Weise verstehen kann, was mir nach den ganzen Voraussetzungen meines Selbst- und Weltverständnisses fremdartig-spekulativ und zu meiner wirklichen Existenz unbezogen erscheinen muß, das kann nicht das Wort Gottes sein, das mich zum Glauben beansprucht. Der Satz, daß das Wort Gottes im bezeichneten Sinne „subjektiv" angenommen sein will, weil es mich persönlich anredet und betrifft, würde dann sachlich gleichbedeutend mit der Feststellung, daß diejenigen Kategorien, die gleichsam im Ausgangspunkt des Gespräches zwischen Wort und Glauben in mir selbst (oder im Menschen überhaupt) für das Erfassen von existenziell Betreffendem offenstehen, das formale Kriterium dafür bilden, welche Inhalte christlicher Verkündigung für mich in Wahrheit Wort Gottes sein

---

[13] Vgl. *F. Gogarten*, Verkündigung Jesu Christi, S. 458 f.: „Die Frage nach der Bindung, die wir an den christlichen Glauben haben, kann, um dieses Glaubens willen, nicht mit dem Hinweis auf Bindungen beantwortet werden, die aus der Welt her erfolgen. Das heißt nun aber für uns heute, um der radikalen Selbständigkeit willen, in der wir der Welt gegenüber leben, daß diese Bindung auch nicht durch die welthaft gegenständlichen Mittel erfolgen kann, in denen uns die Offenbarung Gottes begegnet. Das bedeutet, daß weder die Bibel, noch die sogenannten ‚objektiven Heilstatsachen', von denen die Bibel spricht, noch das kirchliche Dogma uns binden kann ... Nur als die Selbständigen, die wir sind, können wir das in der Bibel bezeugte Wort Gottes hören und sollen wir auf es antworten ... Es geht um unser, der Heutigen, Hören des Wortes Gottes, darum, daß wir es als die in ihrer geschichtlichen Situation Getroffenen hören. Denn Gottes Wort meint ... je und je den konkreten Menschen in seiner jeweiligen Geschichte. Und nur wer es als solcher hört, hört das wirkliche, das reine Wort Gottes."

können und welche nicht – gegenüber welchen ich einen Zugang zu wirklichem Glauben überhaupt haben kann und gegenüber welchen nicht. Aber kann es mit dieser Gleichsetzung seine Richtigkeit haben? Wir lassen dies zunächst als offene Frage stehen, die von der Seite der „Subjektivität" her nochmals das Problem eines personalen Verständnisses des Glaubens im ganzen beleuchten mag, und kommen nun angesichts dieses Problems zu einigen kritischen Erwägungen.

B. Kritik

I. Den Ansatz betreffend

Die Kennzeichnung des Glaubens als persönliches Verhalten zu dem Gott, dessen Selbsterschließung je mich in meiner Existenz als Person angeht, scheint mir unbestreitbar zu sein. Daß es in Offenbarung und Glauben nach dem gesamten biblischen Zeugnis um die Begegnung Gottes mit den Menschen geht, bedarf ja keines Beweises. Die Bibel kennt keinen formal-intellektuellen Offenbarungsbegriff. Sie spricht davon, daß Gott sein Verhalten zu den Menschen offenbart: seinen Zorn, seine heilschaffende Gerechtigkeit[15]. Ja, das Hervortreten dieses Verhaltens *ist* seine Offenbarung. Sofern Gott darin seine eigene Gottheit offenbart, geschieht dies mit der Ausrichtung darauf, daß er auch darin nicht lediglich „gewußt", sondern gepriesen werde. Auch als die Offenbarung seiner Gottheit bleibt Offenbarung also nie abseits der personalen Beziehung von Gott und Mensch, eröffnet sie vielmehr den Menschen diejenige Gemeinschaft mit Gott selbst, in der sie gerufen werden, ihrerseits Gott zu loben und zu lieben und darin Herz und Mund der Kreatur in ihrem Gegenüber zu Gott zu werden. Das ist personale Beziehung zu Gott und Erfüllung menschlicher Personalität im höchsten Sinn. Es wäre also falsch, das personale Verständnis des Glaubens grundsätzlich anzugreifen und es etwa als „anthropozentrisch" zu kennzeichnen, um dagegen ein transpersonales Verständnis von Offenbarung und Glauben als das „theozentrische" aus-

---

[14] So argumentiert z. B. *R. Bultmann* in seinem grundlegenden Aufsatz zur Entmythologisierung, „Neues Testament und Heilsgeschehen", gegen eine ganze Reihe neutestamentlicher Vorstellungen mit der Feststellung: der moderne Mensch könne dies nicht verstehen, es bleibe ihm nichtssagend, er könne nicht verstehen, was das mit seinem Heil zu tun haben soll. Also könne die betreffende Vorstellung auch nicht legitimer Gegenstand der Verkündigung sein. Er stellt dann freilich jeweils fest, auch im Neuen Testament sei nicht diese Vorstellung als solche, sondern ein durch sie mehr oder weniger adäquat Bedeutetes das eigentlich Verkündigte. Ob dabei aber nicht zumindest in einigen Fällen in unzulässiger Weise von dem her, was der moderne Mensch als ihn betreffend verstehen kann, zurückgeschlossen wird auf das, was im Neuen Testament als existenziell Betreffendes gemeint sein kann und was nicht?

[15] Röm 1, 17 f.

zuspielen. Insofern ist im Verständnis des Glaubens der personale Ansatz im Sinne der Ich-Du-Beziehung berechtigt (wenngleich man ihm, zumindest in der Terminologie, oft einen weniger an das Verhältnis von *einzelnem* Ich und Du gebundenen Ausdruck wünschen möchte – denn sind die Glaubenden nicht auch und wesentlich ein Wir gegenüber Gott?).

Andererseits erwecken die möglichen Konsequenzen, die wir in den drei Entfaltungskategorien des personalen Ansatzes jeweils zu erörtern hatten, Zweifel und Bedenken. Die Möglichkeit solcher Konsequenzen macht einen als System durchgeführten theologischen Personalismus problematisch. Der personale Ansatz scheint zumindest einer bestimmten Auslegung oder Einfassung und Begrenzung zu bedürfen, um für die Theologie fruchtbar zu sein.

Auch Gloege gelangte in seinem Aufsatz zu einem ähnlichen Urteil. „Wir können hinter den Personalismus nicht mehr zurück"[16] – aber ... Es ist ein Aber dabei. Das Aber wird dort so formuliert, daß gefragt wird, ob das Personale des Glaubensverhältnisses zu Gott nicht in sich selbst so beschaffen ist, daß es auf ein den personalen Glaubensakt transzendierendes „Ontologisches" bezogen ist und in dieser Bezogenheit theologisch auch verstanden werden muß, aus ihr gelöst und absolut gesetzt aber zu einem mißbräuchlichen -ismus wird[17]. Mit dem „Ontologischen" ist dabei, wenn ich recht verstehe, gemeint: ein in sich selbst Festes und Bleibendes, ein Sein, das nicht funktional abhängig ist von meinen jeweiligen Glaubensakten, sondern ihnen begründend voransteht; das auch nicht aufgeht in den Momenten, in denen das Wort der Verkündigung je und je Ereignis wird, sondern das dieses Wortgeschehen begründend aussendet und worauf die Wort-Ereignisse sich verweisend zurückbeziehen. Der Hinweis auf dieses „Ontologische" scheint sich kritisch vor allem gegen eine konsequente Übersteigerung des Momentes der Aktualität zu richten. Es ließe sich aber von ihm aus wohl auch eine Kritik gegen gewisse Übersteigerungen von Relationalität und Subjektivität entwickeln.

Ich möchte diesem Hinweis hier in bestimmten Richtungen folgen, ohne freilich alle Anregungen und Fragestellungen, die jener Aufsatz bietet, ausschöpfen zu können. Zur Terminologie sei nebenbei gefragt, ob der Begriff des „Ontologischen" für das in diesem Zusammenhang Gemeinte glücklich ist. Sollte man „Ontologie" und „ontologisch" nicht besser bei der ganz formalen Bedeutung belassen: Aussage über die Daseinsstruktur von Wirklichem – so daß also auch ein Personalismus und Aktualismus, gerade in dem Maße als er konsequent und systematisch durchgeführt wird, eine bestimmte – nun eben personalistische bzw. aktualistische – Ontologie derjenigen Wirklichkeit wäre, auf die er sich bezieht? Ich möchte statt dessen lieber von einem Pro-relationalen im Glaubens-

---
[16] AaO S. 34.
[17] AaO Abschn. IV und V.

inhalt, einem Pro-aktualen im Glaubensstand und einem Pro-subjektiven im Zugang zum Glauben reden. Dabei möge die Vorsilbe „pro" in ihrer griechischen Bedeutung (πρo) das begründend Vorhergehende, das was „vor" der Relation usw. ist, aber ebenso im Mithören ihrer lateinischen Bedeutung das zugewandt Hinzielende, das was „für" die Relation usw., auf sie hin und für sie da ist, symbolisieren.

Es soll im folgenden die These durchgeführt werden: Das Relationale des Glaubensinhaltes (sein Inhalt, sofern er über die Beziehung von Gott und Mensch aussagt) ist nur im Zusammenhang mit einem Pro-relationalen recht zu verstehen; das Aktuale des Glaubensstandes kann nur im Rückbezug auf ein Pro-aktuales das sein, was es ist; das Subjektive des Zugangs zum Glauben wird von einem Pro-subjektiven umgriffen. Wesentlich scheint mir aber dabei zu sein, daß wir dieses im Relationalen, Aktualen und Subjektiven jeweils nicht Aufgehende nicht als ein Unpersönliches im Glaubensverhältnis verstehen, das zu dem Personalen zu addieren und als ein Anderes neben ihm zu behaupten wäre. Wenn wir im Auge behalten, was über die biblische Begründung des personalen Ansatzes zu sagen war, dann kann es sich vielmehr nur um etwas handeln, was dem Personalen des Glaubens mit innerer Notwendigkeit zugehört und diesem Personalen den gerade ihm eigenen Charakter gibt. Auch die drei Entfaltungskategorien des Relationalen, Aktualen und Subjektiven sollen durch jenes Moment, das über sie hinaus jeweils geltend zu machen ist, nicht etwa aufgehoben, sondern auf einen ihnen selbst transzendental vorausliegenden Bezugspunkt hin ausgerichtet werden. Wir sprechen darum absichtlich von Prorelationalem usw. und nicht von Trans- oder Meta-relationalem, denn was „jenseits" oder „dahinter" liegt, das kann allzu leicht als ein abseitig Anderes verstanden werden.

Die soeben aufgestellte These hat für ihre dreifache Behauptung einen einzigen und zentralen Grund. Er wird erkennbar in der Überlegung, worin das Personverhältnis der Glaubenden zu Gott und Gottes zu ihnen sich von allem personalen Verhältnis von Mensch zu Mensch, von menschlichem Ich zu menschlichem Du unterscheidet. Wir hatten ja gesehen, daß der theologische Personalismus von der Analyse des zwischenmenschlichen Persongegenüber ausgeht, dieses als im Gottesverhältnis begründet erkennt, aber auch umgekehrt geneigt ist, von ihm aus zu bestimmen, was personales Glaubensverhältnis zu Gott heißt und was es nicht heißen kann. Darin verbirgt sich aber ein Problem, das nicht übersehen werden darf. Das Verhältnis des Menschen zu Gott und Gottes zum Menschen kann nicht einfach als eine analogia proportionalitatis des Verhältnisses von Mensch zu Mensch aufgefaßt werden – auch nicht dann, wenn man das letztere Verhältnis so bestimmt, wie es von Gott her sein soll. Indem das Gottesverhältnis personales Gegenüber in der Tat ist, bleibt es doch in einem entscheidenden Punkt von anderer Art (nicht nur, wie bei der echten Proportionalitätsanalogie, von anderer Größenordnung seiner Glieder) als das mitmenschliche Gegenüber, und zwar so gewiß Gott Schöpfer ist und nicht Geschöpf. Das personale Gegenüber von Mensch zu Mensch (wir reden von ihm jetzt immer so, wie es vom Glauben her positiv sich erfüllt) ist reziprokes Verhältnis. In ihm waltet Gegenseitigkeit und wechselweise Abhängigkeit. Das Verhältnis zwischen Mensch und Gott ist dagegen in wesenhafter Beziehung ein markant einseitiges Verhältnis, in dem ein unumkehrbares Richtungsgefälle waltet. Das menschliche Ich wird, was es sein wird, aus der Begegnung mit seinem menschlichen Du bzw. aus der Fülle und dem vielseitigen Geflecht dieser Begegnungen. Aber auch das jeweilige Du wird und empfängt sich selbst aus dieser Begegnung. Das menschliche Ich wird und besteht, ebenso wie sein menschliches Du, in einem noch viel radikaleren Sinn aus dem Gegenüber zu Gott und der Begegnung mit ihm. Aber Gott wird, der er sein wird, nicht aus der Begegnung des Menschen und dessen Verhalten zu ihm. Wir werden durch Gott; und gerade auch sofern wir durch die Begegnung mit dem menschlichen Du werden, werden wir durch Gott, der Menschen in das gegenseitige Nehmen und Geben der Mitmenschlichkeit hinein geschaffen hat. Aber Gott wird nicht durch uns. Im menschlichen Gegenüber können und sollen wir also nicht nur voneinander empfangend, sondern in gewisser Begrenzung auch aneinander schaffend sein. In Begrenzung – denn was wir einander geben, kann, wo es wirklich baut und nicht zerstört, nur empfangenes Gut sein. Gott gegenüber können wir nicht schaffend, sondern nur empfangend sein. Personale Beziehung des Menschen zu Gott heißt also in radikalem Sinn: Sich gründen lassen, sich tragen und umfangen lassen, sich lassen auf ... Gerade dies meint doch der für die Personbeziehung zu Gott grundlegende Begriff des Glaubens. Niemals können wir zu einem menschlichen Du in dieser unumkehrbar einseitigen Beziehung stehen. Wir dürfen es nicht. Wollten wir es, so wäre das eben – Menschenvergötzung. Wir würden darin unsere Personalität verlieren, zu deren Wirklichkeit dem menschlichen Du gegenüber gerade gehört, daß wir auf dieses Du hin, indem wir von ihm empfangen, zugleich tätig, mit-tragend, grundgebend werden. Aber eben womit wir dem Mitmenschen gegenüber unsere Personalität (wir könnten auch sagen: unsere Verantwortlichkeit für ihn) preisgeben würden, nämlich im Uns-lassen auf ihn als auf den Gründer unseres Seins – eben darin empfangen wir sie im Gegenüber zu Gott. Auf ihn sollen wir uns und alles, wozu wir sonst ein Verhältnis haben, lassen, ohne selbst ihm gegenüber reziprok grundgebend werden zu wollen (man kann wohl *vor* Gott, aber nicht *für* Gott verantwortlich sein). Gerade dies ist die Eigentümlichkeit des Glaubens als Personverhalten zu Gott, die so in keiner mit-menschlichen Personbeziehung wiederkehren kann, vielmehr aller rechten mitmenschlichen Personbeziehung erst Grund und Halt gibt.

Mir scheinen die bedenklichen Konsequenzen, die sich aus einer folgerichtigen Anwendung der drei besprochenen Unterkategorien des Personalen ergeben können, ihren Grund darin zu haben, daß bei aller Berechtigung des personalen Ansatzes dieses grundsätzlich an-analoge Moment der Personbeziehung zu Gott aller zwischenmenschlichen Personbeziehung gegenüber nicht scharf genug beachtet wird[18]. Wird es beachtet, so folgt daraus nicht einfachhin die Verwerfung jener drei Unterkategorien aus dem Personalen des Gottesverhältnisses. Wohl aber werden auch sie gegenüber ihrer Bedeutung im menschlichen Gegenüber modifiziert werden. Eben diese Modifizierung suchen wir im folgenden durch die Beziehung des Relationalen usw. auf ein Pro-relationales usw. zu erfassen.

II. Kritik der Entfaltungsrichtungen des theologischen Personalismus

1. Das Pro-Relationale und die Relationalität im Glaubensinhalt

Wir halten fest, daß Gott in seiner Offenbarung sich personal auf den Menschen bezieht, d. h. ihn zu seinem Du macht, und daß die Antwort des Glaubens, die Gott damit herausruft, persönliches Verhalten des Menschen zu Gott ist. Wir halten damit fest, daß aller Inhalt dieser Antwort, sofern sie wirklich Antwort des Glaubens ist, innerhalb dieses persönlichen Verhaltens Relevanz hat, was man auch so ausdrücken kann: daß aller solcher Inhalt muß Gegenstand des Gebetes, des Bittens, des Lobpreises und der Anbetung werden können. Wir lehnen es aber ab, daraus die Folgerung zu ziehen, daß der Inhalt von Offenbarung und Glaubensantwort auf Aussagen über die personale Beziehung Gottes und des je Glaubenden zu beschränken ist. Und zwar einmal, weil diese Beziehung gewährt wird aus einem ihr selbst Vorausgehenden, dessen Mit-Wissen gerade zu dem Personalen des Glaubensverhaltens zu Gott gehört. Und sodann, weil dieses Verhalten beansprucht wird für ein über das Anliegen der je eigenen Geschichte mit Gott Hinausliegendes, dessen Mit-Wissen wiederum gerade zu dem Verhalten selbst gehört. Diese doppelseitige Beziehung der Relation auf ein Pro-Relationales, dessen Mitwissen zu ihr selbst gehört, ist im folgenden zu begründen.

a) Was der Relation von Gott und Mensch vorhergeht und woher sie überhaupt erst gewährt wird, ist die *Freiheit* Gottes in seiner Gottheit.

---

[18] Das gilt auf jeden Fall für *F. Ebner*. Auch wenn *K. Heim* in dem oben Anm. 6 erwähnten Aufsatz forderte, man müsse zunächst von der mitmenschlichen Ich-Du-Beziehung ausgehen, um überhaupt erst die Kategorie für die Gottesbeziehung zu gewinnen, kann das zwar als ein heuristisches Verfahren verstanden werden, das nicht auszuschließen braucht, daß von der Gottesbeziehung her die Kategorien der als Verstehenshilfe gebrauchten zwischenmenschlichen Beziehung an bestimmten Punkten auch wieder gesprengt werden. Nahe liegt aber doch auch die Gefahr, daß die Andersartigkeit des Gegenüber von Gott und Mensch eingeebnet wird.

Wir erkannten den kategorialen Unterschied des Verhältnisses von Gott und Mensch zu dem zwischenmenschlichen Personverhältnis darin, daß das zwischenmenschliche Verhältnis dialektisch-reziprok ist: Das Ich wird, was es wird, am Du und das Du am Ich; während vom Verhältnis Gottes zum Menschen gilt: Das Ich wird – in einem noch tieferen Sinn als es am menschlichen Du wird – durch Gott, Gott aber wird nicht am menschlichen Du, sondern er ist zuvor Gott in sich selbst. Hier ist die Dialektik nicht umkehrbar. Ich brauche ganz und gar Gott, um zu sein, der ich sein soll (ja überhaupt, um zu sein – denn auch die Sünde ist ja kein reales Fürsich-Sein, sondern der negative Modus der Gottesbeziehung). Gott aber braucht nicht mich als *Bedingung* seines Gottseins. Was sein Wort eröffnet und was im Glauben gehört sein will, ist doch dies, daß Gott aus freier Gnade nicht ohne uns bleiben, sondern für uns, und mit uns als an ihn Glaubenden zusammen, Gott sein will. Gerade darin ist Gottes Zuwendung von jeder Zuwendung des Menschen zum Menschen unterschieden, denn wir als Menschen schulden uns einander, und wir brauchen einander. Die Selbsteröffnung Gottes aber gewährt Beziehung zu ihm aus seiner Freiheit und seiner Gnade. Dies muß der Glaube mit-wissen und mit-bekennen, gerade indem er das Verhalten Gottes zum Menschen bekennt und sich selbst antwortend zu Gott verhält. Wenn diese Antwort nicht an dem „aus freier Gnade" vorübergehen will, dann kann sie sich nicht darauf beschränken, *nur* von Gottes Verhalten zu je mir zu reden. Sie muß vielmehr das Woher dieses Verhaltens Gottes mit aussagen. Sie muß also auch von der Aseität Gottes, von seinem Sein, der er ist, von der Herrlichkeit der Gottheit, die Gott in sich selbst hat, reden. Und zwar nun eben nicht als wie von etwas „anderem", das mit der Beziehung Gottes zum Menschen nichts zu tun hat, sondern als von dem, wovon diese Beziehung ausgeht und von dem abstrahiert sie selbst das nicht wäre, was sie ist. Und folglich auch nicht in einer Haltung der Spekulation, die von Gott noch „mehr" zu wissen meint, was nicht eigentlich zu dem Antwortverhalten des Glaubens gehört, sondern gerade als ein integrierendes Moment dieses Antwortverhaltens selbst. Ohne den „Rand" dieser Aussage von Gott, der er auch vor und ohne uns ist, können wir nicht in rechter Weise von Gottes Mit-uns- und Für-uns-Sein reden[19]. Freilich, diese Aussage von Gott, der er auch ohne uns und in sich selbst ist, bleibt ein Rand der Glaubensaussage. Wir können über die Aseität Gottes keine adäquate Beschreibung

---

[19] Dies hat O. *Schnübbe* in Auseinandersetzung mit Bultmanns und schon W. Herrmanns These, die Theologie dürfe keine Sätze über das An-sich-Sein Gottes formulieren, überzeugend dargelegt (Der Existenzbegriff in der Theologie R. Bultmanns, S. 53 f.). Vgl. auch P. *Althaus*, Christl. Wahrheit I S. 288: „Was es heißt, Gott für uns, das kann niemand verstehen, ohne auch zu wissen, was es besagt: Gott für sich; der freie, in sich genugsame, der unser nicht bedarf, eben dieser nun doch für uns." Bedeutsam sind in diesem Zusammenhang auch die Anfragen K. *Barths* an Bultmann in seiner Schrift „Rudolf Bultmann. Ein Versuch, ihn zu verstehen", in: ThS 34, 1952.

geben, wir können sie nur als den in sich selbst für uns unfaßlichen Ausgangspunkt des Verhaltens Gottes zur Kreatur ansprechen. Dies aber müssen wir tun, damit aus der Rede von der personalen Beziehung Gottes zum Menschen nicht das Geheimnis der Hoheit, Freiheit und Gnade Gottes entfernt wird.

b) Was über die Relation von Gott und je einzelnen Menschen hinausliegt, wofür diese Relation aber beansprucht und wohin sie ausgerichtet wird, ist die universale Anerkennung des Herrseins Gottes über alles.

Wieder setzen wir ein bei dem grundlegenden Unterschied des Gottmenschlichen vom zwischenmenschlichen Personverhältnis. Im personalen Verhalten zu dem mitmenschlichen Du bin ich zur Hingabe der Liebe, des Vertrauens, der Verantwortung und Fürsorge gerufen, jedoch nicht zu dem Akt einer unbedingten Verherrlichung und Erhebung dieses Du. Kommt solche Haltung in der zwischenmenschlichen Beziehung freilich vor, so empfinden wir sie gerade als verzerrendes Afterphänomen der Liebe und des Vertrauens; theologisch gesprochen ist sie Menschenvergötterung. Gerade dies, was im zwischenmenschlichen Verhältnis unerhörte Verzerrung wäre, gehört aber in das Personale der Glaubensbeziehung zu Gott wesenhaft hinein: daß wir im Glauben Gott unsern Herrn sein lassen, indem wir ihn, den die Welt in seiner Christusgestalt verworfen hat, als den Gott erkennen und anerkennen, der sich in demselben Christus als der Herr über alle und alles erweisen wird. Das hat aber Konsequenzen für die Thematik der Glaubenserkenntnis und damit der theologischen Aussage. Der Glaube schließt in sich die Anbetung Gottes, das Ja zu dem Kommen des Reiches Gottes und zum Geschehen des Willens Gottes über allem, was Wirklichkeit ist, „im Himmel wie auf Erden"[20]. Darum kann der im Glauben zu erkennende und bekennende Inhalt sich nicht begrenzen auf das, was je meine Geschichte mit Gott betrifft. Bzw. je meine Geschichte wird betroffen von einer Beanspruchung, die ihr gleichsam nicht mit sich selbst allein zu bleiben erlaubt. Der Glaube als Anbetung und Doxologie muß zu dem „Gott für mich" hinzufügen: Gott, der Schöpfer, Herr und Vollender des Himmels und der Erde.

Das bedeutet zunächst, daß über das Verhalten Gottes zu je meinem Selbst hinaus auch die transindividuellen Bewegungen, der den persönlichen Lebenslauf über- und in ihn eingreifende Lauf der Geschichte der Menschheit glaubend in die Beziehung zu Gott mit einbefaßt wird. Gott, der sich in Christus bekundet hat als Herr und Vollender der Geschichte – und zwar nicht nur je deiner und meiner Geschichte, denn gerade diese

---

[20] Die ersten Bitten des Vaterunsers greifen über alles Nur-Persönliche hinweg, oder besser: Sie richten unsere persönliche Beteiligung hinauf auf die Anliegen, die mehr umfassen als „Deum et animam". Vgl. hierzu und überhaupt zu dem der Glaubensantwort wesentlich eingehörenden doxologischen Moment: E. Schlink, Die Struktur der dogmatischen Aussage als ökumenisches Problem, in: KuD 1957, S. 253 ff.

Isolierung des Persönlichen wäre eine Abstraktion vom Wirksam-Wirklichen –, sondern auch der Geschichte der Völker und der „Welt", auch der Veränderungen des Menschseins überhaupt und ihrer möglichen, heute oft bang erörterten künftigen Aspekte. Auch diese alle personalen Aktionen und Reaktionen des einzelnen Selbst unbeeinflußbar übersteigenden Bewegungen sind ja Wirklichkeit, und zwar unheimliche, bedrängende Wirklichkeit. Der Glaube kann sich nicht von dieser Wirklichkeit als wie von einem nicht relevanten Gebiet in eine „innere" Senkrechte seines persönlichen Gottesverhältnisses zurückziehen. Er muß auch über diesen in seiner eigenen Geschichte mit Gott nicht aufgehenden (und doch sie angehenden) Bewegungen menschlicher Geschicke Gott als den Herrn bekennen. Und das heißt: als den, der alles Wirkliche zum Ziel seines Reiches führt. Ja, als den, der auch die chronologische Ablaufrichtung alles Geschehens und inmitten seiner unseres persönlichen Lebens in dieses Ziel hinein zielen läßt – so gewiß dieser Prozeß im Chronos eben nicht ein gleichgültiger Rahmen für die Ereignung lediglich in sich selbst relevanter „Augenblicke", sondern wesentlicher Duktus der Weltwirklichkeit und in ihr unserer Daseinswirklichkeit selbst ist, die sich in ihm als Geschichte zeitigt[21]. Das bedeutet keineswegs, daß der Glaube eine explizite Geschichtsphilosophie haben muß oder kann, in der er sich die göttliche Planung objektivieren könnte. Es bedeutet ebensowenig, daß der Glaube sich das universale telos der Wege Gottes in seinem Eintreten chronologisch vorstellen oder gar errechnen und in seiner Zuständlichkeit spekulativ veranschaulichen könnte. Es geht hier darum, *daß* dieses über allem geglaubt und bekannt wird: Gott schafft, erlöst und wird hinausführen zu der vollkommenen Erfüllung seines Willens, und das heißt: zu dem unüberbietbar und unvor-

---

[21] *Gogarten* sagt (Verkündigung Jesu Christi, S. 103): Der Einbruch des Reiches Gottes habe nichts mit einem Enden der Weltzeit zu tun, sonst wäre das Reich als „neue Epoche" wieder etwas Welthaftes. Er komme „unbekümmert um den Ablauf der berechenbaren Zeit und darum auch, ohne ihren Ablauf aufzuhalten, mitten in ihn hinein". Ohne das präsentische Moment im Kommen des Reiches zu leugnen, muß m.E. an dem futurischen Moment doch festgehalten und das präsentische mit ihm in Verbindung gesetzt werden. Denn was abläuft, ist ja gar nicht die „berechenbare Zeit" als eine leere und gleichgültige Form, sondern die Wirklichkeit des Menschseins im Ganzen wie des einzelnen Daseins hat dieses Wesen, sich selbst als einen (chronologischen!) Ablauf der Zukunft und einem Ziel entgegen zu zeitigen. Es ist in bestimmter Hinsicht wirklichkeitsfremde Haltung, um die Frage nach dem Wohin dieses Ablaufs sich nicht bekümmern zu wollen. Mit der doxologischen Ausrichtung des Glaubens steht das darin in Widerspruch, weil so eine wesentliche Dynamik des Wirklichen (und nicht nur eine gleichgültige Hülse) sich selbst überlassen und ins Leere hinaus gesandt wird, anstatt von dem Bekenntnis zu der Durchsetzung der Herrschaft Gottes umfaßt zu werden. Dieses Bekenntnis muß angesichts der Frage nach dem Wohin dieses Ablaufs von dem Reich Gottes als der Zukunft unseres Chronos reden und von dem gegenwärtigen Anbruch des Reiches als von der in Christus und dem Evangelium gegenwärtigen Entscheidung über diese Zukunft und auf sie hin. Daß diese Zukunft nicht als „weitere Epoche" dem Zeitablauf selbst kategorial eingeordnet werden kann, hebt nicht auf, daß sie auf die Frage, die er selbst in seinem Abzielen ist, bezogen werden muß.

stellbar Guten und Rechten. Dieses „Daß" aber ist nicht metaphysische Spekulation, sondern der personalen Relation des Glaubens an Gott integral eingehörend.

Entsprechendes gilt aber auch für diejenige Seite der geschöpflichen Wirklichkeit, die wir Natur oder Kosmos nennen. Man kann nicht im Glauben Gott als den Herrn alles Wirklichen anerkennen, ohne ihn auch als den zu bekennen, der dem Prozeß des Kosmos Ursprung und Ziel gibt. Das Thema „Gott und der Kosmos" kann aus dem Inhalt des Glaubens und damit auch aus den Überlegungen der Theologie nicht ausgeschlossen werden. Das bedeutet wiederum keineswegs, daß man ein „christliches Weltbild" haben muß, in dem man den göttlichen ordo aller Dinge objektiviert betrachten kann. Aber gerade über das Nicht-Sehen der Beziehung zwischen Gott und dem Kosmos hinweg, selbst über einen sinnlos erscheinenden immanenten Aspekt dieses Kosmos hinweg will auch hier das „Daß" bekannt sein[22]. Und zwar gerade im persönlichen Glaubensverhalten zu Gott, nämlich um dessen Charakters willen als unbedingter Hoffnung zu Gott über allem, was besteht, Realität hat und Macht ausübt. Und der Kosmos hat Realität und übt Macht aus, was um so bedrängender ist da, wo uns seine auf unser menschliches Personsein bezogene Sinnhaftigkeit überaus fragwürdig wird. Gerade diese Situation fordert nicht den thematischen Rückzug, sondern das Dennoch des Glaubens heraus. Eine akosmische Theologie würde ebenso wie eine am Gottesbezug des „Weltgeschichtlichen" uninteressierte Theologie der Doxologie Gottes, die in die Relation des Glaubens hineingehört, einen Teil der Wirklichkeit entziehen.

Ich möchte dies noch einmal von einer andern Seite beleuchten. Nicht nur weil Glauben heißt, über die Anliegen des eigenen Selbst hinaus Gott als den Herrn über alles bekennen, sondern zugleich im wesentlichen Anliegen der eigenen Existenz ist ein schlechthin akosmischer und am Weltgeschichtlichen uninteressierter Glaube und eine entsprechende Theologie nicht möglich. Denn wir haben ja keine akosmische Existenz, sind vielmehr bis in unsere persönlichsten Reaktionsmöglichkeiten hinein bestimmt – zumindest auch bestimmt – durch die naturhaften Bedingungen unseres Daseins und durch den Ort, an dem wir mit diesem Dasein in den Strom der

---

[22] Mit Recht sagt *Gogarten* (Ich glaube an den dreieinigen Gott, S. 101): „Aber dieses Wissen (sc. von Gottes Willen mit der Welt) ist kein Bescheidwissen um den Plan und die Gedanken Gottes, sondern ist nichts als ein Wissen davon, daß Er der Schöpfer ist." Er fährt dann aber fort: „Und auch dieses Wissen nicht in der Abstraktion einer auf ein gedachtes Ganzes gehenden allgemeinen Wahrheit, sondern in der Konkretion des ganz bestimmten Augenblicks ... Darum ist dieses Wissen um das Schöpfertum Gottes das Wissen davon, daß er der Schöpfer dieses bestimmten geschichtlichen Augenblicks ist." Darin liegt aber eine Verkürzung. Das Wissen um Gottes Schöpfersein muß, im Verzicht auf das „Bescheidwissen um den Plan und die Gedanken", gleichwohl in seinem „daß Er der Schöpfer ist" das Ganze aller Dinge, und zwar als ein Ganzes, mit umfaßt halten.

gesamtgeschichtlichen Konstellationen geworfen sind. In dem personalen Verhältnis, das Gott uns zu sich selbst eröffnet, sind wir gerufen zum Glauben an den, der unser Dasein mit allen seinen Bezügen und Bedingtheiten schlechterdings gründet, trägt und zum Ziele bringt. Die Zuversicht des Glaubens zu Gott umfaßt also mit innerer Notwendigkeit auch das, was an meinem Dasein naturhafte und geschichtliche Bedingtheit, Ausgeliefertsein an die kosmischen und transpersonal-geschichtlichen Mächte ist. Das Personale des Glaubens an Gott muß Gottes Bezug zum Ganzen der Welt mit allen Aspekten mit umklammern, weil ich von diesem Ganzen in meinem Dasein bestimmt werde und weil ich an Gott als den mich ganz Gründenden, Tragenden und zum Ziel Bringenden nur glauben kann, indem ich glaube, daß er auch das Ganze der materiellen und geschichtlichen Welt, in der er mich leben und durch die er mich bestimmt sein läßt, gründend und zielbestimmend in seiner Hand hält[23]. Sonst würde dem Vertrauen des Glaubens ein Teil der Existenzialien meines realen Daseins entzogen und ich müßte einen Sektor meiner Existenz, in dem ich mich zu Gott im Verhältnis weiß, abstrahieren von einem andern Sektor, in dem mein Dasein einem Gott-unbezogenen Komplex eingeordnet ist und mit ihm in eine Gott-unbezogene Leere ausläuft. Die Behauptung, kein Mensch könne anders als spekulativ an dem Verhältnis Gottes zum Kosmos und zu Lauf und Sinn der Geschichte interessiert sein, bedarf also gerade auch vom Existenzverständnis her einer Korrektur. Diese konnte hier freilich nur angedeutet werden.

2. Das Pro-Aktuale und die Aktualität des Glaubensstandes

Wir gehen auch hier aus von dem persönlichen Verhältnis zu einem mitmenschlichen Du. Von diesem Verhältnis – sofern es eben ein persönliches und nicht nur ein sachlich objektives ist – wird gelten: Der „Stand" in ihm hat seine Wirklichkeit im gegenseitigen Vollzug persönlichen Verhaltens. Ja man wird sagen dürfen: Durch den Akt dieses Verhaltens trete ich ein in

---

[23] *F. Ebner* (Das Wort und die geistigen Realitäten, S. 192 f.) sagt: „Der Mensch interessiert sich eigentlich nur dann für das ihm ja in keiner Weise faßbare Verhältnis Gottes zur Welt, wenn er, interessiert an seiner eigenen Existenz, diese ganz im Dasein der Welt verankert sein läßt – statt sein ganzes Leben in seinem persönlichen Verhältnis zu Gott, unbekümmert um das Treiben und Geschehen in dieser Welt, unmittelbar in die Hand Gottes gelegt zu wissen: er meint, er existiere nicht nur in der von Gott geschaffenen Welt, sondern auch durch sie." In Wahrheit ist es aber so, daß wir tatsächlich nicht nur „in der Welt" (wie in einem äußerlichen Rahmen), sondern auch „durch sie" existieren – und nicht nur in Hinsicht auf die Füllung des Magens, auch unsere personalen Vollzüge sind mit naturhaften und umweltlich-schicksalhaften Bedingungen unauflöslich verflochten. Im Glauben setzen wir freilich auch vor dieses „durch die Welt" das „durch Gott": Nicht diese Bedingungen sind unser Schöpfer, sondern Gott ist es, der uns durch sie bestimmt dasein läßt und als solche nun gleichwohl in das Gegenüber zu sich selbst ruft, so daß wir durch

meinen Stand im Verhältnis zu dem Du, und durch das Nicht-Ablassen in diesem Akt halte ich ihn durch [24]. Natürlich geschieht das auch im mitmenschlichen Verhältnis nicht, ohne daß das Du mir mit einem entsprechenden Verhalten von seiner Seite begegnet, vielleicht zuvorkommt. Aber dieses Begegnen und Zuvorkommen kann doch immer nur Angebot sein. Es kann nicht mein Verhalten selbst im strengen Sinn gründen, tragen und durchhalten. Es kann mich nicht von mir selber und meinem möglichen Versagen befreien. Das Du kann mir wohl unter Umständen sogar in einer unwandelbaren Treue seine dauernde Bereitschaft und Zuwendung vorgeben und bewahren. Was es mir aber nicht vorgeben kann, das ist mein Verhalten ihm gegenüber, meine Erwiderung dieser Bereitschaft und Zuwendung. Hier waltet also ein echter personaler Synergismus von Entgegenkommen und Eingehen auf dieses Entgegenkommen.

Mit dem „Stand", in dem der Glaubende Gott gegenübersteht, verhält sich das in bestimmter Hinsicht anders, und zwar auf Grund des nichtreziproken Charakters, den das Personverhältnis zwischen Gott und Mensch um der Gottheit Gottes willen und im Unterschied zu allem zwischenmenschlichen Verhältnis hat. Hier darf man nicht sagen, der Stand werde in der personalen Synergie der Zuwendungsakte beider Partner begründet und durchgehalten. Sondern begründen wie durchhalten ist auf seiten Gottes allein. Freilich nicht so, als ob unser Antwort-Verhalten aus diesem Stand überhaupt ausfiele und wir nur „Objekte" eines Verhaltens Gottes wären. Wohl aber so, daß Gott in seiner Zuwendung zu uns zugleich unser Antwort-Verhalten zu ihm setzt und trägt. Gott hat uns unser eigenes Verhalten zu ihm in der Tat vorgegeben. Gott selbst hat meinen Stand im Verhältnis zu ihm vor aller meiner Eigenbewegung verwirklicht. Dies ist geschehen darin, daß Gott Jesus sandte als den Träger unserer Person vor ihm selbst [25]. Jesus hat rechtes Menschsein vor Gott

---

das (oft recht bedrängende) Wissen um diese Bedingtheiten hindurch „unser ganzes Leben in seine Hand gelegt wissen". Gerade dies schließt aber ein interessiertes Wissen um das (freilich in der Tat „in keiner Weise faßbare") Verhältnis Gottes zu der Welt der kosmischen und schicksalhaften Mächte mit ein.

[24] Man kann vielleicht fragen, ob diese aktualistische Sicht auch nur für jedes zwischenmenschliche Personverhältnis zutreffend ist. Ist z. B. in dem Verhältnis von Eltern und Kind nicht doch ein zuständlich, sogar naturhaft, Seiendes gegeben unabhängig von allen personalen Akten? Immerhin wäre dem entgegenzuhalten: Zum persönlich erfüllten Verhältnis gehört auch hier der Vollzug des Verhaltens, und zwar in echter Synergie von beiden Seiten. Sonst haben wir einen defizienten, unerfüllten Modus des Eltern-Kind-Verhältnisses. Gerade in dem erfüllten Modus des Gottesverhältnisses ist aber diese Synergie mutualer Akte zu bestreiten, sie wäre hierfür eine ungeeignete Denkform.

[25] Ebenso gilt, daß Gott Jesus sandte als den Träger seiner Gegenwart und seiner Zuwendung zu den Menschen. Dies dürfte zur Korrektur einer nur-aktualistischen Auffassung des Wortes als Heilsgeschehen nur je in actu besonders wichtig sein. Aber ich möchte diesen Aspekt der Wirklichkeit Jesu, ohne ihn sachlich auszuschalten, hier unerörtert lassen zugunsten des anderen, daß Jesus zugleich als der Träger unserer Person vor Gott gesandt ist. Denn indem wir nach dem Stand des Glaubens fragen, fragen wir nach der „ontologischen"

ein für allemal verwirklicht so, daß er darin für unser Verhältnis zu Gott ganz einsteht. Dieses Einstehen für uns ist nicht so zu verstehen, daß Jesus etwas für uns verwirklicht hätte oder verwirklichen würde, was damit, daß er es ist und tut, von uns gleichsam abgeschoben wäre auf die Person dieses andern, so daß wir nun „nichts mehr damit zu tun hätten" und nur irgendwelche sachlichen Folgen genießen würden – so wie einer für mich etwa eine Geldschuld begleicht. Dann wäre sein Stand vor Gott nicht wahrhaft unser Stand. Sein Einstehen für uns ist aber auch nicht so zu verstehen, als ob Jesus in seiner Person nur ein wenn auch noch so bahnbrechendes und stimulierendes Vorbild rechten Menschseins vor Gott verwirklicht hätte, das wir für unsere Person und aus unserer eigenen Reaktionsmöglichkeit heraus nachzuverwirklichen hätten. Jesus Christus ist so für uns der rechte Mensch vor Gott, daß er uns darin gegenwärtig wirkend unterfängt, so daß wir das, was er für uns ist, durch ihn und in ihm sein werden; so daß wir durch die Kraft seines rechten Menschseins in unser rechtes Menschsein gebracht werden. Auf jeden Fall bedeutet dies, daß unser Stand in der Heilsgemeinschaft mit Gott uns selbst und unserem Eingehen auf diese Gemeinschaft vorweg gegründet ist. Es ist nicht so, daß wir, daraufhin daß wir Gottes Angebot empfangen haben, durch unser Eingehen auf dieses Angebot unsern Stand im Heil bzw. im Glaubensverhältnis zu Gott ratifizierend verwirklichen. Sondern auch dieses unser Eingehen empfangen wir von der Seite Gottes als eine „zuvor bereitete" Wirklichkeit (Eph. 2, 10), in der wir uns an- und aufgenommen sein lassen. Konkret heißt diese Wirklichkeit: Jesus Christus, der für und in uns zum Glauben und zum Bleiben im Glauben Mächtige, der Anfänger und Vollender des Glaubens.

Das bedeutet, sehr scharf formuliert, nicht weniger als die Aufhebung des Selbst-Standes unserer Person gegenüber Gott. Wir sind durch Gott selbst ihm gegenüber auf das Fundament des unser rechtes Leben für uns lebenden und in uns lebendig machenden Christus versetzt [26]. Wir können Gott nicht aus der Subjektivität unseres eigenen Persongrundes heraus recht antworten. Wir können und sollen zu solcher Antwort kommen wohl

---

Kategorie unseres Seins vor Gott, und hierauf bezieht sich ja vornehmlich die personalistische Aussage: nur je im Vollzug, nur in actu. – Übrigens dürften die beiden Aspekte letztlich zusammenfallen. Denn wer anders sollte uns in unserem eigenen Verhalten zu Gott schöpferisch unterfangen können wenn nicht der, in dem Gott selbst mit uns ist?

[26] Darf man in dieser Beziehung wirklich mit *Bultmann* das Selbstverständnis des „dem mythischen Denken entwachsenen Menschen" bejahen, der „sich als Einheit versteht" und „sein Empfinden, Denken und Wollen sich selbst zurechnet" (Abschl. Stellungnahme, in: Kerygma u. Mythos II, S. 182)? Ist es auch Christus gegenüber wahr: „Existieren bedeutet ein Sein, das sich selbst überantwortet ist und sich selbst zu übernehmen hat?" (Ebda. S. 193.) Solche Sätze haben auf der Ebene des Umgangs des Menschen mit der Welt und den Mitmenschen ein – auch hier m. E. nur relatives – Recht. Auf der tieferen und jene Selbständigkeit der Welt gegenüber begründenden Ebene, in der es um das rechte Menschsein

3 Joest, Gott

als wir selbst, aber nicht *aus* uns selbst heraus. Wir können aus eigener Potenz heraus weder glauben noch lieben noch Buße tun. Der Glaube, der Berge versetzt, die Liebe zu Gott von ganzem Herzen und zu unserm Nächsten ist nicht unsere Möglichkeit. Ja auch wahre Buße und Reue ist nicht unsere Möglichkeit. Christus ist aber eingesetzt und bleibt gegenwärtig als der, der für uns dies alles so vermag und erfüllt, daß wir aus seinem Vermögen die sein werden, die wir aus einer in uns selbst liegenden Potenz und in einer aus dieser Potenz wachsenden eigenen Aktualität nicht sein können. Gott gibt uns nicht nur die Wirklichkeit seiner Zuwendung zu uns, sondern auch die Verwirklichung unserer antwortenden Rückwendung zu ihm vor in der Person Jesu. In ihm „ist" daher unser Stand im rechten Verhalten zu Gott.

Damit wird das Glauben als unser Beteiligtsein in diesem Stand nicht aufgehoben. Aber unser eigenstes Beteiligtsein liegt dann gerade darin, daß wir uns unter Preisgabe jegliches Selbst-Standes und Selbst-Aktes auf Christus lassen als auf den, der für und in uns das ist und wirkt, was wir vor Gott werden sollen. Dieses Sich-Lassen ist gewiß personaler Vollzug, nicht objektiv-sachlicher Besitz, denn Christus ist nicht ein heilswirksames Fluidum, das man einmal eingenommen haben muß und dann innehat, sondern der für uns Einstehende, der darauf zielt, daß wir ihn für uns einstehen lassen. Insofern: pro actu (pro im lateinischen Sinn = dafür da, daß man auf ihn hin glaubt). Denn eben dies: ihn für uns einstehen lassen, ist persönliches Verhalten, das seine Aktualität nie verlieren kann, das man also nicht einmal „absolviert" und dann hinter sich haben kann, sondern das im Vollzug bleiben muß. Aber ein solches Verhalten, das sich selbst gerade nicht als Vollzug des Standes verstehen kann, um den es im Glauben geht. Denn diese personale Bewegung des Glaubens liegt ja gerade darin, meinen Stand und mein Bleiben in der Gnade Gottes in dem Dasein Christi für mich begründet und in seinem Dableiben für mich und Bleiben mit mir erhalten und geborgen sein zu lassen. Mein Sein im Heil Gottes ist nicht „je und je" im Akt meines Glaubens. Es ist vorgängig diesem Akt (nunmehr pro actu, pro im griechischen Sinn) in Jesus kraft dessen, daß er wirksam vor Gott für mich einsteht. Und darauf soll ich – nun allerdings „je und je" – zurückglauben [27].

---

vor Gott geht, werden sie, wenn man sie wörtlich nimmt, geradezu zur Häresie. Die neutestamentlichen Aussagen über den Stand der Glaubenden vor Gott in Christus (vgl. etwa Gal. 2, 20 oder Joh 15, 1 ff.) bezeugen alles andere als das Bewußtsein eines Selbst, das sich selbst überantwortet ist, sich selbst zu übernehmen hat und sein Empfinden, Denken und Wollen sich selbst zurechnet.

[27] Die hier entwickelte Sicht setzt freilich voraus, daß die Bindung des Rechtfertigungsglaubens an Christus nicht nur bedeutet: anläßlich Christi glauben, auch nicht nur: Christo glauben, oder: wie Christus und ihm nachfolgend glauben, sondern wirklich: an Christus glauben. Sie versteht also Christus nicht nur als den vollmächtigen Offenbarer des Wortes, das zum Glauben ermächtigt, sondern als dieses Wort in Person, d. h. als den, der in seinem

Es wird mit dem hier dargelegten Gedankengang auch die Bedeutung des Wortes des Evangeliums als stets neu zu hörender Anrede für unsern Stand im Glauben nicht aufgehoben. Denn eben weil der für unsern Stand einstehende Christus kein „sachlicher" Tatbestand ist, sondern Person, in deren Einstehen für uns wir uns bergen sollen, muß er und sein Einstehen uns zugerufen werden bzw. sich selbst uns zurufen. Und das muß immer wieder geschehen. Aber dieses Wort-Ereignis ist ja nicht ein gleichsam aus sich selbst aufbrechendes Geschehen, in dem die Möglichkeit meines Heilsstandes erst immer neu und womöglich nur für den Punkt des akuten Gesprochenwerdens und Hörens dieses Wortes gesetzt würde. Sondern es ist das Wort, das aus dem Sein der Person Jesu in ihrem Einsatz für uns aufbricht und auf ihn in seinem Sein für uns verweist. Der Akt des Wortes geht von dem Sein Jesu Christi, das Für-uns-Sein ist, aus und ruft zu ihm hin. Er selbst in seinem Gekommen-Sein und Bleiben als der für uns Eingesetzte, für unser Glauben, Bleiben und Zum-Ziel-Gelangen Bürgende ist die „Heilstatsache", die nun in der Tat allen kerygmatischen Akten begründend voransteht – die Kontinuität dessen, was diese Akte „je und je" bezeugen. Die Heilstatsache, in deren „Raum" Verkündigung und Glauben geschehen, das Ständige, das die Verkündigung sehen läßt, auf das der Glaube sich gründen läßt und das ihn erlöst von der Vorstellung, er selbst qua Akt in seiner Wiederholung müsse das Sein und Bleiben im rechten Stand vor Gott durchtragen, ist also nichts anderes als dies, daß Jesus selbst gegenwärtig bleibt. Der kontinuierende „Raum" der „Heilstatsache" ist die machtvolle Gegenwart dieser Person in ihrem Einsatz für uns. Das ist kein dinglicher Sachverhalt, zu dem man sich unpersönlich verhalten könnte.

---

persönlichen Sein für und mit uns die Macht hat, uns zu Menschen Gottes neuzuschaffen. Der Glaubende ist also nicht nur auf das Wort Jesu oder auf die Bedeutsamkeit seines Geschicks, sondern auf seine Person und Gegenwart ausgerichtet. Er braucht Christus selbst als gegenwärtig Daseienden, um seines Glaubens und seines Bleibens gewiß zu sein – vielmehr: um nach sich selbst und seiner Möglichkeit, zu glauben und im Glauben zu bleiben, gar nicht mehr fragen zu müssen. (Vgl. hierzu, was *E. Schlink,* Die Struktur der dogmatischen Aussage, aaO S. 286, über den Unterschied von Glauben und Selbstverständnis sagt.) Diese Beziehung des Glaubens auf Jesus als personaliter Gegenwärtigen wird von Bultmann und Gogarten gelegentlich in Frage gestellt. Auch in dem in seiner Fragestellung hochbedeutsamen Aufsatz von *G. Ebeling* „Jesus und Glaube", in: ZThK 1958, S. 64 ff., bleibt sie m. E. im Unklaren. Mit einem „pietistischen", „sentimentalen" „Umgang mit Jesus" hat die hier gemeinte Beziehung nichts zu tun. Sie besteht ja nicht in besonderen Erlebnissen eines intimen Jesusverkehrs, sondern in der schlichten Gewißheit: Darin, daß er gegenwärtig und wirksam mit mir ist, ist entschieden und den Velleitäten und Ungewißheiten meiner eigenen „Haltung" entnommen, daß ich gerechtfertigt, geheiligt und in einem neuen Leben sein werde.

Wenn ich recht sehe, kommt *C. H. Ratschow* in seinem Buch „Der angefochtene Glaube. Anfangs- und Grundprobleme der Dogmatik" zu derselben Auffassung. Er führt dort S. 28 die These durch, daß das „Gottesereignis" des Heils in der Leibhaftigkeit der Person Jesu beschlossen liegt. Vgl. auch ebda. S. 146: „Die certitudo des Glaubens ruht auf der Ständigkeit des Daseins Jesu und ist erst in diesem Aufruhen, als Gewißheit also, dem Kommen Gottes geöffnet."

Es ist erst recht keine „objektivierbare", d.h. welthaft aufweisbare Gegebenheit. Aber es ist auch nicht eine Kette punktueller Ereignisse, in denen Heilswirklichkeit nur „jeweils" dawird. Die Person Jesu in ihrem Einsatz für uns ist die Einheit von: Heilstatsache in ihrem Geschehen-Sein eph' hapax und ihrem schlichten Dableiben von diesem Geschehen-Sein her, und: Kerygma in seiner gegenwärtigen Aktualität. Denn die Heilstatsache ist Er selbst, als der in den Einsatz für uns Gesendete und darin beständig Bleibende. Und der Inhalt des Kerygmas ist wiederum Er selbst als der, der uns dieses sein Bleiben im Einsatz für uns zuspricht. Dementsprechend ist Glaube als Sich-Lassen auf Jesus, den Träger unserer Person vor Gott, die Einheit von Geborgensein im Vorgegebenen und aktuellem Vollzug. Denn zu solchem Glauben werden wir je und je gerufen; aber daß wir ihn üben, gründet in dem bleibenden Einsatz dessen, der in sich selbst die wirksame Kraft zu unserm Glauben und Bleiben im Glauben hat; und was wir mit ihm vollziehen, ist eben das Sich-Bergen in ihm als der „Substanz" unseres Glaubensstandes, also in actu die Gewißheit des Glaubenden darum, daß sein Heil entschieden ist und daß er darin bewahrt wird. In dieser Gewißheit gerade liegt das Wesen des Glaubens, seine Bewegung als aktuales Wahrhaben des pro-aktualen Grundes unserer Heilsgemeinschaft mit Gott[28].

3. Das Pro-Subjektive und die Subjektivität des Zugangs zum Glauben

Wird um der Personalität des Glaubens willen von der „Subjektivität" des Zugangs zu ihm gesprochen, so handelt es sich dabei, wie wir sahen, zunächst positiv um folgende Einsicht: Zu wirklichem Glauben gelangt ein Mensch nur so, daß ihm das zu Glaubende als Gottes eigene an sein Selbst gerichtete Anrede, und zwar als die ihn in seiner Existenz betreffende Anrede, sich zeigt. Gegen diese These in ihrer positiven Gestalt ist hier kein Einspruch zu erheben[29]. Problematisch würde sie aber in dem Augenblick,

---

[28] Ich will auf die Frage des Sakramentes, die im Aufriß der Problematik bei Besprechung der Aktualitätskategorie mit herangezogen wurde, nicht ausführlich eingehen, denn dazu wären umfangreiche Überlegungen erforderlich. Es kann aber im Anschluß an das, was über die standgebende Gegenwart der Person Jesu gesagt wurde, wenigstens ein Ansatz solcher Überlegungen gezeigt werden. Die Rückbeziehung von Glauben und Wortgeschehen auf dieses An-wesen Jesu macht es m.E. möglich, das Leibhaftige des Sakramentsvollzuges aus der Alternative: bloße Verbildlichung des Wortereignisses oder: dinghafte Übermittlung einer ebenso dinghaften Zuständlichkeit, herauszunehmen. Jener Vollzug kann dann als konkretes vehiculum des An-wesens Jesu in seinem Einsatz für uns verstanden werden: als solches mit dem anrufenden Wort notwendig verbunden und auf den annehmenden Glauben intentional gerichtet (weil es eben nicht „heilshaltiges" Ding, sondern er selbst ist, der an uns herankommt); aber im bloßen actus des Treffens von Wort und Glauben nicht aufgehend (wiederum weil er selbst in diesem actus nicht aufgeht, sondern ihm voransteht).

[29] Dabei ist allerdings gemäß dem, was zur Relationalität des Glaubensinhaltes gesagt wurde, vorausgesetzt, daß das, was mich als Gottes eigene Anrede in meiner Existenz

in dem sie korrelativ verknüpft würde mit der negativen Folgerung: Alles, was ich von den existenziellen Voraussetzungen her und in den existenzialen Kategorien, in denen ich bisher mein Daseinsverständnis vollzogen hatte, nicht als mein Selbst in seiner Existenz berührend erkennen kann, kann auch nicht Anrede Gottes sein, die meinen Glauben beansprucht. Es bleibt spekulativer „Wissens"-Stoff, zu dem es als solchem keinen Zugang des Glaubens gibt.

Hinter der scheinbaren Konsequenz, mit der diese negative These sich aus der vorangestellten positiven ergibt, steht offenbar die Vorstellung, daß wirkliches Hören eines Wortes als Anrede eine vorgängige Korrespondenz des hörenden Ich und des redenden Du voraussetzt. Man kann diese Korrespondenz so formulieren, daß der Hörende ein dieser Anrede entgegenkommendes Vorverständnis seiner selbst und dessen, was ihn angeht, haben und daß umgekehrt die Anrede sich in dem, was sie zu sagen hat, auf dieses Vorverständnis beziehen muß. Inhaltlich wird das etwa bedeuten: Die Anrede – soll sie als persönlich betreffende Anrede eines Du verstanden werden – muß als Antwort erscheinen auf etwas (oder mindestens als Mitfrage in etwas), was dem Hörenden bereits bewußte Frage ist. Formal könnte diese Korrespondenz bedeuten: Übereinstimmung von Frage und Antwort, Vorverständnis und Anrede in den grundsätzlichen Kategorien für das, was die Existenz des Selbst betreffen kann und was nicht: Die Anrede muß den Hörenden im Rahmen derselben Kategorien ansprechen, in denen er seine eigene Existenz und deren wesentliche Fragen bereits versteht.

Ein solches Prinzip der Korrespondenz ist aber, wenn überhaupt, dann nur auf das zwischen-menschliche Ich-Du-Verhältnis ungebrochen anwendbar. Es kann gelten als Bedingung des Verstehens dessen, was ein menschliches Du mir wesentlich zu sagen hat, mithin als Bedingung meines Zugangs in ein persönliches Verhältnis zu diesem Du. Ich kann den andern Menschen in eigentlichem Sinn nur verstehen auf dem Boden einer vorgängigen Gemeinsamkeit der Existenzlage in der Weise, wie wir beide uns mit ihr auseinandersetzen. (Es ist selbstverständlich, daß das nicht unbedingt Gleichheit der äußeren Lebensumstände heißen muß, obwohl auch diese von Bedeutung sein kann). „Subjektivität" des Zugangs zum persönlichen Verhältnis bedeutet dann: Korrespondenz von Anrede und persönlicher Aufgeschlossenheit für diese Anrede, auf Grund des beide umschließenden Horizontes einer gemeinsamen Befindlichkeit und gemeinsamer Möglichkeiten der Auseinandersetzung mit ihr. Die persönliche Aufgeschlossenheit muß der Anrede gewissermaßen in einer eigenen Be-

---

betrifft, nicht einzuschränken ist auf das Thema des Verhaltens Gottes je zu mir. Auch die Aufforderung, Gott als Schöpfer und Herrn der Welt zu bekennen, um das Kommen seines Reiches und Geschehen seines Willens im Himmel wie auf Erden zu bitten, kann Anrede an mein Selbst und Ausrichtung meiner Existenz werden.

wegung entgegenkommen. Ist die Anrede so beschaffen, daß der Hörende dies nicht kann, weil er die Voraussetzungen dazu nicht hat, so kann kein wahrhaft persönliches Verhältnis entstehen, sondern die Anrede wird entweder als etwas Gleichgültiges am Hörenden vorbeigehen oder sie wird sich ihm – wo sie etwa mit Machtanspruch und Machtgebrauch geltend gemacht wird – als eine geistige Fremdgewalt oktroyieren.

Im Personverhältnis zwischen Gott und Mensch, um das es im Glauben geht, kann „Subjektivität" des Zugangs nicht genau dasselbe heißen. Denn hier wird jene Korrespondenz von Anrede und persönlicher Aufgeschlossenheit für diese Anrede gesprengt. Um Subjektivität des Zugangs geht es recht verstanden auch hier – wenn damit gesagt sein soll: kein wirkliches Glauben, wo es nicht dazu kommt, daß ich Gott selbst das glaube, was ich glaube, und es ihm glaube als sein an mein Selbst gerichtetes und über mein Selbst entscheidendes Wort. Aber wie kommt es dazu? Nicht in jener synergistischen Subjektivität des Eingangs ins Verstehen, in der ich einem menschlichen Du auf Grund unseres gemeinsamen Horizontes meine persönliche Aufgeschlossenheit für seine Anrede entgegenbringe. Warum nicht?

Dafür gibt es einen doppelten Grund. Der erste liegt, wie alles, was hier kritisch zu den problematischen Konsequenzen eines von der Ich-Du-Beziehung ausgehenden Glaubenspersonalismus zu sagen war, in der Gottheit Gottes. Wir könnten auch sagen: in der spezifischen Unterschiedenheit von Schöpfer und Geschöpf. Um ihretwillen ist uns Erkenntnis Gottes und mithin auch Erkenntnis unser selbst und der Welt im Horizont der Gottesbeziehung aus uns selbst heraus nicht verfügbar. Es gibt keine von der Selbsterschließung Gottes abstrahierbare, ihr vorgängige Potenz, kraft deren der Mensch sich und die Welt bereits so versteht, daß er daraus die Möglichkeit und die Bereitschaft mitbrächte, auch Gott zu verstehen, bzw. zu beurteilen, ob das, was er hört, wirklich Gottes Wort an ihn sein kann oder nicht. Vielmehr ist es ja Gott, der den Horizont seiner Zuwendung zu dem Menschen selbst erst setzt, und der damit auch die Möglichkeit setzt, unsere Existenz nun innerhalb dieses Horizontes zu verstehen. Das bedeutet, daß wir Gott nur verstehen können, indem er selbst im Akt seines Wortes uns die Voraussetzungen dafür öffnet. Dieses Verstehen Gottes wäre auch „in statu integritatis" nicht von einem vom Ergehen des Wortes selbst abstrahierbaren, in diesem status sozusagen noch „richtigen" Wissen des Menschen um sich selbst und das ihn Angehende her möglich, sondern auch hier würde in Geltung bleiben, daß seine Möglichkeit im unmittelbaren Sich-Einleuchten des Wortes selbst mitgesetzt wird. Eine solche vorgängige Verstehensmöglichkeit könnte aber für den status integritatis auch gar nicht zur Diskussion stehen, weil dieser ja nichts anderes wäre als: im Einleuchten des Wortes beständig leben und von ihm, nicht von einer „eigenen" Fragestellung, je immer schon herkommen.

Der zweite Grund, der die synergistische Korrespondenz von Anrede und Aufgeschlossenheit in noch potenziertem Sinne unmöglich macht, liegt darin, daß wir faktisch ja nicht von dem Leben im Einleuchten des Wortes herkommen, sondern unsere Abkehr von Gott in die Begegnung mit dem Wort mitbringen. Das bedeutet aber, daß sowohl unsere existenziellen Fragen als auch die existenzialen Kategorien, in denen wir sie stellen, von uns her an dem Verstehen Gottes und unser selbst und der Welt in der Bezogenheit zu ihm vorbeigerichtet sind. Gäbe es in statu integritatis keine dem aktuellen Hören des Wortes vorgängige Potenz des Verstehens, so gibt es das erst recht nicht in statu corruptionis. Es gibt eben Gott gegenüber überhaupt keinen im Menschen vorangelegten „Rahmen", in dem verstanden und von dem aus beurteilt werden kann, ob er es ist, der redet bzw. ob mich sein Reden betrifft oder nicht. Sondern hier gibt es nur entweder das Leben in dem Empfangen des Verstehens Gottes und damit unseres eigenen Seins durch Gott selbst, oder aber die Verschlossenheit für Gott und damit das Mißverstehen auch unseres eigenen Seins. Darum gibt es auch keine Korrespondenz zwischen dem, was wir in die Begegnung mit dem Wort mitbringen, und dem, was das Wort uns sagt, wie zwischen (richtig gestellter) Frage und Antwort auf diese Frage – so daß ich gegebenenfalls sagen könnte: Die Antwort betrifft mein Selbst nicht, weil sie das Anliegen meiner Frage nicht trifft. Denn auch die Weise, wie die Frage meiner Existenz mir selbst vorgängig erschlossen ist, ist durch die Abkehr von Gott, aus der ich herkomme, mitgeprägt. Auch die Frage kann nur durch die Erschließung Gottes selbst „richtiggestellt" werden[30]. Denn

---

[30] Dies ist auch von *R. Bultmann* wiederholt und deutlich gesagt, z. B. in seinen Aufsätzen über „Die Frage der natürlichen Offenbarung" und über „Anknüpfung und Widerspruch" (Glauben und Verstehen II; vgl. bes. S. 99). B. hält jedoch fest, daß die „Richtigstellung" der Existenzfrage so geschehen muß, daß die Antwort der vorverstehenden Frage in dem begegnet, was in dieser selbst bereits zum Thema steht, freilich im Widerspruch zu der Lösung, die die vorverstehende Frage selbst für sich bereit hält – aber sozusagen in einem direkten, frontalen Widerspruch innerhalb desselben schon vorverstehend bewußten Anliegens. Die Begegnung von Offenbarung und Vorverständnis darf – soll es sich wirklich um das recht interpretierte Wort Gottes und nicht um bloße Spekulation handeln – nicht so aussehen, daß das Wort dem fragend vorverstehenden Menschen zu seinem Selbstverständnis unbezüglich, also im Thema schlechthin fremdartig erscheint. (So verstehe ich jedenfalls z. B. das in „Anknüpfung und Widerspruch" aaO S. 121 Gesagte).

Damit dürfte die bekannte Forderung B.s zusammenhängen, die Auslegung der Offenbarung müsse in existenziale Kategorien eingehen, in denen die begriffliche Form für das, worum es in Existenz überhaupt gehen kann und worum nicht, auch dem vorverstehenden Menschen mit seinem Selbstverständnis bereits gegeben ist oder doch gegeben sein kann – und sein Versuch, diese gleichsam neutrale, für Verstehen von Existenz überhaupt gültige Denkform in der Existenzialontologie Heideggers zu finden.

Es ist demgegenüber zu fragen, 1. ob das Selbstmißverständnis der von Gott abgekehrten Existenz nicht sehr wohl so weit gehen kann, daß die Anrede des Wortes nicht einmal mehr als Widerspruch innerhalb dessen, was ich mich selbst frage, und gegen das, was ich mir selbst antworten möchte, sondern wirklich als schlechthin fremd und uninteressant

die Frage liegt ja im Verhältnis zu Gott, und für dieses habe ich keinen von Gottes eigener Anrede abstrahierbaren Verständnis-Rahmen. Die Antwort geht der Frage – sofern diese sich selbst recht verstehen soll – hier gewissermaßen vorher. Und nicht nur können die inhaltlich-existenziellen Fragestellungen, die wir ins Hören mitbringen, nicht als vorlaufende Möglichkeit des Verstehens (mithin als Kriterium dafür, ob die Antwort wirklich Antwort ist) betrachtet werden. Auch die formalen existenzialen Kategorien, in denen wir diese Frage etwa stellen, weil wir in ihnen unsere Existenz denken, können m. E. nicht als ein der Abkehr von Gott und dem Mißverstehen der Existenz gegenüber neutraler Rahmen betrachtet werden, auf den nun ihrerseits die Anrede des Wortes verpflichtet wäre, widrigenfalls sie dazu verurteilt wäre, personaliter nicht verstehbare Spekulation zu bleiben. Denn mag es sich mit den Kategorien im Sinne der formalen Logik verhalten wie immer – es ist sehr fraglich, ob die „Kategorien" des Existenzverständnisses, die „Existenzialien" also im Sinne Heideggers, von der inhaltlichen Richtung des Existenzvollzuges wirklich so unterscheidbar sind, daß sie als ein ihr gegenüber neutrales und formales hermeneutisches Rahmenwerk verstanden werden können. Ich möchte im Gegenteil annehmen, daß der Impetus, wie Existenz gewollt und gelebt wird, sich unwillkürlich auch die Kategorien entwirft, in denen das, was Existenz grundsätzlich bedeutet, jeweils verstanden wird[31]. Das heißt aber, daß auch die angeblich formalen Kategorien für Verstehen von Existenz und Existenz-Betreffendem so, wie wir sie in das Hören der Anrede Gottes mitbringen, durch die Verschlossenheit für Gott mitgeprägt sind. Sie werden es besonders gerade da sein, wo sie zu systematischer Schließung ihres Kreises und damit zu der Funktion des Kriteriums für „Betreffendes" und „Nicht-Betreffendes" sich drängen. Denn gerade an dieser Stelle, wo Entscheidungen fallen, wird der ursprüngliche Impetus des Existenzvollzuges, der mit diesen Kategorien „arbeitet" und sie sich als Arbeitsinstrumente ausformt, ja besonders wirksam werden. Also bleiben auch die Verstehenskategorien für Existenz der „Richtigstellung" aus dem Akt der Anrede Gottes selbst zumindest nicht grundsätzlich entzogen. Demnach

empfunden wird; 2. ob es wirklich rein formale und neutrale, für Glauben wie Unglauben gleichermaßen gültige Kategorien geben kann für das, was Existenz eigentlich ist und worum es in ihr geht; 3. ob es auch nur für eine bestimmte Zeit und einen bestimmten geschichtlichen Bereich eine einheitlich gültige Form, wie Existenz erlebt und verstanden wird, überhaupt gibt – ob hier nicht vielmehr jederzeit mit großen persönlich bedingten Verschiedenheiten der Erlebens- und Denkstruktur zu rechnen ist, von denen keine als der für den „modernen" Menschen repräsentative Gesprächspartner der Verkündigung den andern vorgeordnet werden darf, wenn die Verkündigung nicht an der Existenz unzähliger anderer Menschen gerade vorbeireden soll. Vgl. *E. Schlink*, Die Struktur der dogmatischen Aussage, aaO S. 275 ff. über die anthropologischen Grundformen des Erkennens.

[31] Für die Existenzialanalyse *Heideggers* in „Sein und Zeit" hat das *Karl Löwith* bereits in seinem Aufsatz „Phänomenologische Ontologie und protestantische Theologie" (ZThK 1930 Heft 5) m. E. überzeugend nachgewiesen.

können sie jedenfalls nicht als systematisches Kriterium dafür geltend gemacht werden, was wirklich zu der mein Selbst betreffenden Anrede Gottes gehören kann und was nicht.

Gibt es also überhaupt keinen im Sinne des personalen Glaubensverständnisses subjektiven Zugang zum Glauben? Gibt es hier nur die Annahme einer Lehre, die uns ein unsern eigenen inneren Bewegungen fremd bleibendes, abseitiges „Dogma" diktiert über Gott, uns und die Welt, über das, wer wir wirklich sind und was uns wirklich angeht? Nein. Aber indem Gott im Glauben freilich nur so verstanden werden kann, daß er als der Sich-selbst Zusprechende und sein Wort als das mich-selbst Betreffende verstanden wird, bleibt doch er selbst es, der die „Subjektivität" dieses Verstehens, indem er sie fordert, erst erschließt. Es gibt einen Hiatus zwischen der subjektiven Bewegtheit, in der ich je von mir und der Welt her zum Hören des Wortes hinzukomme, und derjenigen Subjektivität, in der ich das Wort nun wirklich höre. Diesen Hiatus kann nur Gott überbrücken, indem er die Voraussetzungen meines Hörens in mir neu schafft. Damit haben wir nichts anderes umschrieben als was die Christenheit immer bekannt hat und was kein evangelischer Theologe ausdrücklich in Abrede stellen wird: Es gibt keinen Zugang zum Glauben außer durch den Heiligen Geist.

Sagen wir „Glauben durch den Heiligen Geist", so unterscheiden wir dadurch den Glauben auf das strikteste von allem unfreien Fürwahrhalten, das unter dem physischen oder moralischen Druck irgendwelcher kreatürlicher Instanzen geschieht. „Wo der Geist des Herrn ist, da ist Freiheit" – das heißt in Anwendung auf die Frage des Zugangs zum Glauben: die Freiheit dessen, den nicht ein Etwas zum Glauben nötigt, sondern dem Gott selbst den Glauben abgewinnt, indem er ihn im Zentrum seines Selbst für sich aufschließt und an sich bindet. Denn der Heilige Geist ist ja Gott selbst, sofern er in uns selbst wirkend uns zu sich bringt und bei sich hält. Gott also, sofern er in der Tat die „subjektive" Überzeugung des Menschen für sich haben will und für sich gewinnt; Gottes Offenbarung pro-subjektiv im lateinischen Sinne des pro: für „subjektive" Aneignung gegeben und für sie sich selbst schöpferisch einsetzend.

Sagen wir „Glauben durch den Heiligen Geist", so unterscheiden wir den Glauben eben damit aber zugleich aufs strikteste von einer Überzeugung, die aus in uns selbst vorgegebenen Voraussetzungen entsteht und deren Kriterien unterliegt. Denn der Heilige Geist bleibt als Gottes Wirken im Menschen mir als dem Subjekt dessen, was ich aus eigener Potenz wirke, unverfügbar gegenüber und überlegen. „Durch den Heiligen Geist" heißt: „nicht aus eigener Vernunft noch Kraft". Ja daß der Zugang in die persönliche Glaubensverbindung mit Gott durch den Heiligen Geist geschieht, bedeutet ganz grundsätzlich, daß der Mensch im Gegenüber zu Gott kein aus eigener Potenz wirkendes, die Macht seines Verhaltens innehabendes

„Subjekt" sein soll (nicht etwa: daß er dies sein sollte und nur faktisch als Sünder nicht sein kann), sondern vielmehr der, der in dem Vermögen und Wirken Gottes in-wirkt und in dem Erkennen Gottes in-erkennt; der also im Angeeignet-Werden durch Gott und gerade nicht als selbst-stehendes „Subjekt" seine persönliche Lebendigkeit hat. (Daß es in den im weitesten Sinne technischen Umweltbeziehungen des Menschen auf ganz anderer und der Gottesbeziehung funktional untergeordneter Ebene auch ein von Gott selbst verliehenes Verhalten des Menschen aus eigener Potenz und Erkennen aus eigener Vernunft gibt, ist eine andere Frage, die hier nicht zu erörtern ist.) Insofern also ist Gottes Offenbarung als durch den Heiligen Geist sich erschließend pro-subjektiv auch im griechischen Sinne des pro: von außerhalb oder besser oberhalb meiner selbst in mich selbst wirkend. Mein subjektives Verhalten beanspruchend und wirkend aus einer mir und meinen eigenen Möglichkeiten vorausgehenden Macht.

Aus dem Gesagten kann der Eindruck entstehen, als werde eine Beziehungslosigkeit behauptet zwischen dem, was der Mensch an existenziellen Fragen und existenzialen Kategorien in die Begegnung mit der Offenbarung mitbringt und dem, was diese ihm über die wahre Wirklichkeit seiner Existenz zu sagen hat. Wir sprachen von dem Hiatus zwischen der subjektiven Bewegtheit, von der wir herkommen, und derjenigen Subjektivität, in der wir das Wort kraft des Heiligen Geistes tatsächlich hören. Soll das bedeuten, daß der Gehalt der Existenz, der sich im Glauben erschließt, mit dem, wie ich mich so oder so als der von Gott abgekehrte Mensch selbst verstehen mag, schlechterdings nichts zu tun hat? Daß die Antwort, die ich dann höre, an dem, was mir von mir und der Welt her zur Frage wurde, schlechterdings vorbeiantwortet und so alles Fragen im Felde des Vor-Verständnisses als gleichgültige Scheinwirklichkeit entlarvt? Eine solche beziehungslose Andersheit dessen, was sich in der Offenbarung existenziell erschließt, gegenüber dem, was auch in der Abkehr von Gott als Wirklichkeit und Frage erfahren wird, ist ihrerseits um der Gottheit Gottes willen unmöglich. Denn sie würde bedeuten, daß der von Gott abgekehrte Mensch nun auch realiter in einen von Gott abgelegenen Wirklichkeitsbereich entlassen wird. Gott würde sich gewissermaßen zurückziehen und die Existenz des Menschen an eine neutrale Gott-losigkeit abtreten. In Wahrheit bleibt diese Existenz auch in ihrer Selbstabkehrung von Gott in der Wirklichkeit ihrer – nun freilich negativen – Gottesbeziehung festgehalten. Gott entläßt den Menschen nicht, sondern macht ihm Unruhe. Diese Unruhe wird sich in Fragen, Ideologien und Programmen äußern, die unter sich sehr verschieden und in ihrer Selbstauslegung sehr profan, von einer ausdrücklich „religiösen" Frage sehr entfernt sein mögen. Dennoch haben sie – sofern sie die Existenz bewegende Fragen sind – notwendig mit dem Gottesbezug dieser Existenz zu tun. Das gilt z.B. für die den Griechen bewegende Frage nach dem bleibenden Sein (man glaube doch nicht, daß das ein rein theoretisches Fragen war) ebenso wie für die Frage des Existenzialisten nach der spezifischen Freiheit des Menschen von dem Gesetz einer starren Seinsordnung. Die Fragen des Menschen gehen an der „theologischen" Wirklichkeit seiner Existenz gewiß nicht schlechterdings vorbei. Aber gerade in ihrem Zutunhaben mit dieser Wirklichkeit mißverstehen sie sich selbst und schließen sich sehr oft in Surrogatlösungen ab, sofern sie nicht in das Licht der Selbstoffenbarung Gottes gerückt werden. Die Offenbarung redet ihrerseits an diesen Fragen nicht einfach vorbei, sondern in sie hinein; sie beansprucht den Menschen wirklich über dem, was ihn „subjektiv" bewegt. Aber sie tut dies so, daß sie im Zugehen auf diese Fragen sein eigenes Selbstverständnis in ihnen und damit auch sein Verständnis dessen, was in seinen Fragen eigentlich zur Frage steht, umformt. Der Heilige Geist lehrt nicht, eine abgelegen andere Wirklichkeit sehen. Sondern diese Wirklichkeit, in der wir sind und von der wir bewegt werden, und dies unser Bewegtwerden selbst läßt er uns anders sehen.

Wir fragen abschließend: Was besagen diese Erwägungen für die Verkündigung, die unmittelbar, und für die theologische Auslegung, die mittelbar dem Zugang des Menschen zum Glauben dienen soll?

1. Verkündigung wie Theologie muß zu erkennen geben, daß und inwiefern alles, wovon sie redet, Gottes Anrede ist, die uns in unserer Existenz angeht, bzw. mit solcher Anrede in innerem Zusammenhang steht. Sie muß also die in der Offenbarung selbst vermeinte Existenzialität zur Sprache bringen[32]. Sie muß sehen lassen, inwiefern das, wovon sie redet, Gegenstand nicht nur eines spekulativen Wissens, sondern des Gebetes, des Dankes, der Bitte und Anbetung werden kann. (Daß das nicht heißt, daß sie thematisch nur über Gottes gegenwärtiges Verhältnis zum je einzelnen Menschen reden darf, wurde in dem Abschnitt über das Pro-Relationale gezeigt und begründet.) – Diese erste Forderung ergibt sich aus dem pro-subjektiven Charakter der Offenbarung (im lateinischen Sinn des pro).

---

[32] Es genügt z. B. nicht, gegenüber der Behauptung, futurische Eschatologie könne dem nach seiner Existenz fragenden Menschen nur belanglose Spekulation bedeuten, oder gegenüber der Behauptung, das Verständnis des Kreuzes Jesu als Stellvertretung könne uns existenziell nichts besagen, diese Themen einfach als credenda formal zu behaupten. Sie müssen allerdings behauptet werden – aber der Theologe, der davon überzeugt ist, übernimmt seinerseits die Pflicht mit-auszusagen, daß und inwiefern diese Themen sehr wohl mit unserer Existenz und mit dem persönlichen Leben des Glaubens zu tun haben. Sonst verlieren Verkündigung und Theologie ihren Zeugnischarakter. Er wird sich aber dabei wie überhaupt in der Auslegung der auf Existenz gerichteten Intention der Offenbarung nicht an systematische Kriterien einer vor dem Glauben feststehenden Existenzialontologie binden können. – Vgl. zu der Problematik, wie sich der durch Verkündigung und Theologie geltend zu machende Existenzanspruch der Offenbarung zu den verschiedenen Möglichkeiten menschlichen Selbstverständnisses und ihren Denkformen verhält, die sehr erhellenden Darlegungen von E. Schlink im Abschnitt II seines Aufsatzes „Die Struktur der dogmatischen Aussage", aaO S. 274 ff.

2. Verkündigung wie theologische Entfaltung der Offenbarung muß dabei das, was sie zu sagen hat, zu der geschichtlich oder persönlich bedingten Gestalt des Selbst- und Weltverständnisses der Hörer jedenfalls in Beziehung setzen. Sie muß auf deren Fragen jedenfalls zugehen, und sei es in polemischer Beziehung. Sie muß dabei die Freiheit haben, in der Tat solche Begriffe und Denkmittel aufzunehmen, in denen diese Fragen sich selbst aussprechen. – Diese Forderung ist begründet in der Einsicht, daß das in der Offenbarung selbst erschlossene wahre Verstehen unser selbst und der Welt nicht ein dem vorlaufenden Existenzverständnis gegenüber, mag dieses aussehen wie immer, beziehungsloses Anderes setzt, sondern gerade dieses in seinen vielfachen Gestalten als die Unruhe, aus der Gott auch den von ihm abgekehrten Menschen nicht entläßt, in seinem eigentlichen Grund aufzeigt.

3. Verkündigung wie Theologie wird aber in alledem das, was sie zu sagen hat, dem jeweils vorlaufenden menschlichen Fragen gerade nicht unterordnen dürfen; weder inhaltlich so, daß sie die von ihr zu entfaltende Existenzialität der Offenbarung daran bindet, auf die Fragen des Vorverständnisses so zu antworten, wie diese sich selbst verstehen; noch auch formal so, daß sie das, was sie zu sagen hat, dem immanenten Systemzwang derjenigen Kategorien unterwirft, in denen diese Fragen jeweils sich stellen. Ihre Bezugnahme wird also inhaltlich wie formal eine kritische Bezugnahme bleiben müssen. Das Vorverständnis ist Gesprächspartner, nicht Weichensteller und Kriterium. Im Eingehen auf seine Fragen muß Verkündigung wie Theologie der „Sache", die sie zu sagen hat, die Freiheit lassen, diese Fragen besser zu verstehen, als sie sich selbst verstehen, und sie aus anderer Richtung zu beantworten, als aus der sie selbst Antwort erwarten. Im Aufgreifen der Kategorien des Vorverständnisses muß Verkündigung wie Theologie sich die Freiheit bewahren, diese Kategorien als offene zu behandeln, ihnen also gerade nicht die Stellung des formalen Kriteriums einräumen, das darüber bestimmt, welche Inhalte als die Wirklichkeit der Existenz betreffend gelten können und welche nicht. – Diese dritte Forderung ergibt sich aus dem prosubjektiven Charakter der Offenbarung, pro im griechischen Sinne verstanden.

In dem dialektischen Verhältnis, in dem die erste und zweite Forderung einerseits zu der dritten Forderung andererseits steht, kommt zum Ausdruck, daß das Geltendmachen der Existenzialität der Offenbarung im Eingehen auf den existenziell fragenden Menschen, so gewiß es geschehen muß, nicht zur Methode werden kann, mit der die Verkündigung den subjektiven Zugang der Hörenden zum Glauben selbst möglich macht. Sollte es diese Methode sein, dann gerade müßte es ja in geschlossener Korrespondenz die Existenzialität der Offenbarung so aufzeigen, daß sie als Antwort auf die menschlichen Fragen erscheint so, wie diese sich selbst verstehen, und daß sie sich den Kategorien, in denen diese sich aussprechen, als exkludierendem System und Kriterium unterwirft. Indem dies durch die dritte Forderung verwehrt wird, bleibt Verkündigung wie Theologie also der Gefahr ausgesetzt, daß das, was sie als Existenzialität der Offenbarung bezeugt, u. U. als die Wirklichkeit der Existenz nicht betreffend empfunden wird, daß ihr „offener" Gebrauch existenzialer Kategorien als willkürlich und unmethodisch empfunden wird, daß also ihr Eingehen auf den hörenden Menschen von diesem selbst als danebengehend abgelehnt wird – nicht nur, weil er die „Sache" sehr wohl versteht, aber nicht will, sondern u. U. auch, weil er nicht versteht, was diese Sache ihm soll. Gegen diese Situation gibt es für Verkündigung wie Theologie keine methodische Schutzmaßnahme. Denn dieses stets offene Risiko ist ja nur der Ausdruck jenes Hiatus, der zwischen der mitgebrachten Subjektivität des Menschen und derjenigen Subjektivität des Hörens, in die ihn das Wort Gottes aus seiner eigenen Macht hineinbringt, notwendig offenbleibt. Jene Gefahr, jenes Risiko ist also die negative Seite der positiven Tatsache, daß der Heilige Geist den Zugang zum Glauben wirkt.

Alle vorstehenden Erwägungen zu der Frage der Personalität des Glaubens können folgendermaßen zusammengefaßt werden:

Wenn es ein personales Verständnis des Glaubens geben darf und muß (was hier nicht bestritten wurde), so muß dieses dadurch geprägt sein, daß in ihm die Person des Menschen, gerade indem es um ihr Verhältnis zu Gott geht, in Bezügen gesehen wird, die die Kategorien unseres persönlichen Verhältnisses zum anderen Menschen transzendieren:

Verhältnis zu dem Gott, der das Verhältnis zu ihm gewährt, aber gerade als der mich darin Angehende nicht in ihm aufgeht – in dem Christus, der durch das Wort dem Akt des Glaubens ruft, aber ihm standgebend vorhergeht – durch den Geist, der persönliches Betroffensein wirkt, aber nicht an die in uns selbst mitgebrachten Bedingungen unseres Betroffenwerden-Könnens gebunden ist.

Zwischen Barth und Bultmann

Wenn man das „Epoche machende" einer theologischen Veröffentlichung an der Nachhaltigkeit mißt, mit der sie die Gedanken und Konflikte einer ganzen folgenden Generation bestimmt, dann wird man ohne Übertreibung feststellen dürfen, daß innerhalb der Theologie des deutschen Sprachraums im 20. Jahrhundert bisher zwei wahrhaft Epoche machende Werke erschienen sind: Die 2. Auflage von Karl Barths „Römerbrief" 1922, und die dem Umfang nach unscheinbare, der Wirkung nach aber vielleicht doch vergleichbare Programmschrift Rudolf Bultmanns „Neues Testament und Mythologie" 1941 [1].

I.

Worin liegt das Epoche machende des Barthschen Neuansatzes, dessen durchschlagender Erstausdruck der „Römerbrief" war? Barth selbst hat diesen Neuansatz als entschlossene Rückkehr zu einer Theologie des Wortes verstanden. Theologie sollte sich zurückbesinnen auf ihren Ursprung in dem Offenbarungswort, in dem Gott sich selbst bezeugt hat. Sie sollte sich der Differenz bewußt werden, in der dieses Wort, das Gott selbst spricht, allem dem gegenübertritt, was der Mensch aus seiner eigenen Überlegung oder Erfahrung über Gott und Göttliches sagen zu können meint. Sie sollte sich damit der Differenz ihres eigenen Auftrags als Theologie zu dem Unternehmen von „Religionsphilosophie" bewußt werden, sofern in dieser eben das sich ausspricht, was der Mensch sich selbst über die Gottesfrage sagen oder nicht sagen kann. Die Theologie soll nicht Selbstverständigung menschlicher Gottesgedanken, sondern Auslegung des Wortes der Selbstoffenbarung Gottes sein – dies und nichts anderes. Sie hat darum auch zu realisieren, daß sie in dem, was sie zu sagen hat und was nicht, an eine kontingente Autorität gebunden ist, die den Prinzipien menschlichen Denkens unableitbar entgegentritt, deren Wort also nicht von irgendwoher „verifiziert", sondern nur vernommen und angenommen (oder abgelehnt) werden kann: eben die Autorität Gottes selbst in seinem eigenen Wort. Konkret bedeutet das, daß die Theologie an

---

[1] Damit soll über den inneren Wert und die mögliche Fernwirkung anderer, nicht so unmittelbar die öffentliche Diskussion bestimmender theologischer Publikationen natürlich in keiner Weise abgeurteilt sein. Es sollen auch die beiden genannten Werke nicht nach ihrem *inneren Gewicht* miteinander verglichen werden. Der Vergleichspunkt ist lediglich die Intensität der Wirkung auf die theologische Diskussion.

Jesus Christus gebunden ist, denn in ihm hat Gott sein eigenes Wort, das Wort seiner Selbstoffenbarung in die menschlichen Gottesgedanken hereingesprochen. Damit aber ist Theologie zugleich als Auslegung des Schriftwortes bestimmt, sofern dieses das Zeugnis des Redens Gottes in Jesus Christus ist. Sie hat (auch als Dogmatik) Schriftauslegung zu sein und nichts als dies.

Damit ist gewiß nicht das Ganze, aber doch wohl der Grundansatz des Barthschen theologischen Denkens bezeichnet. Man wird sagen dürfen, daß dieser Grundansatz: Selbstunterscheidung der Theologie als Nachsage des Selbstwortes Gottes von Religionsphilosophie als Aussprache menschlichen Denkens über Gott – zunächst weithin durchgeschlagen und die theologische Situation zumindest des deutschen Sprachraumes zwischen den beiden Kriegen weitgehend bestimmt hat. Man sollte sich auch klar machen – was heute für die Jüngeren vielleicht kaum mehr deutlich zu sehen ist –, daß dieser Grundansatz des Barthschen Durchbruchs für diejenigen, die ihn erlebten und mitvollzogen, etwas anderes war als unkritisches Insistieren auf der Autorität einer kirchlich-orthodoxen Tradition als solcher.

II.

Hat Rudolf Bultmann, in den Anfängen der durch Barth eingeleiteten Bewegung bekanntlich auf deren Seite, mit seiner Programmschrift von 1941 diesen Grundansatz verlassen? Hat der durchschlagende Erfolg, der nun auch dieser Programmschrift beschieden war, jenem Aufbruch zu einer Theologie des Wortes gegenüber so etwas wie eine rückläufige Bewegung eingeleitet – eine „Rückkehr zu den Fleischtöpfen Ägyptens"? Barth selbst scheint es so zu sehen und spricht sich in seinem „Versuch, Bultmann zu verstehen", mit Trauer und Kritik dahingehend aus[2]. Ob im faktischen Verlauf der durch Bultmann ausgelösten theologischen Diskussion eine solche rückläufige Bewegung in Gang gekommen ist, das soll hier nicht beurteilt werden. In Bultmanns eigener Absicht scheint uns die Rückkehr von einer Theologie des Offenbarungswortes zu einer Theologie als Religionsphilosophie jedenfalls nicht zu liegen. Liegt sie in einer von ihm selbst vielleicht unbeabsichtigten, aber logisch notwendigen Konsequenz dessen, was nun als sein theologischer Neuansatz zu sichten ist? Wenn wir als grundlegendes Dokument dieses Neuansatzes jene Programmschrift „Neues Testament und Mythologie" beim Wort nehmen dürfen, so sehen wir ihn darin dem Barthschen Ansatz der Theologie des Wortes durchaus treu bleiben. Das erhellt vor allem aus seinen Ausführungen darüber, was eine „existenziale Interpretation des Neuen Testamentes", die er nun allerdings als die von ihm neu gesichtete theolo-

---

[2] *K. Barth,* Rudolf Bultmann. Ein Versuch, ihn zu verstehen, in: ThS 34, 1952.

gische Aufgabe mit allem Nachdruck fordert, nicht zu sein habe. Sie muß zwar eine Ausscheidung der von Bultmann „mythologisch" genannten (unmißverständlicher würde man vielleicht sagen: der gegenständlich-supranaturalen) biblischen Redeweise bzw. deren Übersetzung in eine andere Sprachform, sie will und darf aber gerade nicht eine Ausscheidung des Kerygmas bedeuten[3]. Dabei wird „Kerygma" formal abgehoben gegen „religiöse und sittliche Grundgedanken", die sich als „ewige, zeitlose Wahrheiten" verstehen[4]; gegen religiöse Einsichten also, die dem Menschen von sich her und unabhängig von dem Eintreten eines offenbarenden Geschehens zur Verfügung stehen. Inhaltlich wird dieses Kerygma bestimmt als die „Botschaft von dem entscheidenden Handeln Gottes in Christus"[5]; wobei wiederum betont wird, daß damit nicht die Kundgabe eines mit dem Ereignis des Kommens Jesu zwar faktisch erstmalig aufleuchtenden, grundsätzlich aber von ihm auch ablösbaren Gehaltes gemeint sein soll. Vielmehr die Person Jesu selbst soll als das „entscheidende Heilsereignis", welches Gegenstand des Kerygmas ist, verstanden werden[6]. Man kann dies alles doch nicht anders verstehen, als daß auch Bultmann Theologie als auslegende Nachsage des Wortes der Selbstoffenbarung Gottes von Religionsphilosophie als Selbstverständigung des Menschen über seinen eigenen Gottesgedanken im Ansatz aufs deutlichste unterscheiden will. Theologie soll an das Offenbarungsereignis in Jesus Christus gebunden bleiben; sie soll Auslegung des Kerygma, des Hereinrufes Gottes in den (positiven oder negativen) Gottesgedanken des Menschen bleiben – auch und gerade als „entmythologisierende" und „existenziale" Interpretation. Darin sieht Bultmann offenbar selbst den Unterschied seines Programms zum theologischen Liberalismus älteren Stils; darin bleibt er zunächst grundsätzlich auf der Seite des Barthschen Ansatzes. Und genau dies, daß für ihn Entmythologisierung der Theologie nicht zur „Entkerygmatisierung" fortschreitet, wird ihm von Fritz Buri als mangelnde Konsequenz seines Unternehmens zum Vorwurf gemacht[7]. Offenbar war eben das Unternehmen von vornherein nicht auf diese Konsequenz hin gemeint und angelegt.

III.

Was aber ist das Neue im Ansatz Bultmanns, dessen Stichworte: „Entmythologisierung" und „existenziale Interpretation" wir bereits genannt haben, gegenüber dem Ansatz Karl Barths? Wir sehen es vor allem in dem

---

[3] *R. Bultmann,* Neues Testament und Mythologie, in: Kerygma und Mythos I, 1948[1], 25 f.
[4] Ebd., 26.   [5] Ebd.   [6] Ebd.
[7] *F. Buri,* Entmythologisierung oder Entkerygmatisierung der Theologie, in: Kerygma und Mythos II, 1952, 85–101.

Nachdruck, mit dem Bultmann das Problem „Glauben und *Verstehen*" in den Vordergrund rückt. Genauer gesagt: darin, daß er die Aufgabe der Theologie, Auslegung des Offenbarungswortes zu sein, ausdrücklich auf die Frage nach der Möglichkeit des Menschen bezieht, dieses Wort zu verstehen. Verstehen soll dabei nicht nur heißen: die Inhalte dieses Wortes verstandesmäßig erfassen, sondern vielmehr: von diesem Wort so erfaßt werden, daß erkennbar wird, daß und wie es den Hörenden in seiner Existenz betrifft, so daß er allererst in die Lage versetzt wird, eine existenzielle Entscheidung ihm gegenüber zu vollziehen – sei es die der Annahme oder der Ablehnung.

Bultmann geht dabei von der Einsicht aus, daß das biblische Offenbarungszeugnis unbedingt das den Menschen in seiner Existenz treffende und verwandelnde Wort sein will; daß es also da jedenfalls in seiner eigenen Absicht nicht recht gehört und verstanden sein kann, wo es nicht mehr in seinem Existenzbezug, sondern nur noch als die Zumutung des Fürwahrhaltens merkwürdiger Mitteilungen über „übernatürliche" Sachverhalte gehört würde; und daß ein derartiges Fürwahrhalten also nicht das sein kann, was das Offenbarungswort selbst als den Glauben bezeichnet, den es fordert und wirkt. Dieser Einsicht wird vermutlich niemand, auch Karl Barth nicht, widersprechen.

Bultmann sieht aber nun eine solche Verdeckung des Existenzbezuges des Offenbarungswortes durch den Anschein, es gehe um die Zumutung, eine Summe von intellektuell anstößigen Lehrpunkten „trotzdem für wahr zu halten", für den heutigen Menschen weithin gegeben; nämlich da, wo das Wort in den uninterpretierten Wendungen von „Schrift und Bekenntnis" vorgetragen wird. Nach seiner Meinung ist diese Situation darin begründet, daß die biblischen Zeugen das Offenbarungswort, das sie vernommen haben und weitergeben, in der Sprache eines „mythologischen Weltbildes" ausdrücken, die der damalige Hörer ohne intellektuellen Anstoß verstand, weil er in diesem Weltbild dachte, und die ihm daher das Angehen des Wortes an seine Existenz nicht verdeckte. Für den heutigen Hörer aber ist das Denken in diesem Weltbild intellektuell unmöglich geworden, weswegen ihm gerade die „mythologische" Sprache zu jener Verdeckung des Treffens des Wortes in seine Daseinswirklichkeit werden muß, die die existenzielle Entscheidung „Glauben oder Ärgernis" in das intellektuelle Problem, ob man rational Unmögliches „trotzdem für wahr halten müsse", zu verfälschen droht. Soll Theologie also Auslegung des Offenbarungswortes im Schriftzeugnis sein – woran Bultmann festhält –, so muß sie heute *entmythologisierende* Auslegung werden; d.h. sie muß den Existenzbezug dieses Wortes aus der Sprache jenes „mythologischen" Weltbildes in eine Sprache übersetzen, die dem Weltbild des heutigen Menschen angemessen, jedenfalls in seinem Rahmen verstehbar ist.

Dabei bleibt das, was Bultmann mit „mythologisch" meint, freilich in einer gewissen Schwebe, die die Auseinandersetzung erschwert. Offenbar deckt dieser Begriff bei ihm einen mehrschichtigen Sachverhalt. Sofern schlicht das antike Weltbild gemeint ist („drei Stockwerke"), kann die Aufgabe des „Entmythologisierens" unproblematisch im *Preisgeben* der an dieses Weltbild gebundenen Redeelemente bestehen. Es ist aber darüber hinaus zweifellos auch gemeint: eine Redeweise, die die Wirklichkeit und das Handeln Gottes in der Gestalt gegenständlich greifbarer Einbrüche in den weltlichen Natur- und Erfahrungszusammenhang ausdrückt. Man würde dafür vielleicht besser „gegenständlich-supranaturale Redeweise" sagen. Ihr gegenüber besteht allerdings für heutige Menschen ein besonderes Verstehensproblem, und hier würde „Entmythologisieren" – vielleicht nicht mehr ganz so unproblematisch – ein *Interpretieren* bedeuten: Was ist das mit solcher Redeweise eigentlich Gemeinte? In dieser Schicht des Problems scheint mir für Bultmann der oder mindestens ein Schwerpunkt seines Unternehmens zu liegen. Als „mythologisch" könnte aber darüber hinaus auch schon das – notwendig metaphorische – Reden von der Wirklichkeit Gottes selbst als personhaftes Gegenüber bezeichnet werden; was keineswegs bedeuten muß, daß nun auch schon in *gegenständlich*-supranaturaler Weise vom Handeln dieses Gottes geredet wird. Das Reden von Gott selbst in Personsymbolen ist m. E. theologisch unverzichtbar und auf nichts „Eigentlicheres" hin übersetzbar, solange überhaupt im Sinne christlichen Glaubens von Gott geredet wird. Und *diesen* „mythologischen Rest" will offenbar auch Bultmann nicht hintergehen. Es hätte aber der Auseinandersetzung mit seinem Anliegen gedient, wenn er selbst diese verschiedenen Hinsichten sachlich und auch terminologisch deutlicher voneinander abgehoben hätte.

Positiv gewendet besagt Entmythologisierung für Bultmann: diese Auslegung muß „existenziale Interpretation" sein. Wir glauben das zunächst so verstehen zu dürfen, daß sie auf der ganzen Linie ihrer Aussagen das Offenbarungswort als das den Menschen auf das Heilwerden oder Scheitern seiner Existenz hin anredende Wort hörbar zu machen hat. Und dies in einer Sprache, in der der heutige Mensch zu verstehen vermag, daß es sich um seine Existenz und nicht um die Mitteilung von zu ihr unbezogenen „merkwürdigen Sachverhalten" handelt. Bultmann bleibt allerdings bei dem einfachen Postulat eines solchen Übersetzungsvorganges nicht stehen, sondern faßt für seinen methodisch konsequenten Vollzug die Erarbeitung eines „hermeneutischen Schlüssels" ins Auge; nämlich einer Wissenschaft, „die nichts ist als die klare und methodische Ausbildung des mit der Existenz selbst gegebenen Existenzverständnisses"[8]. Er versteht dies als eine philosophische Aufgabe und hat sich in dieser Hinsicht bekanntlich an die Existenzialanalyse des frühen Heidegger angeschlossen, sicherlich nicht in der Meinung, daß hier die für alle Zeiten, wohl aber für die sprachliche und gedankliche Situation des heutigen Menschen besonders angemessene Verständigung über Existenz und Existenz-Betreffendes zu finden sei. Wohl gemerkt: Diese „Wissenschaft" von dem „mit der Existenz gegebenen Existenzverständnis" soll nicht etwa eine *inhaltlich* bestimmte Lebenshaltung als wissenschaftlich begründet erweisen, sondern sie soll die mit der Existenz selbst dem Menschen auferlegten *formalen* Daseinsbezüge und

---

[8] *R. Bultmann,* Zum Problem der Entmythologisierung, in: Kerygma und Mythos II, 1952, 189.

Daseinsfragen aufweisen als diejenigen „Existenzialien", in deren Bahnen er sich dann praktisch-existenziell so oder anders verhalten mag, in denen er sich aber jedenfalls, wie auch immer, verhalten muß und auch verhält. Dieses „Existenzverständnis" — wir würden es wohl unmißverständlicher als „formale Analyse der Existenzsituation" bezeichnen — soll mithin auch nicht die Existenzweise, zu der das Neue Testament aufruft, philosophisch als die richtige begründen, noch weniger sie philosophisch korrigieren. Es soll lediglich die sprachlichen Bahnen bereitstellen, in denen das Kerygma als das freie Angebot dieser Existenzweise, zu der es aus seiner unableitbar eigenen Autorität aufruft, heute so formuliert werden kann, daß der Hörer erkennt: Hier geht es um das Angebot einer neuen Weise, zu existieren, denn hier wird tatsächlich in die Bezüge und Fragen hineingesprochen, die uns mit menschlicher Existenz überhaupt auferlegt sind.

IV.

Karl Barth hat dieses Programm Bultmanns aufmerksam verfolgt, wie eingehende Exkurse in seiner Kirchlichen Dogmatik und noch mehr seine Schrift „Rudolf Bultmann. Ein Versuch, ihn zu verstehen" beweisen. Er kann in ihm aber offenbar nicht eine Weiterführung seines eigenen theologischen Anliegens, sondern nur einen Rückschritt hinter dieses Anliegen erkennen zu Problemen und Lösungen, die er überwunden gehofft hatte. Zunächst und von vornherein scheint er dem Verstehensproblem des „heutigen Menschen" gegenüber der „mythologischen" Sprache der Bibel nicht dasjenige prinzipielle und die Theologie verpflichtende Gewicht geben zu können, das Bultmann ihm zumißt [9]. Handelt es sich hier überhaupt um etwas so Neues und zu neuen Wegen Nötigendes? Handelt es sich nicht immer noch, und leider nun noch einmal in neuem Gewand, um den wohlbekannten Anstoß des aufgeklärten Rationalisten (der zu sein Bultmann von Barth nicht bezichtigt wird, dessen Einwände er aber nach Barth eine allzu humorlose, geradezu pathetische Aufmerksamkeit widmet) [10]? Handelt es sich, tiefer gesehen, bei diesen wie bei allen Verstehensnöten dem biblischen Wort gegenüber nicht letztlich einfach um die Einrede, die aus der Verschlossenheit des natürlichen Menschen für das Wort Gottes stammt, mit der immer zu rechnen sein wird und die nicht durch eine theologische Anpassung des Wortes an die Anliegen dieser Einrede, sondern nur durch den Geist Gottes überwunden wird? Sollte die Theologie also nicht in einem letztlich unbesorgten Vertrauen auf diese Macht des Geistes, Glauben und im Glauben auch Verstehen zu wirken, das biblische Zeugnis einfach nachsprechen dürfen, anstatt diesem Verstehen durch „entmythologisierende" Interpretation methodisch nachhelfen zu wollen [11]?

---

[9] Vgl. dazu *K. Barth,* aaO, 7 ff. [10] Ebd. 11. [11] Ebd., 48 f.

Was die positive Seite dieser Methode als „existenziale Interpretation" angeht, so stellt Barth natürlich nicht in Abrede, daß das Offenbarungswort den Menschen in seiner Existenz betrifft. Er meint aber zu sehen, daß bei Bultmann und den Seinen der Mensch und seine Existenz geradezu zum Thema dieses Wortes wird. Darf der Glaube wirklich als Selbstverständnis beschrieben werden[12]? Ist, wenn alles, was hier zu sagen ist, in die Redeform von Aussagen über eine bestimmte inhaltliche Modifikation menschlichen Existenzverständnisses umgeschrieben werden soll, in Wahrheit noch von der Wirklichkeit und Tat Gottes die Rede[13]? Muß diese nicht das erste und eigenständige Thema einer wirklichen Auslegung des biblischen Wortes bleiben? Ist nicht gerade dies der eigentliche Inhalt dieses Wortes, daß wir mit dem Selbstverständnis unserer Existenz nicht allein gelassen, sondern in das Gegenüber zu der Wirklichkeit und Tat Gottes gerufen sind[14]? Und schließlich: Wenn nun für diese Auslegung der Heilsbotschaft als Begründung einer neuen Existenzhaltung der Kanon eines philosophisch zu gewinnenden normativen Vorverständnisses solcher Bezüge und Fragen aufgestellt wird, um die es in Existenz nun einmal geht, und wenn die Auslegung der in der Heilsbotschaft gegebenen neuen Existenzhaltung darauf verpflichtet werden soll, sich in der vorgegebenen Form solcher Existenzialanalyse zu bewegen – heißt das nicht doch wieder die Autorität des Wortes, das sich aus eigener Macht Verstehen schaffen will, unter die Autorität des Menschen beugen, der von sich her bestimmt, was er verstehen kann und was nicht[15]?

V.

Es sind damit längst nicht alle Fragen genannt, die Barth an Bultmann zu richten hat; und wir können hier auch nicht beabsichtigen, diese Fragen im vollen Umkreis zu reflektieren. Wir beschränken uns auf einige Erwägungen zur Problematik des Begriffs und Programms einer existenzialen Interpretation im Sinne Bultmanns. Insbesondere interessiert uns dabei Barths Verdacht, dieses Programm führe zu einer Ersetzung des Themas: Wirklichkeit und Handeln Gottes durch das Thema: Existenz. Hat Barth Bultmann hier richtig verstanden, oder geht seine Kritik an ihm vorbei? Ist der Sinn, den Bultmann mit seinem Programm verbindet, überhaupt eindeutig verstehbar? Liegen in ihm Elemente verborgen, die von Barths Kritik getroffen werden und die, wenn konsequent durchgeführt, das, was Barth wollte und das, was Bultmann will, nun in der Tat in einen hoffnungslosen Gegensatz stellen, so daß man sich in Zukunft wird entscheiden müssen, im Verfolg welchen Ansatzes man Theologie treiben will – entweder in dem des „Römerbriefs" und der „Kirchlichen Dogmatik" oder

---

[12] Ebd., 6. [13] Ebd., 6.12f. [14] Ebd., 33. [15] Ebd., 48ff.

in dem der „existenzialen Interpretation"? Oder sollte es möglich sein, deren Intention so zu verstehen und zu verfolgen, daß die beiden Ansätze sich „nach vorwärts" und in einer Theologie, die weder in Barth-Scholastik noch in Bultmann-Scholastik verharrt, wiederbegegnen könnten? Man müßte ein ganzes Buch schreiben, wenn man sich über diese Fragen gründlich Rechenschaft geben wollte[16]. Hier können nur einige vorläufige Bemerkungen dazu geboten werden.

Wir sagten, das Problem der „existenzialen Interpretation" sei hervorgegangen aus der Problematik von Glauben und Verstehen; genauer gesagt daraus, daß Bultmann die Aufgabe der Theologie, Auslegung des Offenbarungswortes zu sein, ausdrücklich auf die Frage nach der Möglichkeit des Menschen bezieht, dieses Wort zu verstehen. Diese Möglichkeit, darin wird man Bultmann rechtgeben müssen, ist für den heutigen Menschen in einer spezifischen Weise in Frage gestellt, die sich unterscheidet von der Weise, wie das Wort Gottes dem für Gott verschlossenen Menschen zu allen Zeiten Torheit und Ärgernis gewesen ist und sein wird. Die biblische Vorstellungswelt bietet ihm Schwierigkeiten der Aneignung, die sie dem Menschen der frühchristlichen Zeit, des Mittelalters und noch des Reformationsjahrhunderts nicht geboten hatte; und zwar Schwierigkeiten intellektueller Art, die in der Tat mit der neuzeitlichen Entwicklung des wissenschaftlichen Weltbildes zusammenhängen. Der Widerstand des „fleischlichen" Menschen gegen das „geistliche" Wort mußte zu allen Zeiten überwunden werden: Gehorsam des Glaubens wurde immer in Überwindung dieses Widerstandes erweckt. Aber dazu gehörte für den Menschen früherer Zeiten offenbar nicht die Überwindung einer intellektuellen Hemmung gegenüber gegenständlichen Vorstellungen wie etwa der des Eschaton als einer in Bälde zu erwartenden Weltverwandlung in der Zeit, oder der Auferstehung als verwandelnder Wiederbelebung der Leibesmaterie, oder dämonischer Besessenheit als körperlicher Einwohnung quasi-personhaft gedachter Dämonen im Menschen. Die Vorstellungen solcher Dinge als möglich waren gegeben; gewiß nicht überall in der antiken Welt in sachlich gleicher, aber doch in formal vergleichbarer Weise, und jedenfalls keineswegs nur in einem Bereich, der durch die spezifisch biblische Überlieferung bestimmt war. So konnte in solchen Vorstellungen das gesagt werden, was im Wort der Selbstoffenbarung Gottes dem Unglauben zum Ärgernis, dem Glauben zu seinem Grunde wird, wobei das Ärgernis offenbar nicht mit der intellektuellen Schwierigkeit jener Vorstellungen identisch war – denn diese bestand noch nicht. Sollte wirklich der

---

[16] Es sei hier ausdrücklich hingewiesen auf die einschlägigen Arbeiten von *E. Jüngel* und *L. Steiger*. Eine Ergänzung der in diesem Aufsatz vorgelegten Überlegungen, besonders im Blick auf die Frage, ob eine jedem *inhaltlichen* Existenzverständnis vorgegebene *formale* Analyse der Existenzbezüge tatsächlich erstellt werden und die Theologie verpflichten kann, bietet der folgende Aufsatz.

Weg zum Glauben für den Menschen der Jetztzeit bedeuten, gewissermaßen zusätzlich zu jenem existenziellen Ärgernis an der Botschaft, das er mit dem früheren Menschen teilt, noch eine intellektuelle Unmöglichkeit zu überwinden, Vorstellungsformen zu teilen, denen gegenüber für den Früheren eine intellektuelle Unmöglichkeit gar nicht bestand? Das könnte der Weg zum Glauben für den heutigen Menschen nur dann bedeuten, wenn der Grund jener intellektuellen Unmöglichkeit – d. h. aber: die moderne Entwicklung des wissenschaftlichen Denkens als solche – die oder eine für den heutigen Menschen spezifische Gestalt der menschlichen Sünde und Gottverschlossenheit wäre. (Dann nämlich wäre hier gar keine „zusätzliche" Schwierigkeit, sondern nur eine neue Gestalt des existenziellen Widerstandes des Fleisches gegen den Geist.) Das wird kein Theologe behaupten wollen; dann bleibt aber das Problem bestehen, warum der Glaube dem Menschen der Jetztzeit einen intellektuellen Konflikt mit seinem Weltwissen abfordern sollte, den er dem früheren Menschen offenbar nicht abgefordert hat.

Wenn Barth darauf anspielt, diese ganze Problematik sei doch nur das Wiedererscheinen der wohlbekannten Einreden von Aufklärung und Rationalismus, so hat er recht. Aber kann man denn meinen, die Veränderung, die von der Aufklärung her in der menschlichen Vorstellung des gegenständlich Wirklichen und seiner Verlaufsformen sich vollzogen hat, sei so etwas wie eine Episode des Unglaubens, die wir nun endlich hinter uns lassen sollten? Wir meinen vielmehr, sie ist ein Weiterschritt (vermeiden aber absichtlich hier den höchst zweideutigen Begriff des „Fortschritts"), bei dem sehr kritisch zu überlegen sein wird, was er für die künftige Ausrichtung der Glaubensbotschaft bedeutet oder nicht bedeuten kann und darf, den wir als solchen aber jedenfalls nicht zurücknehmen können in eine frühere Vorstellungslage. Wir werden das Evangelium unter den Bedingungen des von der Aufklärung her in eine neue Phase seines Weltverständnisses geratenen Menschen auszurichten haben, so wie etwa Paulus es unter den Bedingungen der in der spätjüdischen oder hellenistischen Vorstellungswelt lebenden Menschen ausrichtete. Gewiß, der „heutige" Mensch ist nicht durchweg der „aufgeklärte" Mensch. Der heutige Mensch ist überhaupt nicht durchweg von derselben Art. Eine „konservative", in manchen Hinsichten der Seelenlage und Vorstellungsform des voraufgeklärten Menschen noch nahe Haltung ist auch heute möglich. Sie ist vielleicht als Gegengewicht notwendig. Sie ist aber eine veranlagungsmäßige, biographisch und soziologisch bedingte Möglichkeit menschlicher Einstellung, die als solche dem Evangelium nicht näherstehen kann als irgendeine andere, durch entsprechende natürliche Faktoren bedingte seelische Haltung. Sollte heute das Verstehen des Evangeliums, so gewiß es in einem tieferen Sinne an das Testimonium des Geistes gebunden ist, zusätzlich noch an die freilich immer noch vorhandene Möglichkeit jener

„konservativen" menschlichen Einstellung und Seelenlage gebunden sein, der die intellektuelle Verstehensnot des „Aufgeklärten" der biblischen Vorstellungswelt gegenüber erspart oder doch erleichtert ist? Wir können das nicht glauben, wir könnten es auch theologisch nicht begründen.

Dann besteht hier aber in der Tat eine Verstehensfrage, die mit der Frage, wie der Mensch zur Anerkennung des Wortes Gottes, d.h. zum Vollzug des Glaubens kommen kann, nicht identisch ist, sondern gewissermaßen in deren Vorhof steht. Das ist, negativ ausgedrückt, die Frage: ob und inwiefern die biblische Botschaft so verstanden werden kann, daß der Glaube an sie in ein und demselben Menschen vereinbar ist mit derjenigen Gestalt seines Weltwissens, die ihm durch den geschichtlichen Ort, an dem er steht, nun einmal so zugekommen ist, daß er auch dieses Wissen nicht für unwahr halten kann. Man kann geteilter Meinung darüber sein, ob Bultmann in seinen Ausführungen zur „Entmythologisierung" die bindende Macht des „wissenschaftlichen Weltbildes" nicht überzieht, ob wirklich alles, was er unter „erledigt ist" einreiht, von dem her, was wissenschaftliches Weltwissen gewiß machen kann, ausgeschlossen werden darf und muß. Eine kritische Überprüfung seiner Aufstellungen im einzelnen ist hier sehr am Platz, wir können sie im Rahmen dieses Aufsatzes nicht vornehmen. Aber daß Bultmann eine spezifische Verstehensfrage des heutigen Menschen der biblischen Botschaft gegenüber gesehen hat, die bei Karl Barth merkwürdig unberücksichtigt bleibt, ist u.E. nicht zu bestreiten. Im Aufnehmen dieser Frage wird man über Barth hinausgehen müssen.

VI.

Ist die biblische Botschaft daraufhin auszulegen, daß es in ihr nicht um die Behauptung von Weltwissen geht, das zu heutigem Weltwissen in Konkurrenz und intellektuellem Konflikt stehen könnte, so heißt das für Bultmann positiv: Sie ist daraufhin auszulegen, daß sie die Existenz des Menschen auf ihr Heilwerden oder Scheitern hin betrifft – „existenziale Interpretation". Diesem Begriff ist nun näher nachzudenken; und uns scheint, daß Karl Barth hier, gegenüber der positiven Seite des Programms, mit dem Bultmann der von ihm gesichteten Verstehensproblematik begegnen will, einige Fragen angemeldet hat, die nicht überhört werden dürfen, – wenn anders diese existenziale Interpretation wirklich das bleiben soll, als was sie im Ansatz doch auch bei Bultmann gemeint war: Auslegung des Hereinrufs Gottes selbst in den (positiven oder negativen) menschlichen Gottesgedanken. Es wird sich dabei zeigen müssen, ob ein Zusammentreffen der von Barth und von Bultmann ausgehenden Theologie „nach vorne" möglich ist, oder ob man hier auf die Dauer nur zwischen zwei disparaten Linien wählen kann, die sich gegenseitig eines zukunftslosen, reaktionären Repristinierens beschuldigen (denn auch Barth deutet ja den Vorwurf an, daß Bultmann – trotz allem – repristiniere: nämlich das 19. Jahrhundert).

Wir gehen zunächst auf Barths Einwand ein, das Thema des biblischen Kerygmas sei nicht nur die Existenz des Menschen in ihrem Scheitern und Heil. Sein Thema sei auch, und in erster Linie, die Wirklichkeit und das Handeln Gottes. Demgemäß habe auch die Predigt, auch die Theologie von Gott zu reden und nicht nur von der Existenz. Man könnte dagegen fragen: ist ein quasi-additives Nebeneinanderstellen der Themen Gott und Existenz zulässig und dem biblischen Gotteszeugnis entsprechend? Gewiß redet die Bibel von Gott und Gottes Handeln. Aber dieses Reden hat an keiner Stelle den Charakter einer Sachverhaltsmitteilung, die mit der Existenz des Menschen nichts zu tun hätte und auf die Frage ihres Heiles oder Scheiterns nicht bezogen wäre. Das gilt auch von den doxologischen Gottesaussagen der Bibel, die thematisch wirklich nur von Gott reden – aber aus dem Grund des Betroffenseins durch ihn in der Existenz, von ihm also als dem „Gott unseres Heiles", und damit indirekt auch von der Existenz des von diesem Gott in Gericht und Gnade betroffenen Menschen. Ist dies so, dann wird es in der Theologie in der Tat keinen „Teil" geben können, der Aussagen über Gott und nicht Aussagen über Existenzbetreffendes macht, neben anderen Teilen, die auch Aussagen über Existenzbetreffendes machen. Sondern in jeder theologischen Aussage wird rechtmäßigerweise Gottesaussage und Existenzaussage zugleich anwesend und integriert sein müssen. (Anders ausgedrückt: es müßte jede rechtmäßige theologische Aussage durch einen entsprechenden Übersetzungsvorgang in eine Aussage des Lobes, des Dankes, der Anrufung, in der sich unmittelbar Existenzbetroffenheit äußert und auf Gott rückwendet, umgeformt werden können, und dies wäre ein Kriterium zwischen rechtmäßiger Theologie und theoretischer Spekulation über „Übernatürliches".) Wenn die Forderung existenzialer Interpretation also bedeuten soll, es solle in der Auslegung der biblischen Botschaft an jedem Punkt deutlich gemacht werden, inwiefern das, wovon die Rede ist (Gott, Gottes Handeln), sich auf unsere Existenz in der Frage ihres Heiles und Scheiterns bezieht, so scheint uns diese Forderung sachgemäß und kerygmagemäß zu sein. Man wird ihr nicht entgegenhalten können, es geht doch nicht „nur" um dies, sondern „auch" und zuerst um Gott. Denn eben so geht es um Gott, daß Gott uns an-geht. Das bestreitet natürlich auch Karl Barth nicht, – ist dann aber seine Sorge, bei Bultmann werde der Weg einer Verdrängung des Themas „Gottes Wirklichkeit und Handeln" durch das Thema „Existenz" beschritten, berechtigt? Was man Rudolf Bultmann vorzuwerfen hat, wird jedenfalls nicht die Forderung nach der Verdeutlichung des Existenzbezuges als solche sein, sondern eher dies, daß er selbst in seiner Durchführung existenzialer Interpretation den wirklichen Existenzbezug des biblischen Kerygmas in bestimmten Bereichen verkürzt.

Dies gilt unter der Voraussetzung, das Programm existenzialer Interpretation dürfe im Sinne seines Urhebers so verstanden werden, daß die Botschaft von Gott und Gottes Handeln in ihrem *Bezug* auf die Existenz und also *für* „Existenzverständnis" ausgelegt werden soll. Die Wirklichkeit Gottes selbst würde dabei im Vollzug von Existenzverständnis nicht aufgehen. Aber ist diese Voraussetzung zutreffend? Liegt in ihr nicht eine Verharmlosung des Programmes existenzialer Interpretation? Es ist dieses Programm nicht selten auch so ausgelegt worden (in der Regel von seinen Kritikern, aber nicht ohne Rückhalt an gewissen Wendungen bei seinen Vertretern), als sei mit ihm eine *Umsetzung* der Aussagen über Gott und Gottes Handeln in Aussage über so etwas wie „Vollzug von Existenzverständnis" gemeint: „Gott" und „Gottes Handeln" *als* Vollzug von Existenzverständnis. Ist es nicht dies, was Karl Barth als letzte Konsequenz der „existenzialen Interpretation" heraufziehen sieht? Hier erst würde der Verdacht voll begreiflich, es möchte in dieser Interpretation das Thema Mensch an die Stelle des Themas Gott treten.

Wir meinen, daß an diesem Punkt in der Tat eine Frage ansteht, deren Klärung für die ganze Diskussion ausschlaggebend ist. Die Frage sei nochmals formuliert: Was heißt letzt-endlich „existenziale Interpretation": Auslegung des Gehaltes der Glaubensaussage (z.B. Gott, Handeln Gottes usw.) *als* Vollzug von Existenzverständnis?

Oder:

Auslegung dieses Gehaltes *für* Vollzug von Existenzverständnis (weil in seiner Eigenart als die Existenz *betreffend*)?

Wenn man die Frage kurzschließend so bescheiden wollte: Glaube ist doch auf jeden Fall Vollzug von Existenzverständnis, wie kann also eine Aussage, die den Glauben aussagt, etwas anderes beinhalten als eben die Aussage eines solchen Vollzuges selbst, so müßte dem entgegnet werden: Das trifft zu, sofern der Glaube über sich selbst als Glauben spricht. Aber heißt „Glaubensaussage" nur, daß der Glaube über sich selbst als Vollzug redet? Wenn der Glaube „sich" ausspricht, spricht er da nicht viel unmittelbarer von der Wirklichkeit, an die sich haltend oder auf die sich gründend er eben Glaube ist, was immer diese Wirklichkeit sei und wie immer von ihr zu reden sei? Zugegeben, daß Glauben vollziehen Existenzverständnis vollziehen heißt – dagegen ist u.E. gar nichts einzuwenden – so bleibt die oben formulierte Frage immer noch bestehen. Wir wiederholen sie noch einmal in folgender Gestalt:

Was heißt „existenziale Interpretation" – Auslegung der Glaubensaussage als Rede von einer Wirklichkeit, die, wie eben diese Art der Auslegung verdeutlichen soll, im eigentlichen Sinne Wirklichkeit eines bestimmten Vollzuges menschlicher Existenz ist und insofern nicht eine Wirklichkeit (göttlicher, vielleicht auch dämonischer, jedenfalls übermenschlicher und überweltlicher Art) ab extra?

Oder: Auslegung der Glaubensaussagen gerade als Rede von einer solchen Wirklichkeit ab extra, jedoch in Verdeutlichung dessen, daß diese Wirklichkeit den Menschen in seiner Existenz betrifft und verwandelt – und insofern dann allerdings auch als Rede vom Existenzvollzug selbst, jedoch als von einem solchen, der eben an dem Hervortreten dieser Wirklichkeit ab extra hängt und sich auf sie bezieht?

VII.

Wir wenden uns mit dieser Frage, mit Einklammerung alles dessen, was seither in der Diskussion zu ihr klärend oder verunklarend gesagt sein mag, an Bultmann selbst. Wie führt er in der Skizzierung seiner grundlegenden Schrift existenziale Interpretation durch? Dabei ist, in Verfolgung des Aufbaus jener Durchführung, zu gliedern: Wie legt Bultmann in existenzialer Interpretation das Sein außerhalb des Glaubens aus (wie versteht er also die Wirklichkeit der Macht des Bösen)? Wie legt er das Sein im Glauben aus (wie versteht er die Wirklichkeit, die Glauben begründet und auf die er sich bezieht – also die Wirklichkeit Gottes)?

Zunächst das Sein außerhalb des Glaubens[17], – es ist, wie Bultmann feststellt, nach neutestamentlicher Redeweise ein Gefangensein in „dieser Welt", als dem von der „Macht des Bösen" beherrschten Aeon. Was ist an „dieser Welt" das Böse, das solche Gefangenschaft bewirkt? Paulus redet vom „Fleisch". Bultmann interpretiert: „Die Sphäre des Sichtbaren, des Vorhandenen, Verfügbaren, Meßbaren"; damit auch: dessen, was der Mensch selbst innerweltlich leisten kann, seiner eigenen aufweisbaren Qualitäten und Erfolge. Dies alles gehört zweifellos zum gegebenen Bestand dieser Welt und unseres Daseins in ihr. Ist dies nun an sich und rein in dem, daß es dies gibt, die Wirklichkeit des Bösen? Keineswegs, vielmehr sind dies Elemente der von Gott geschaffenen Welt und Möglichkeiten des von Gott geschaffenen Menschen in dieser Welt. Was also ist eigentlich das Böse, das „diese Welt" zu einem Aeon der Sünde macht? Bultmanns Antwort lautet: Nach der eigentlichen Intention neutestamentlicher Aussage ist das Böse eine bestimmte Haltung des Menschen zu dieser Sphäre des Sichtbaren, Verfügbaren usw. und zu seinen Möglichkeiten, mit ihr umzugehen. Der Mensch macht das Sichtbare und sein Verfügen darüber zum Grund und Halt seiner Existenz, zum Gegenstand seines Rühmens und Vertrauens. Das heißt: er lebt nicht in Vertrauen und Hingabe an eine unsichtbare und unverfügbare Macht, sondern in der Selbstbesorgung und Selbstsorge, in der er mit sich und dem Verfügbaren allein ist.

---

[17] R. *Bultmann*, Neues Testament und Mythologie, 28–30.

Damit bindet er seine eigentliche Existenz an das, was an sich (zwar nicht böse, aber) brüchig und vergänglich ist. Uns insofern wird ihm dies nun zu einer Macht des Zerfallens und des Todes. Er macht sich diese (an sich geschöpfliche) Welt der vergänglichen Besitztümer und Möglichkeiten zu „dieser Welt" im negativen Sinne, indem er sie sich zu etwas macht, wozu sie nicht gemacht werden sollte: zum Existenzgrund. Die vom Menschen zu seinem „Gott" gemachte Welt wird zur dämonischen „Macht des Bösen".

Man wird also sagen müssen: Existenziale Interpretation der Wirklichkeit des Bösen, die das Sein außerhalb des Glaubens bestimmt, ist bei Bultmann in der Tat Interpretation dieser Wirklichkeit *als* Existenzvollzug. Nicht irgendeine (natürliche oder dämonisch-supranaturale) Größe ab extra ist der Grund, der die Welt böse und den Menschen Sünder sein läßt. Wenn also der Glaube von der Sünde spricht, spricht er wirklich den eigenen Existenzvollzug aus und nichts weiter. Alle Wirklichkeit ab extra kann in diesem Zusammenhang allenfalls als Anlaß und Gegenstand, nicht aber als der Grund und das Wesen der Sache selbst in Betracht kommen. Es wäre zu fragen, wieweit dies tatsächlich der eigentlichen neutestamentlichen Aussageintention entspricht, aber das bleibe hier dahingestellt. (Immerhin zeigt auch Karl Barth eine eigentümliche Zurückhaltung, den Satan und die Dämonen zum eigenständigen theologischen Thema zu machen).

Auffallend ist aber nun, daß sich in der existenzialen Interpretation dessen, was Sein im Glauben heißt, bei Bultmann die Sachlage zu verändern scheint[18]. Gewiß, auch der Glaube wird zunächst als Existenzvollzug angesprochen: „Leben aus dem Unsichtbaren, Unverfügbaren". Man könnte, wenn es nur bei dieser Formulierung bliebe, sogar interpretieren: Das Unsichtbare als negativer Begriff besagt nicht mehr als die Abwesenheit alles Sichtbaren – nämlich als Existenzgrund. Glauben hieße dann lediglich: die Haltung vollziehen, sich auf gar nichts als Existenzgrund zu verlassen, vielmehr in einem reinen Vertrauen „an sich" leben. Dann wäre auch das Sein im Glauben, existenzial interpretiert, rein und nur als Existenzvollzug verstanden, ohne daß von begründender Wirklichkeit ab extra die Rede wäre.

So ist es aber von Bultmann ganz offenbar nicht gemeint. „Aus dem Unsichtbaren, Unverfügbaren leben" heißt mehr als „nicht aus Sichtbarem, Verfügbarem leben". Das „Unsichtbare", aus dem lebend der Glaube eben Glaube ist, von dessen Wirklichkeit er also als Existenzvollzug nicht abstrahiert werden kann, ist für Bultmann positiv gefüllt. Das zeigen die Wendungen, in denen er des weiteren von diesem Existenzgrund des Glaubens spricht: Leben im Glauben „an Gottes Gnade" – aus dem Vertrauen, daß das Unbekannte, Unverfügbare uns „begegnet", und zwar „als Liebe"

---

[18] Ebd., 30f.

begegnet und unsere Zukunft somit als „Leben" qualifiziert – Leben von einer Gnade, die „Sünden vergibt", die somit die Instanz ist, uns von der Bindung an die Vergangenheit zu befreien. Schließlich: Glaube als „Gehorsam"; also nicht als in sich schwingende Sorglosigkeit, die sich eben nur und rein nicht mehr um Sicherung aus dem Verfügbaren bemüht, sondern als Eingehen auf eine Größe, die uns begegnet mit der Zumutung, uns anstelle des Verfügbaren an sie zu binden.

Es ist also von einer den Glauben als Existenzvollzug begründenden Wirklichkeit die Rede; und zwar so, daß vom Glauben als Existenzvollzug nicht geredet werden kann, ohne daß zugleich und logisch zuvor von dieser begründenden Wirklichkeit mitgeredet wird. Denn an sie sich zu halten ist das Wesen des Glaubens als Existenzvollzug. Und dies ist eine Wirklichkeit, von der auch Bultmann schließlich nur in personalen Begriffen reden zu können scheint. Denn selbst wenn man die von ihm hier gebrauchte Vokabel „Gott" noch einklammern oder auf Kosten eines gelegentlichen Rückfalls in „mythologische" Wendungen setzen wollte, so bleibt doch: Liebe, Vergebung, Begegnung, und auf der Seite des Glaubens: Gehorsam. Was sollte das alles heißen, wenn nicht das „Unbedingte, Unverfügbare" sich zeigt als Der, der liebt, vergibt, befreit und dem gehorcht wird? Hier tritt Wirklichkeit ab extra herein, die für das Glaubensein des Glaubens konstitutiv ist. Gewiß, auch das, was Bultmann als Haltung der Sünde beschreibt, hat Wirklichkeit ab extra mit sich – eben das Verfügbare. Aber dieses begründet nicht die Sünde als Sünde, sondern gibt ihr nur den quasi-neutralen Anlaß; das Leben aus dem Verfügbaren hat seinen Grund im Menschen selbst. Umgekehrt begründet das Hervortreten der Wirklichkeit Gottes den Glauben, während der Mensch ihn aus sich selbst gerade nicht begründen kann.

Der Mensch kann dem „Verfügbaren" durch sein Verhalten zu ihm den Charakter einer Macht des Bösen verleihen. Insofern ist die eigentliche Macht des Bösen letztlich als Existenzvollzug interpretiert. Der Mensch kann aber nicht Gott durch sein Verhalten zu ihm den Charakter als Grund des Glaubens verleihen. Sondern umgekehrt verleiht Gott durch das Hervortreten seiner Wirklichkeit als Gnade und Liebe dem Menschen den Grund und die Möglichkeit zu glauben. Darum kann zwar der Glaube, aber nicht der Grund des Glaubens (ohne den aber vom Glauben nicht geredet werden kann) als Existenzvollzug interpretiert werden. Und Bultmann tut das auch nicht.

Uns scheint das entscheidend zu sein für die Frage, ob eine innere Kontinuität von Barth zu Bultmann, ein theologisches Weiterarbeiten, in dem beide Ansätze und Anstöße, die so entgegengesetzt scheinen, „nach vorwärts" vereinbar werden, überhaupt denkbar ist. Es wäre dies zweifellos nicht denkbar, wenn „existenziale Interpretation" konsequent im Sinne einer Auslegung der Wirklichkeit, die der Glaube bezeugt, *als* Vollzug von Existenzverständnis gemeint wäre[19]. Aber am entscheidenden Punkt hat Bultmann eine solche Ersetzung jedenfalls nicht vorgenommen. Der in Christus begegnende Gott bleibt die Wirklichkeit, die dem Menschen-in-Welt von ihr selbst her (Bultmann sagt: aus dem „Unverfügbaren", aus dem, was uns und unsere Welt „jenseitig begründet und begrenzt") sich darbietet, um ihn im Glauben extra se ipsum zu gründen (Luther: *fides ponit nos extra nos ipsos* – ein Wort, auf das sich auch Bultmann gelegentlich beruft). Die Präsenz Gottes in Christus *ist* nicht Existenzvollzug, sondern sie ist *für* Existenzvollzug, nämlich den, in dem wir uns begründet sein lassen auf das Bei-stehen des in Christus begegnenden Gottes. Daß existenziale Interpretation diese Position nicht verläßt (hat sie sie in der seitherigen Entwicklung der Diskussion immer deutlich festgehalten? Hat Bultmann selbst sie deutlich genug festgehalten?), scheint mir für die Frage, ob es zwischen dem Barthschen Ansatz und ihr noch eine Begegnung „nach vorne" geben kann, wesentlicher zu sein als die Tatsache, daß existenziale Interpretation sich bemüht, das Glaubensverstehen dieser in Christus begegnenden Wirklichkeit Gottes von gegenständlich-supranaturalen Anschaulichkeiten zu entlasten, obwohl auch hierzu Fragen übrig bleiben.

Sofern der in Christus begegnende Gott auch für Bultmann Wirklichkeit bleibt, die sich dem Menschen-in-Welt von ihr selbst her zum Glauben darbietet, bestätigt es sich, daß Bultmann den Ansatz Barths: Theologie nicht als religiöse Selbstverständigung des Menschen, sondern als Nachsage des hereingerufenen Wortes der göttlichen Selbstbezeugung, auf seine Weise durchhält. Das zeigt sich auch in seiner Beantwortung der Frage, worin existenziale Interpretation der Neutestamentlichen Botschaft von einer rein philosophischen Möglichkeit, von „eigentlicher" und „uneigentlicher" Existenz zu reden, unterschieden ist[20]. Vom Leben „aus dem Unverfügbaren" als der eigentlichen, vom Leben „aus dem Verfügbaren" als der verfallenden Existenz spricht ja auch Philosophie, speziell Existenzphilosophie. Bultmann zitiert Heidegger, Jaspers, Kamlah. Scheint das nicht dasselbe zu meinen wie das im Bultmannschen Sinn existenzial interpretierte Leben außerhalb des Glaubens und im Glauben? Bultmann geht so weit, zuzugeben: Auf die Aussagen über die beiden Existenzbefindlichkeiten gesehen ist es dasselbe. Den Unterschied der philosophischen und der theologischen Aussage sieht er nur in der Frage, wie ein Mensch aus der Verfallenheit an das Verfügbare zum Glauben kommt. Im Sinne der Existenzphilosophie ist das eine Möglichkeit, die der Mensch aus eige-

---

[19] In seiner existenzialen Interpretation des Kreuzes und noch mehr der Auferstehung scheint Bultmann sich diesem Sinn tatsächlich zu nähern, wie denn Barths Befürchtung, hier werde Wirklichkeit und Handeln Gottes durch Existenzvollzug ersetzt, sich besonders auf diese Fragen konzentriert. Vgl. *K. Barth,* aaO, 19 ff. 33.

[20] Neues Testament und Mythologie, 33 ff.

nem Entschluß ergreifen kann, sowie er einsieht, was Leben aus dem Unverfügbaren heißt und daß dies das eigentliche Leben ist. Nach dem Neuen Testament kann der Mensch diese Möglichkeit nicht selbst ergreifen. Seine Verfallenheit ist so umfassend, daß er sich (selbst wenn er sie als Verfallenheit erkennte) nicht durch Entschluß aus ihr freimachen kann. Er muß durch eine „Tat Gottes" freigemacht werden – eben durch das Ereignis, daß Gott ihm als Liebe begegnet; daß also – so interpretieren wir nun – jene Wirklichkeit ab extra hereintritt und sich dem Glauben als der Grund und Halt darbietet, der ihn als Glauben erst möglich macht. Dies also muß Ereignis werden von „außerhalb" dessen, was der Mensch sich im Erfahren und Bedenken seiner Existenz selbst sagen kann, und man kann es nur da und so annehmen, wie es Ereignis wurde. Das heißt offenbar auch für Bultmann: in Christus. Was kann das aber – einerlei wie traditionell oder neuartig eine Christologie sich nun formulieren mag – anderes heißen, als daß Gott sich im Kommen Jesu selbst vergegenwärtigt als der, der nun in Gnade mit dem Menschen ist? So daß Glauben nunmehr bedeutet: nicht mehr mit sich-in-Welt allein sein. Das freilich kann nur so Ereignis werden, daß der Mit-Seiende sich selbst bezeugt. In jedem „Übergang" in eine neue Existenzweise, den der Mensch lediglich in der eigenen Selbstverständigung über das Eigentliche seiner Existenz vollziehen wollte, bliebe er ja mit sich-in-Welt allein.

Wenn es erlaubt ist, das Insistieren Bultmanns auf der „Tat Gottes" in Jesus Christus und auf der Nichtvollziehbarkeit des Übergangs in die „eigentliche" Existenz ohne das Eintreffen dieser Tat so zu interpretieren, dann wäre hier wirklich der Punkt einer fundamentalen Übereinstimmung mit dem Barthschen Ansatz gegeben – und es müßte möglich sein, von diesem Punkt aus in Berücksichtigung der wesentlichen Anliegen beider großen Theologen dieses Jahrhunderts weiter zu denken.

Es bliebe dann freilich eine Frage an Bultmann übrig. Sieht er recht, wenn er den Unterschied zu einer philosophischen Analyse eigentlicher und verfallender Existenz lediglich in der Frage des Übergangs sieht? Genauer: Kann man, wenn man den Unterschied in der Frage des Übergangs so sieht, wie Bultmann ihn zu sehen scheint, wirklich der Meinung sein, im Verständnis der eigentlichen und der verfallenden Existenz als solcher und abgesehen von der Frage des Übergangs brauche kein Unterschied zu bestehen?

Kann nämlich der Eingang in das Leben im Glauben nur durch das Ereignis geöffnet werden, daß Gott sich als in Gnade mit dem Menschen werdend selbst vergegenwärtigt, dann – so sagten wir – bedeutet von diesem Ereignis her nach vorwärts verstanden, Leben im Glauben offenbar: nicht mit sich-in-Welt allein, sondern in und von der Gegenwart des mit-seienden Gottes leben. Ist das nicht doch etwas anderes als was ein Philosoph, der von dem die Eigentlichkeit begründenden Ereignis der

Selbstvergegenwärtigung Gottes in Christus absieht, unter „Leben aus dem Unverfügbaren" verstehen wird?

Wir wenden dieselbe Frage nach rückwärts. Wenn der Eingang in die Existenz des Glaubens nur geschehen kann durch jene Tat Gottes, mit der er sich selbst gegenwärtigt – wird damit nicht auch das Verfallensein der Existenz in einer Weise qualifiziert, die so in einer von jener Tat Gottes absehenden Existenzanalyse gar nicht zu Gesicht kommen könnte? Nämlich als Leben – nicht nur aus dem Verfügbaren an sich, sondern: aus dem Verfügbaren, das mir-in-Welt zuhanden ist, weil im „Alleingang", in der Abgeschlossenheit, der Abgekehrtheit von dem Gott, in dessen Mit-sein und aus dessen Gnade zu leben eben „eigentlich" Leben wäre. Der verfallende Mensch lebt aus dem Verfügbaren, indem er nicht im Zusammensein mit Gott, sondern mit sich-in-Welt allein (und alleinsein wollend) und damit auch unter der Abwesenheit Gottes lebt – bis Gott, dem Menschen nachgehend, diese Abwesenheit selbst durchbricht. Eben weil es nicht nur um die Abkehr vom Hängen an Verfügbarem in Leben aus Unverfügbarem an sich, sondern darin um Allein-sein oder Anwesen und Mitwerden Gottes geht, darum kann der Mensch aus verfallender Existenz nicht in einer Selbstbesinnung umkehren, sondern bedarf des „Ereignisses". Und nur in diesen Kontext versetzt, so scheint uns, kann Bultmanns Insistieren auf diesem Ereignis letztlich begründet sein. Es bliebe zu fragen, wieweit seine Durchführung existenzialer Interpretation diesen Kontext noch überall deutlich werden läßt.

Thesen zum Problem der existentialen Interpretation

Die im Folgenden aufgestellten Thesen sind, ihrer Natur als Thesen gemäß, keine allseitig begründete Durcharbeitung des Problems, auf das sie sich beziehen, noch weniger ein „abschließendes Wort", das diese Durcharbeitung hinter sich hätte. Sie sind ein vorläufiger Orientierungsversuch im Felde des noch längst nicht zu Ende geklärten Themas. Eine kurze Vorverständigung über einige hier gebrauchte und aus der bisherigen Diskussion übernommene Begriffe wird nützlich sein. Vorausgesetzt wird, daß es sich bei „existentialer Interpretation" um die Auslegung der biblischen Botschaft handelt, sofern sie zum Gegenstand heutiger christlicher Predigt wird, und zwar um Auslegung, wie sie nicht erst in der Predigt selbst (dort hätte eher die „existentielle Interpretation" ihren Ort), sondern in der theologischen Reflexion geschehen soll, die von Predigt herkommt und Predigt vorbereitet. „Existentiale Interpretation" bezieht sich auf "Existenz" in einem Sinn, in dem mit diesem Begriff jedenfalls etwas anderes gemeint ist als bloßes „Vorhandensein". Im übrigen ist der Begriff heute bereits so zerredet, daß es schwerhalten kann, sich klarzumachen, was man eigentlich meint, wenn man ihn gebraucht. Wir schlagen vor, unter „Existenz" menschliches Dasein zu verstehen in seiner Eigenschaft, daß der Mensch selbst sich zu diesem seinen Dasein verhält: z.B. hoffend, sich ängstigend, nach einer Bestimmung oder einem Sinn fragend, verzweifelnd usw. „Existenzverständnis" wäre dann die jeweilige Weise, wie ein Mensch sich zu seinem Dasein verhält, wobei der Welt- und Geschichtsbezug dieses Daseins durchaus einzuschließen ist. „Existenz betreffend" wäre alles, was das Verhalten des Menschen zu seinem Dasein berührt, bestätigt, verändert usw. Wir glauben, mit diesen Bestimmungen einigermaßen dem Sinn gerecht zu werden, den diese Begriffe in der bisherigen Diskussion über „existentiale Interpretation" hatten und haben, und damit zugleich Sachverhalte zu berühren, die für die theologische Auslegung der biblischen Botschaft tatsächlich relevant sind. Es sollen nun die Thesen folgen.

1. Die biblische Botschaft der Selbstbezeugung Gottes in Jesus Christus, um deren Auslegung es sich handelt, hat nicht ausschließlich die menschliche Existenz oder ein bestimmtes Existenzverständnis zum Inhalt. Ihr Inhalt ist vielmehr grundlegend die Wirklichkeit Gottes und das Verhalten Gottes zum Menschen.

2. Diese Botschaft betrifft aber die Existenz des Menschen einschließlich ihres Welt- und Geschichtsbezuges und will demgemäß Existenzverständnis gestalten und verändern. Dies gilt auf der ganzen Linie; nirgends handelt es

sich in ihr um die bloße Mitteilung solcher Wissensinhalte, die die Existenz nicht berühren.

3. Sie muß also so ausgelegt werden, daß ihr Existenzbezug ausgesagt wird; und dies wiederum nicht nur in einigen Kernpunkten, sondern auf der ganzen Linie. Die Auslegung sollte an keiner Stelle als bloßen, auf das Verhalten des Menschen zu seinem Dasein unbezogenen „übernatürlichen Wissensstoff" erscheinen lassen, was ursprünglich gerade so nicht gemeint ist. Soweit die Forderung existentialer Interpretation dies besagen will, ist sie unseres Erachtens durchaus im Recht.

4. Die Botschaft der Selbstbezeugung Gottes in Jesus Christus schließt, indem sie sich auf die Existenz bezieht, den Ruf zu einem neuen Existenzverständnis ein, das das Kriterium über Wahrheit oder Unwahrheit des vom Menschen je schon mitgebrachten Existenzverständnisses zu sein beansprucht.

5. Sie darf also nicht so ausgelegt werden, daß ein abgesehen von ihr selbst gewonnenes Existenzverständnis durch die Funktion, die es in der Auslegung bekommt, inhaltlich über sie präjudiziert.

6. Gleichwohl muß die Botschaft so ausgelegt werden, daß ihre Beziehung auf das, wie der Mensch von sich selbst her so oder so mit seinem Dasein umgeht, zur Sprache kommt; sei es, daß sie Elemente des Existenzverständnisses, das sich darin ausdrückt, aufnimmt, sei es, daß sie ihnen widerspricht, jedenfalls ihnen gegenüber nicht neutral abständig bleibt. Die Auslegung kann sich also nicht darauf beschränken, das in der auszulegenden Botschaft selbst implizierte Existenzverständnis beziehungslos zu behaupten. Sie muß es vielmehr zugleich zu derjenigen Auseinandersetzung mit dem Dasein, in der der anzuredende Mensch sich je schon befindet, in Beziehung setzen.

7. Daß dies in der Predigt, Seelsorge usw. zu geschehen hat, und zwar hier vornehmlich in Beziehung auf einzelne konkrete Verhaltensweisen des sich mit seinem Dasein auseinandersetzenden Menschen, unterliegt keiner Frage. Man kann insofern die predigende Auslegung der Botschaft "existentielle Interpretation" nennen.

8. Es sollte diese Beziehung der Botschaft auf das von ihr gleichsam vorgefundene und betroffene Existenzverständnis aber auch in der Auslegung qua theologische Reflexion zur Sprache kommen, und zwar hier vornehmlich als Beziehung auf Strukturen dessen, was in der Auseinandersetzung des Menschen mit seinem Dasein grundsätzlich und allgemein zur Frage gestellt ist (und in konkreten Verhaltensweisen so oder auch anders „verarbeitet" werden kann). Insofern kann man der theologisch reflektierenden Auslegung der Botschaft die Aufgabe "existentialer Interpretation" zuerkennen. Noch einmal: Sofern mit der Forderung „Theologie als existentiale Interpretation" dies gemeint ist, besteht die Forderung zu Recht.

9. Die Wahrnehmung dieser Aufgabe scheint vorauszusetzen, daß ein „Vorverständnis" der Strukturen des in menschlicher Existenz grundsätzlich zur Frage Stehenden gegeben ist, das der auszulegenden Botschaft und dem von ihr zu betreffenden Existenzverständnis gemeinsam ist. Denn nur im Rahmen eines solchen Vorverständnisses scheint es möglich zu werden, daß der Bezug der Botschaft auf die Auseinandersetzung des Menschen mit seinem Dasein verdeutlicht und verstanden wird, daß ein Mensch also das, was die Botschaft auf seine Existenz hin sagt, zu dem, wie er selbst zu ihr sich verhält, in relevanter Beziehung empfindet (und sei es in der des Widerspruchs).

10. R. Bultmann hat versucht, ein solches der auszulegenden Botschaft und dem von ihr anzutreffenden Menschen gemeinsames Vorverständnis dessen, worum es in der Existenz des Menschen grundsätzlich geht, zu formulieren, um damit den Ort zu bezeichnen, an dem die Botschaft vielleicht angenommen, vielleicht abgelehnt, jedenfalls aber als in relevantem Bezug auf Existenz und Existenzverständnis erkennbar wird. Dieses Vorverständnis soll ins Bewußtsein gebracht werden in Gestalt einer Darstellung der formalen Struktur von „Existenz", innerhalb der jegliche verschiedenen inhaltlichen Existenzverständnisse sich begegnen und auseinandersetzen. Diese Darstellung soll nicht selbst ein inhaltliches Existenzverständnis vertreten, somit auch nicht dem, zu dem die auszulegende Botschaft ruft, präjudizieren. Sie soll aber den grundsätzlichen Ort des Auftreffens der Botschaft auf Existenz bezeichnen und somit der theologischen Auslegung als hermeneutischer Schlüssel zum Verständlichmachen dieses Auftreffens dienen. Ihre Erarbeitung wird als eine wissenschaftlich-philosophische Aufgabe verstanden, deren Ergebnis unabhängig von einer Stellungnahme für oder gegen die Botschaft beanspruchen kann, einsichtig zu sein.

11. „Existentiale Interpretation" der biblischen Botschaft bekommt dann den weitergehenden Sinn: den Existenzbezug dieser Botschaft so auszulegen, daß die Auslegung sich formal in den Kategorien des im philosophischen Arbeitsgang begrifflich formulierten Vorverständnisses dessen bewegt, was „Existenz" überhaupt heißt und worum es in ihr grundsätzlich geht, Es ist zu fragen, ob existentiale Interpretation auch noch in dem so zugespitzten Sinn als Aufgabe der theologischen Reflexion akzeptiert werden kann.

12. Man wird kaum eine positiv-thetische Aussage über das Wesen von Existenz machen können (etwa von der Form „Existenz bzw. Menschsein heißt: Das Wesen sein, das sich selbst zu übernehmen hat" u. ä.), die nicht bereits von der Weise, wie der Auszusagende seine Existenz „existentiell" vollzieht, inhaltlich mitgeprägt wäre.

13. Eine solche Aussage wäre aber dann schon nicht mehr für jegliches Existenzverständnis neutral und offen, mithin auch nicht der Gefahr entnommen, über das in der auszulegenden Botschaft implizierte neue Exi-

stenzverständnis inhaltlich zu präjudizieren. Sie wäre auch nicht für Menschen jeglichen Existenzverständnisses gleich einsichtig.

14. Will man sich im Offenen halten und einer Präjudizierung des in dieser Botschaft selbst implizierten Existenzverständnisses durch mitgebrachtes Existenzverständnis entgehen, dann wird man als Ort der Begegnung von Botschaft und Mensch allenfalls nur aporetische Aussagen über Existenz, d. h. Fragen, formulieren können, die dem Menschen mit seiner Existenz gestellt sind; z. B. „Existenz" impliziere die Frage „was darf ich hoffen?", „was soll ich tun?" u. ä. (unter Enthaltung von thetischen Behauptungen wie: dies oder jenes zu hoffen sei für Existenz irrelevant oder: dies oder jenes zu tun, z. B. „sich selbst zu übernehmen", sei für Existenz wesentlich).

15. „Existentiale Interpretation" als theologische Aufgabe würde dann bedeuten: die biblische Botschaft als Antwort auf solche Fragen auszulegen, von denen gilt, daß sie sich dem Menschen mit seiner Existenz selbst auferlegen.

16. Es ist aber weiterhin zu fragen, ob auch nur die Fragen, unter die Existenz als solche gestellt ist, in einer von der Weise, wie ein Mensch sich praktisch zu seinem Dasein verhält, abstrahierten, also jeglichem gelebten Existenzverständnis gegenüber neutralen Formalität reflektiert werden können.

17. Es ist damit zu rechnen, daß existentielle Haltungen, die dem Glauben entgegengesetzt sind, Fragen verdecken, auf die hin die Botschaft die Existenz betrifft und die im Glauben als solche erkannt werden. Es ist auch damit zu rechnen, daß es Fragen gibt, die in der tatsächlichen gelebten Existenz wirksam gegenwärtig sind, ohne als solche im reflektierten Existenzverständnis des von ihnen betroffenen Menschen anerkannt zu werden.

18. Somit ist es fraglich, ob auch nur ein existentialer Fragenkatalog derjenige hermeneutische Schlüssel sein kann, der in einer abgesehen von dem schon erweckten Glauben allgemein einsichtigen Weise den Ort bezeichnet, an dem die auszulegende Botschaft die Existenz betrifft.

19. Es ist also fraglich, ob es für die existentiale Interpretation, die dieses Betreffen geltend zu machen hat, überhaupt einen formalen hermeneutischen Schlüssel gibt, die Verstehbarkeit der Botschaft als Existenz-betreffend zu sichern (so daß es sich nur noch um die Frage der Annahme oder Ablehnung des in seinem Auftreffen auf Existenz sehr wohl Verstandenen handeln würde – daß es keine Methode gibt, die Annahme selbst zu sichern und die Ablehnung auszuschließen, wurde natürlich schon immer von allen Partnern der Diskussion über existentiale Interpretation anerkannt).

20. Daraus folgt nicht, daß die Theologie von der Aufgabe existentialer Interpretation, so wie sie in den Thesen 1–8 bezeichnet wurde, entbunden sein könne. Sie wird vielmehr den Bezug der auszulegenden Botschaft in

allen ihren Elementen auf die mit seiner Existenz selbst dem Menschen auferlegten Fragen aufzuzeigen haben, und sie wird nur so weit Auslegung sein, als sie dies tut.

21. Der Theologe wird dabei diese Auslegung auf Existenzfragen beziehen, die er selbst jedenfalls, indem er sie in der Begegnung mit der Botschaft als Fragen, die ihn in *seiner* Existenz betreffen, versteht, zugleich als Fragen, die die Existenz des Menschen *überhaupt* betreffen, verstehen muß.

22. Er wird die Wirksamkeit dieser Fragen in menschlicher Existenz nicht nur thetisch behaupten, sondern es nicht unterlassen, ihre Wirksamkeit an der Existenzerfahrung des „heutigen" Menschen (dem die Auslegung ja gilt) aufzuweisen als selbst da anwesend, wo sie diesem Menschen in den bewußten Artikulationen seines Existenzverständnisses verdeckt sein könnte; und er wird sich dabei einer Sprache bedienen, die er selbst als heutiger Mensch mit diesem heutigen Menschen teilt.

23. Er wird aber nicht erwarten können, daß jeder heutige Mensch demjenigen Verständnis der gemeinsamen Fragen menschlicher Existenz, das der Ausleger selbst im Glauben an die Botschaft zu vertreten hat, auch dem Glauben vorgängig und auf Grund einer neutralen Existenztialanalyse zustimmen wird. Existentiale Interpretation der christlichen Botschaft muß geschehen, aber sie wird unter dem Risiko bleiben, daß ihr gegenüber nicht nur der Inhalt der Botschaft, sondern selbst deren Verstehbarkeit als Existenz betreffend auch abgelehnt werden kann. Existentiale Interpretation darf nicht nur behaupten, sondern muß im Behaupten immer wieder den Versuch der Verständigung machen, in dem sie Orte gemeinsamer Erfahrung der Daseinsfraglichkeit anspricht. Aber sie muß sich dabei bescheiden, daß dieser Versuch auf existentielle Sperren stoßen kann, an denen er mißlingt.

24. Eine Verständigung über den Existenzbetreff der auszulegenden Botschaft um jeden Preis wäre nur möglich, wenn tatsächlich eine jeder existentiellen Haltung gegenüber neutrale und formale Existentialanalyse mindestens in Form eines Fragenkatalogs möglich wäre. Da dies nicht zu erwarten ist, müßte die Verständigung um jeden Preis zwangsläufig zu einer Präjudizierung der auszulegenden Botschaft durch dasjenige praktizierte Existenzverständnis führen, das in der als „hermeneutischer Schlüssel" gewählten Existentialanalyse jeweils wirksam ist.

Bewahren im Übersetzen

Zur hermeneutischen Aufgabe der Theologie

I.

Theologie soll Gottes Selbstbekundung in Jesus Christus auslegen als Evangelium, als die frohe Botschaft, die jeden Menschen richtend und befreiend angeht. Sie kann dies nur, indem sie Schriftauslegung wird, denn Jesus Christus begegnet uns primär durch das Glaubenszeugnis der biblischen Grundüberlieferung. Sie kann es aber andererseits nur so, daß sie verstehbar zu machen sucht, daß und wie das, was uns durch diese jahrtausendalten Schriften erreicht, auch den „heutigen" Menschen betrifft.

Damit hat die Theologie teil an der hermeneutischen Problematik, deren allgemeine Strukturen in der heute geführten Diskussion viel und tiefgehend erörtert sind und hier nicht in extenso nachgezeichnet werden sollen. Nur an zwei wesentliche Elemente dieser Diskussion sei stichwortartig erinnert:

Das ist einmal die Bedeutung des „Vorverständnisses" für jegliches Verstehen und Verstehbarmachen existenzrelevanter Aussagen der Vergangenheit. Kein Verstehen ohne ein irgendwie geartetes Vorwissen zumindest um den Fragenhorizont, in den hinein diese Aussagen einst redeten; kein Verstehen allerdings auch, wenn dieses Vorwissen sich in sich selbst dogmatisch abschließt und nicht bereit ist, sich durch das, was die Aussage zu verstehen gibt, verändern, erweitern, vertiefen zu lassen.

Das ist sodann die Erkenntnis der geschichtlichen Bedingtheit der existenzrelevanten Aussage durch das Selbst- und Wirklichkeitsverständnis dessen, der sie macht; und des geschichtlichen Wandels solchen Selbst- und Wirklichkeitsverständnisses; damit auch des geschichtlichen Abstandes zwischen dem Denkhorizont und den Sprachmitteln menschlicher Äußerungen der Vergangenheit und dem Horizont einer Gegenwart, der sie verstehbar ausgelegt werden sollen. Dieser geschichtliche Abstand kann so groß werden, daß die Möglichkeit des Appells an ein „Vorverständnis" geradezu in Frage gestellt ist.

Diese hermeneutische Problematik ist für die Theologie in gewisser Weise noch potenziert gegenüber der allgemeinen Problematik der Auslegung menschlicher Dokumente der Vergangenheit in den Geisteswissenschaften. Denn das hier Auszulegende: Gottes Selbstbekundung in Jesus Christus als Evangelium, beansprucht mehr als menschliche Selbstaussage, nämlich Gottes Wort an den Menschen zu sein. Und zwar das Wort, das endgültig und unüberholbar dem Menschen jeder geschichtlichen Zukunft gelten will. Das kann man aber sonst für menschliche Selbstaussagen der Vergangenheit nicht postulieren. Ihnen gegenüber ist die Auslegung in gewisser Weise frei. Sie ist natürlich nicht frei, ihren eigentlichen Sinn beliebig zu verändern und umzudeuten, sie soll ihn vielmehr deuten und verstehbar machen. Sie soll die Fragen, die jene Äußerungen hervorriefen und in die hinein sie relevante und Einstimmung heischende Aussagen machen wollten, in den Fragen des heutigen Menschen wiederfinden, um so die Relevanz jener Aussagen übersetzend verstehbar zu machen. Aber die Auslegung bleibt dann doch frei, das Auszulegende gewissermaßen als einen „Vorschlag" zu behandeln, den wir hören können, den zu hören und mit dem sich auseinanderzusetzen sich lohnt, um dann zu sehen, wieweit wir ihn noch übernehmen können, was daran für uns fruchtbar und hilfreich sein könnte und in welcher Modifizierung und Weiterführung es dies sein könnte. Theologische Auslegung hingegen kann ihren Sinn nur darin haben, einer Verkündigung zu dienen, die das Auszulegende: Gottes Selbstbekundung in Jesus Christus, als das unüberholbare, für alle gültige Wort weiterzugeben hat und es gerade darum, weil es dies ist, auch dem jeweils „heutigen" Menschen verstehbar machen will. Hier ist kein Vorschlag zu übermitteln, von dem die Gegenwart einen freien und umbildenden Gebrauch machen mag oder nicht – hier ist das Wort weiterzugeben, das mit sich selbst identisch bleiben und definitive Bedeutung haben will.

Aber nun hat die Theologie diese Selbstbekundung Gottes, die das in seiner Gültigkeit allen geschichtlichen Wandel überdauernde Wort zu sein beansprucht, eben nicht in einer von jeder geschichtlichen Bedingheit freien und gleichsam göttlichen Urgestalt zur Verfügung, die sie erheben und der Verkündigung als das von ihr Auszulegende vorhalten könnte. Sie hat dieses Wort nur in der Gestalt menschlicher Aussagen der Vergangenheit – nämlich der biblischen Glaubenszeugnisse. Auch diese sind in der Sprache, in der sie das Evangelium ausdrücken, in den Fragestellungen, auf die sie es beziehen, bereits „geschichtlich" bestimmt. Sie sind bestimmt durch den geschichtlichen Ort der Menschen, die durch sie angeredet werden, und zwar so, daß bereits im Neuen Testament verschiedene solche Orte, Menschen verschiedener Verstehensvoraussetzungen und infolgedessen auch die Anfänge eines „Übersetzens" der Botschaft in verschiedene Aussageweisen sichtbar werden. Gerade die älteste christliche Überlieferung zeigt bereits einen relativ akuten geschichtlichen Wandel, der sich auch in die älteste Dogmengeschichte hinein noch fortsetzt. Sie zeigt eine relativ starke Beweglichkeit und Varianz ihrer Aussagemittel und eine relativ geringe dogmatische Festlegung auf bestimmte Ausdrucksformen (obwohl diese nicht ganz fehlt). Das hängt mit der Ausbreitung der urchristlichen Mission, mit dem raschen Übergang der christlichen Botschaft in verschiedene Traditionsbereiche zusammen. In dem Maße, in dem ein Corpus Christianum mit einer einheitlich bestimmten christlichen „Weltanschauung" entstand, verlangsamte sich der Wellenschlag der hermeneutischen Bewegung in der Theologie. So erscheint uns (aber vielleicht spielt dabei auch die perspektivische Verkürzung durch den Zeitabstand eine Rolle) das christliche Mittelalter als eine lange Epoche relativer Stabilität eines christlich geprägten Selbst- und Weltverständnisses, damit auch der Ausdrucksformen, in denen die christliche Botschaft überliefert, verstanden und theologisch ausgeformt wurde. Nachdem sie einmal in die begriffliche Form der altkirchlichen Dogmenbildung gefaßt war, konnte sie in dieser Form lange Zeit tradiert, erklärt und vertieft werden, ohne daß der geschichtliche Abstand zu einem akuten Problem des So-nicht-mehr-Verstehenkönnens wurde. Auch Luthers Neuauslegung des Evangeliums hat diesen Rahmen noch nicht gesprengt, obwohl sie ihn stark in Bewegung brachte. Dann aber kam der Traditionsbruch seit der Aufklärung, in dem sich das gesellschaftliche Gefüge des Corpus Christianum und die Einheitlichkeit jener christlichen Weltanschauung mehr und mehr auflöste. Das Rad des geschichtlichen Wandels begann sich zu drehen in einer heute rasant gewordenen Beschleunigung. Der Mensch wurde in seinem Verhältnis zur Welt, damit auch in seinem Selbst- und Wirklichkeitsverständnis ein anderer, als er lange Zeit gewesen war. Damit trat die Verstehbarkeit der christlichen Botschaft nicht nur in ihrer biblischen Sprachform, sondern vielleicht noch mehr in der dogmatischen Tradition, die für eine lange Zeit eine verstehbare Form ihrer Auslegung gewesen war, in eine akute Krise. Es wäre m.E. eine Täuschung, zu meinen, jene frühere Gestalt, weil sie so lange unangefochten in Geltung stand, sei sozusagen die normale und klassische theologische Auslegungsgestalt der christlichen Botschaft, und die mit der Aufklärung heraufgekommene Krise sei nur eine Episode des Unglaubens, von der man sich abwenden könnte, um in globo zu jener Normalgestalt zurückzukehren. Daß mit der Aufklärung auch Unglaube akut wurde und im heutigen Stadium der Entwicklung erst recht akut ist, ist nicht zu bestreiten. Es ist aber auch nicht zu bestreiten, daß der Mensch seitdem in eine neue geschichtliche Phase seines Wissens und Könnens einerseits, seiner Problematik andererseits eingetreten ist – eine Phase, aus der wir nicht willkürlich zurücktreten können in ein früheres Stadium. Auf dem Boden dieser Phase wird Unglaube akut, vielleicht stärker und in jedem Fall ungebundener als früher; und auf dem Boden dieser Phase muß nun der Glaube bewährt werden und sich dem Unglauben entgegensetzen. Für die Theologie bedeutet das, daß ihr im Dienst an der Verkündigung die Aufgabe gestellt ist, die biblische Sprachgestalt dieses Glaubens und zugleich seine Auslegungsgestalt in der großen dogmatischen Tradition in die geistige Situation hinein zu übersetzen, in die der Mensch seit dem Traditionsbruch der Aufklärung eingetreten ist. Sie hat damit einen sehr groß gewordenen geschichtlichen Abstand zu überwinden. Und doch soll sie Gottes Selbstbekundung in Jesus Christus als das unüberholbar gültig bleibende Wort aussagen und die Glaubensverkündigung in der Identität mit ihrem Ursprung bewahren. Das ist das hermeneutische Problem in derjenigen Zuspitzung, in der es der Theologie heute sich stellt. Dazu im folgenden einige Überlegungen, die zwei verschiedene Seiten dieses Problems betreffen.

II.

Wir haben bisher recht undifferenziert von dem „heutigen" Menschen gesprochen, dem die in den biblischen Schriften ursprünglich begegnende Selbstbekundung Gottes in Jesus verstehbar gemacht werden soll. Wir haben es so undifferenziert getan, wie das auch sonst vielfach in den Diskussionen über diesen Gegenstand geschieht, aber wer ist dieser „heutige Mensch"? Ist das überhaupt eine eindeutige Größe? Das hermeneutische Problem, wie es sich uns heute stellt, ist ja nicht zuletzt auch deshalb so kompliziert, weil dieser „heutige Mensch" in seinen geistigen Voraussetzungen und ethischen Wertungen weit weniger einheitlich geformt ist als die Menschen früherer Jahrhunderte. Es gibt keine einheitliche Weltanschauung mehr, vergleichbar der mittelalterlichen. Wir leben vielmehr — um das bekannte Schlagwort aufzugreifen — gerade auch in dieser Hinsicht in einer „pluralistischen Gesellschaft". Könnte nicht eine Gestalt der Auslegung, die einer bestimmten Gruppe in dieser Gesellschaft zum Verstehen der christlichen Aussage helfen könnte, anderen Gruppen dieses Verstehen gerade verstellen? Ja gibt es inmitten dieser Gesellschaft nicht immer auch noch Menschen, die durch ihre Herkunft und besondere Lebenssituation der christlichen Tradition in ihrer bisherigen Gestalt noch so verbunden sind, daß für sie jener Traditionsbruch gar nicht akut ist; so daß sie eine Auslegung des Evangeliums, die auf die Auswirkung dieses Traditionsbruchs eingeht, als Verfremdung empfinden müssen? Aber darf die Verkündigung der Christusbotschaft sich auf diesen „inneren Kreis" beschränken? Wie soll sie den Vielen begegnen, die heute außerhalb dieses Kreises stehen?

Weder die Verkündigung noch die theologische Reflexion kann sie einfach „abschreiben". Aber besteht nicht gerade auch außerhalb der Gruppe der mit christlicher Tradition noch Vertrauten eine große Verschiedenheit von Voraussetzungen und Einstellungen? Das ist sicher der Fall, vor allem im Blick auf die intellektuelle Reflexionsfähigkeit und Reflexionsbereitschaft, aber auch im Blick auf die Lebensumstände und auf ethische Fragen der Lebenseinstellung. Die unmittelbare Verkündigung und noch mehr das persönliche Gespräch wird hier auf die Eigenart des jeweiligen Partners in ihrer Besonderheit eingehen. Die Theologie wird ihre hermeneutische

Bemühung auf diejenigen Elemente einzustellen haben, die die Verstehenssituation im ganzen bestimmen.

Die Frage ist, ob es unterhalb oder vielleicht besser innerhalb des heutigen Pluralismus solche Elemente gibt, die die Verstehenssituation des heutigen Menschen (gerade auch soweit er nicht mehr in ungebrochener christlicher Tradition lebt) durchgehend bestimmen. Ich glaube nicht, daß man das in Abrede stellen muß.

Gemeinsames Schicksal des heutigen Menschen ist die geschichtliche Situation, daß dieser Mensch durch die Entwicklung seiner Wissenschaft und seiner eigenen aus ihr erwachsenen technischen Möglichkeiten tiefgreifende Veränderungen seines Daseins erfahren hat, daß er vor entsprechende Probleme eines früher unbekannten Charakters und Ausmaßes gestellt worden ist und dadurch auch in seinem Selbst- und Wirklichkeitsverständnis bestimmt wird. Das wirkt in alle Schichten hinein, es ist gewiß noch nicht in allen Schichten reflex bewußt, wird aber zunehmend bewußter werden. Und Theologie jedenfalls sollte dieser Situation auf derjenigen Ebene begegnen, auf der sie bewußt geworden ist.

Gemeinsam sind ferner zwar gewiß nicht die Stellungnahmen zu jeder einzelnen Frage des Glaubens, wohl aber elementare Verstehensschwierigkeiten des Menschen, der in seinem Bewußtsein durch die genannte Situation bestimmt wird, gegenüber der christlichen Verkündigung im ganzen. Es mag hier der Hinweis genügen auf den Schwund des Transzendenzbewußtseins, auf die „Abwesenheit" Gottes, auf die Unfähigkeit, sich ein anderes als durch menschliche Aktivität zu bewirkendes „Heil" vorzustellen, auf die Blockierung eines Hoffens, das über den Tod hinausgreift. Auch diese Verstehensschwierigkeiten sind selbstverständlich nicht allen „heutigen" Menschen in gleicher Weise bewußt, aber unterbewußt wirken sie auch da, wo sie nicht reflektiert werden. Die Theologie jedenfalls muß ihnen auf derjenigen Ebene begegnen, auf der sie bewußt geworden sind. Das heißt selbstverständlich nicht, daß sie die eben genannten Themen einfach streichen oder umdeutend „anpassen" darf; wohl aber, daß sie überlegen muß, *wie* in einer veränderten Verstehenssituation von ihnen zu reden ist.

Gemeinsam bleiben aber auch elementare Fragen und Nöte des Daseins, die durch Wissenschaft und Technik ebensowenig gelöst werden wie sie für frühere Geschlechter lösbar waren: das Bedürfnis nach Bestätigung und Liebe und die Frustrierung dieses Bedürfnisses; die Frage nach letztgültigen ethischen Maßstäben und der Streit um sie; die Frage nach dem Sinn des Menschseins (heute potenziert in der Frage nach dem Sinn des technischen Fortschritts der Menschheit); die Auseinandersetzung mit dem Tod, mit Unrecht und Ungerechtigkeit. Solche Fragen bleiben dem der christlichen Tradition entfremdeten heutigen Menschen mit dem noch in dieser Tradition lebenden gemeinsam, und sie verbinden ihn auch mit dem

Menschen früherer Zeiten. Sie sind Fragen des Menschen, nicht nur des heutigen Menschen. Im Bereich solcher Fragen werden die Themen zu finden sein, auf die hin die Auslegung des Evangeliums den Menschen auch in seinen heutigen Erfahrungshorizont hinein ansprechen kann. Das bedeutet nicht, daß sie ihn in den *Antworten*, die er sich so oder so selbst gibt, zu bestätigen hätte, und nicht einmal, daß sie sich an ein so oder so geartetes Verständnis jener *Fragen* unkritisch anzupassen hätte.

III.

Wir haben bisher undifferenziert von der Aufgabe des verstehbar machenden Übersetzens gesprochen. Was kann mit diesem Übersetzen beabsichtigt sein und was nicht? Übersetzen bedeutet ja auf jeden Fall: das, was in einer bestimmten Sprachgestalt gegeben ist, „anders" zu sagen. Wie weit kann oder darf dieses „Anderssagen" gehen, wenn es wirklich dabei bleiben soll, daß die Sache des biblischen Grundzeugnisses: Gottes Selbstbekundung in Jesus Christus als das Evangelium, in ihrer unüberholbaren Gültigkeit und Identität mit sich selbst verstehbar gemacht werden soll? Wie weit kann der „Adressat", also der heutige Mensch mit seinen Verstehensschwierigkeiten dieser Sache gegenüber, für das übersetzende Auslegen bestimmend sein, und in welcher Hinsicht kann er dies etwa nicht sein – wenn nicht das zu übersetzende Wort in Wahrheit preisgegeben werden soll?

Es muß hier eine Überlegung eingeschaltet werden, die primär nicht in der Analyse der heutigen Situation, sondern in dem biblischen Grundzeugnis und der Glaubenserfahrung an ihm veranlaßt ist. Gottes Selbstbekundung in Jesus Christus trifft den Menschen nicht als aufnahmebereite Tabula rasa, sondern als den, der von sich selbst her zu dem Leben, das Gott für ihn will und das sein wahres Leben wäre, im Widerspruch lebt. Gottes Selbstbekundung trifft ihn nicht nur als Zusage, sondern auch als Gericht; und das Evangelium ist nicht schlichte Bestätigung, sondern freisprechende, damit aber in Umkehr rufende Lebenswende. Zweifellos wird gerade dieses Element christlicher Aussage – in traditioneller Sprache: der Mensch vor Gott als Sünder – zu dem gehören, was vielen heute besonders unverstehbar ist. Aber der Ausleger kann für seine eigene Überlegung, was er mit seinem hermeneutischen Bemühen ausrichten und erwarten kann und was nicht, keinesfalls von diesem der Christusbotschaft von Anfang an zugehörenden Element des Konfliktes abstrahieren. Man kann den Eindruck haben, daß dies in den heute geführten Diskussionen über die hermeneutische Aufgabe der Theologie nicht immer ausreichend bedacht wird. Die Verkündigung des Evangeliums hatte zu allen Zeiten nicht nur mit einem Nichtverstehenkönnen, sondern auch mit einem Nichtannehmenwollen des Menschen zu rechnen. Von Anfang an war das Evangelium nicht schlechthin einleuchtend, sondern „den Juden Ärgernis und den Hellenen Torheit". Die Ablehnung, auf die seine Ausrichtung stößt, kann also verschiedene Gründe haben. Ja, sie kann ambivalenten Charakter haben, weil diese verschiedenen Gründe zugleich und ineinander wirksam werden könnten. Ablehnung kann gewiß darin begründet sein, daß die Auslegung des Evangeliums in einer traditionellen Gestalt geschieht, die in Situation und Verstehenshorizont der Hörer nicht hineinspricht und sie darum nicht anspricht. Das ist der eine Aspekt, der heute aus begreiflichen Gründen fast allein die hermeneutische Diskussion beherrscht. Die Ablehnung kann aber auch darin motiviert sein, daß das – nun nicht restlos unverstandene, sondern irgendwie wohl verstandene – Evangelium auf das im Menschen trifft, was ihm widerstrebt; worin er etwas preisgeben müßte, was er nicht preisgeben will: kritische Konfrontierung des Menschen mit dem Evangelium, die ihm dessen Auslegung gerade nicht ersparen darf. Im allgemeinen wird man wohl sagen: Erst wo verstehbar wurde, was das Evangelium will, kann diese echte Krisis eintreten, in der es zu wirklichem Glauben und zu echter Ablehnung, zu einer echten Glaubensverweigerung kommen kann. Denn schlechthin Unverstehbares kann mich ja weder positiv noch kritisch treffen, sondern nur Achselzucken veranlassen. Darum zuerst die hermeneutische Übersetzung bis zu dem Ergebnis, daß der Angeredete voll verstanden hat, daß und wie die Anrede ihn in seiner Wirklichkeit relevant betrifft. Dann, aber auch erst dann, wird gewiß die Situation eintreten, wo es kritisch um seinen Glauben oder seine Glaubensverweigerung gehen kann. Aber trifft diese saubere Phaseneinteilung ganz die mögliche Ambivalenz eines Bereiches, in dem die Motive der Ablehnung sich auch überlagern können? Wäre es nicht denkbar, daß vom Wollen auf das Verstehen (übrigens gerade auch auf das Urteil über „wirklichkeitsrelevant" oder „wirklichkeitsfremd") ein Einfluß ausgeht dergestalt, daß Nichtverstehenkönnen im Sinne von intellektuell nicht Einordnenkönnen und Nichtannehmenwollen in kaum entflechtbarer Weise ineinander geraten? So daß ein vorreflektiertes Getroffenwerden auf einen inneren Widerstand stößt, der dann rückwirkend auch das Verstehen blockiert und sich als intellektuelles Befremden artikuliert? So daß also eine Auslegung des Evangeliums, der es gelingen würde, dieses *intellektuelle* Befremden restlos auszuräumen, eben damit auch schon die Zone, in der es um die kritische Begegnung des Anspruchs und Zuspruchs Gottes mit der *Existenz* geht, bereits überschritten hätte und (vielleicht nach Beseitigung letzter „mythologischer Reste") nur noch das sagen würde, womit der anzuredende Mensch ohnehin konform geht, weil er sich darin nicht nur angesprochen, sondern auch ausgesprochen finden wird in dem, was er sich bereits selbst sagen kann und zu sagen hat?

Jedenfalls muß festgehalten werden, daß die hermeneutische Aufgabe der Theologie, das Evangelium und seine biblische Aussagegestalt dem heutigen Menschen verstehbar zu machen, nicht gleichgesetzt werden kann damit, es unter allen Umständen so auszulegen, daß es irgendeinem ethischen Common Sense dieses Menschen widerspruchslos annehmbar erscheinen wird. Damit würde sich die Auslegung nicht nur seiner Verstehenssituation, sondern unbesehen auch seinen Tendenzen und Ideologien anpassen. Denn gewiß: In die Verstehenssituation kann und wird weithin solches hereinstehen, „hinter das wir nicht mehr zurück können" und auch durch das Evangelium nicht zurückgerufen werden. In den Tendenzen und Ideologien aber kann ein existentielles Gegenstreben (theologisch gesprochen: Sünde) wirksam sein, aus dem das Evangelium gerade herausrufen und befreien will. Und dabei besteht der bedrängende Verdacht, daß das Wollen der Wünsche und Tendenzen das Können oder Nichtkönnen des Verstehens nicht unbeeinflußt läßt.

Es wäre unsinnig, diesen Verdacht von vornherein so zu verallgemeinern, daß man die Verstehensschwierigkeit des heutigen Menschen in Bausch und Bogen auf die Sünde zurückführt (was heißen würde: seine geschichtliche Situation mit all ihren Elementen, vor allem auch die moderne Entwicklung von Wissenschaft und Technik als solche, für nichts als einen grandiosen Sündenfall zu halten). Aber wie kann man unterscheiden zwischen denjenigen Elementen der Befremdung des heutigen Menschen gegenüber der christlichen Botschaft, die darin begründet sind, daß er sie in einer der Vergangenheit verhafteten Aussagegestalt nicht mehr verstehen kann, und solchen Elementen jener Befremdung, die darin begründet sind, daß im heutigen Menschen wie im Menschen überhaupt die Tendenz lebt, die den Anspruch und Zuspruch Gottes nicht annehmen will? Dieselbe Frage stellt sich noch subtiler: Wie kann man an diesem nicht mehr Verstehenkönnen unterscheiden zwischen solchen Elementen, die durch den geschichtlichen Ort bedingt sind, aus dem niemand willkürlich heraus- und zurücktreten kann und soll, und solchen Elementen, in denen ein an der Bewußtseinsfläche reflektiertes und deklariertes Nichtverstehenkönnen genährt und zementiert wird von einem tiefer liegenden Nichtannehmenwollen? Wie kann die hermeneutische Bemühung unterscheiden zwischen dem, worauf sie sich einlassen muß, um verstehbar zu machen, und dem, woran sie sich nicht anpassen darf – weil sie damit den heutigen Menschen gerade in dem bestätigen würde, worin das Evangelium ihn kritisch treffen will?

Wahrscheinlich ist es gar nicht möglich, alle diese Unterscheidungen in einer theoretischen, fundamentaltheologischen Analyse der hermeneutischen Situation und Aufgabe material vorwegzutreffen. Vielleicht können sie material weitgehend nur im Vollzug konkreter Anrede und Verkündigung und dann von Fall zu Fall gefunden werden. Aber kategorial – nämlich als Aufmerksamkeit darauf, daß das Problem dieser Unterscheidungen besteht und ansteht – sollten sie auch in der theoretischen Besinnung über die hermeneutische Problematik beachtet werden. Einige grobe Richtlinien können für das Inhaltliche dieser Unterscheidungsaufgabe vielleicht doch allgemein angegeben werden. Wir versuchen sie im folgenden herauszustellen:

1. Zu den Elementen der Unwiderruflichkeit unserer geschichtlichen Situation gehört, das wird man ohne Zweifel feststellen können, die neuzeitliche Entfaltung der Wissenschaft als solche, damit aber auch das bewährte Wissen, das mit der Methodik dieser Wissenschaft erworben wurde und erworben wird; damit ferner auch die technischen Möglichkeiten, die dadurch erschlossen sind. Die Wirklichkeit des heutigen Menschen, somit auch sein Selbst- und Wirklichkeitsverständnis, sind durch diese Faktoren bestimmt, jedenfalls mitbestimmt. Er kann nicht wieder ein Mensch werden, der diese Wissenschaft nicht übt und dieses Wissen und diese technischen Möglichkeiten nicht hat. Sünde wird wirksam werden in dem, was er aus sich selbst darüber macht, was er mit seinem Wissen und seinen technischen Möglichkeiten anfängt – heute vielleicht auch schon in dem, in welchen Richtungen und zu welchen Zwecken er Wissenschaft weiterentwickelt und ganz gewiß in dem, welche technischen Möglichkeiten er verwirklicht. Die methodische Entfaltung von Wissenschaft und Technik als solche und das begründbare Wissen als solches können nicht als Sünde beurteilt werden, aus der zur Umkehr zu rufen wäre. Sondern dies ist unaufhebbare Mitgegebenheit unserer geschichtlichen Situation. Und was uns dadurch in die Hand gegeben ist, kann ja auch zur Verwirklichung dessen gebraucht werden, was im Dienst der Liebe geschieht.

Für die hermeneutische Bemühung bedeutet dies: Wir werden auf jeden Fall die biblische Grundbezeugung des Evangeliums dahingehend auslegen dürfen und auch auslegen müssen, daß verstehbar wird, inwiefern der Glaube, zu dem sie ruft, im geistigen Haushalt desjenigen Menschen, der dieses Wissen und diese Möglichkeiten hat, widerspruchsfrei vereinbar ist damit, daß er dieses Wissen und diese Möglichkeiten hat (das bzw. die der biblische Mensch noch nicht hatte). Denn gilt das Evangelium in Wahrheit auch dem heutigen Menschen, dann muß und wird es mit dem, was er tatsächlich zu wissen bekommen hat (nicht mit dem, was er damit anfängt!), widerspruchsfrei vereinbar sein. Sonst könnte es ihn ja nicht in *seiner* geschichtlichen Wirklichkeit treffen. Darin sehe ich das relative Recht des Bultmannschen Programms der „Entmythologisierung", ohne mich auf Zustimmung zu der Bultmannschen Durchführung dieses Programms festzulegen.

2. Zu den Elementen der Unwiderruflichkeit unserer geschichtlichen Lage gehört es, daß gewisse gesellschaftliche und politische Strukturen (die etwa das Leben des biblischen oder des mittelalterlichen Menschen

bestimmten) unwiderbringlich vergangen und daß andere Strukturen an ihre Stelle getreten sind. Man wird hier im einzelnen darüber streiten können, was wirklich unwiderruflich vergangen ist. Aber man wird nicht bestreiten können, daß es auch in diesem Bereich eine Vergangenheit gibt, die nicht repristiniert werden kann, und eine Gegenwart, die nicht als sündiger Verfall zu bezichtigen, sondern als der uns gewiesene Ort und Rahmen unseres Lebens und Handelns zu akzeptieren ist. Die Theologie kann also nicht die Aufgabe haben, das Evangelium so auszulegen, daß sie es mit dem Postulat kirchlicher, gesellschaftlicher oder politischer Ordnungsformen verbindet, die nur innerhalb einer vergangenen Sozialstruktur sinnvoll waren – als ob diese Formen de iure divino und für alle Zeiten mit dem Evangelium gesetzt wären. Es wird im Gegenteil zur hermeneutischen Aufgabe der Theologie gehören, darauf zu reflektieren, wie christliches Verhalten, das sich im Neuen Testament in bezug auf die damals gegebenen Ordnungsformen ausspricht (z.B. Haustafeln; Röm. 13), sinngemäß in den gewandelten Verhältnissen der heutigen Sozialstruktur bewährt werden kann.

3. Damit hängt eng zusammen, daß dem heutigen Menschen Möglichkeiten und Felder des Handelns eröffnet sind (z.B. im Bereich politischer Mitverantwortung, aber auch in dem schon angesprochenen Bereich der technischen Möglichkeiten, auf dem Gebiet der Medizin, der Geburtenregelung, der Biochemie usw.), die weder die Menschen der im Neuen Testament angesprochenen Gemeinden noch etwa die Zeit Luthers und der reformatorischen Bekenntnisbildung gekannt haben. Damit tritt der heutige Mensch auch in Verantwortungen ein, die dem Menschen jener früheren Zeiten nicht auferlegt waren. Nicht *daß* wir diese früher nicht gekannten Handlungsfelder haben und Verantwortung in ihnen wahrnehmen, wohl aber, *wie* wir das tun, kann Gegenstand einer theologisch negativen Beurteilung der modernen Entwicklung sein. Theologie hat auch in dieser Hinsicht nicht biblische oder traditionelle Positionen tale quale zu vertreten und zu ihnen zurückzurufen. Ihr hermeneutisches Bemühen wird vielmehr dahingehen, das Evangelium und vor allem die in ihm begründeten Weisungen in ihrem Richtungssinn auf solche anderen, im Neuen Testament und in der Tradition noch nicht vorgesehenen Möglichkeiten und Felder des Handelns hin zu übersetzen.

4. Der eigentlich kritische Bereich für die Entscheidungsfragen, die wir oben formuliert haben, ist schwer zu umschreiben. Er war im bisherigen angezeigt durch Bemerkungen wie „nicht die genannten Gegebenheiten als solche, sondern das, was der Mensch aus ihnen macht"; vor allem auch: was er aus sich selbst als dem Besitzer dieser Möglichkeiten in seinem Selbstverständnis macht. Hier wird der Bereich sein, in dem er durch das Evangelium kritisch getroffen wird. Wissenschaft, Wissen, Technik, Sozialstruktur gehören zur Wirklichkeit des heutigen Menschen und stehen wirk-

sam in den Horizont herein, in dem Selbst- und Wirklichkeitsverständnis vollzogen wird. Aber sie sind nicht dieses Selbst- und Wirklichkeitsverständnis, sondern eben: dieses wird inmitten dieser Gegebenheiten vollzogen. Wie es vollzogen wird, das ist nicht ebenso festgelegt, wie jene Gegebenheiten nicht zurücknehmbar gegeben sind; es wirkt aber andererseits wieder ein und unter Umständen verhängnisvoll ein auf das, was der Mensch aus jenen Gegebenheiten seiner geschichtlichen Situation und aus sich selbst und seinen Mitmenschen im Feld dieser Gegebenheiten macht. Wie Selbst- und Wirklichkeitsverständnis vollzogen wird, darin wird immer auch eine (u.E. mehr emotionale als rationale) Reaktion auf die durchfahrenden Grundfragen menschlichen Daseins zum Ausdruck kommen, von denen wir gesprochen hatten: die Frage nach der Norm, nach dem Sinn, nach dem Vertrauensgrund, nach dem Tod – vielleicht bis dahin, daß der das „Gegebene" transzendierende Stachel dieser Fragen im Selbst- und Wirklichkeitsverständnis verdeckt und verdrängt wird. Aber auch solches Verdrängen bleibt ja Stellungnahme zu jenen Fragen, und es bleibt gerade insofern mit dem Selbst- und Wirklichkeitsverständnis des Menschen früherer Zeiten bei materialer Verschiedenheit zugleich kategorial verbunden. Hier ist die Möglichkeit gegeben, jedenfalls dies verstehbar zu machen, daß das Evangelium auch den heutigen Menschen in seinen Erfahrungshorizont hinein relevant betrifft; allerdings unter der Voraussetzung, daß die Verstehenshemmungen einer scheinbaren Unvereinbarkeit christlicher Aussage mit den nicht rücknehmbaren Gegebenheiten dieses Erfahrungshorizonts beseitigt sind (im Sinne unserer Überlegungen unter 1–3). Hier – nicht in jenen Gegebenheiten, sondern in dem in ihrem Horizont vollzogenen Selbst- und Wirklichkeitsverständnis – ist aber auch der Bereich, in dem eben nicht nur unwiderrufliche geschichtliche Bestimmtheit wirksam ist, sondern Selbstbestimmungswille: Wer und wie der Mensch sein, leben, sich selbst sehen und mit sich selbst (auch im sozialen Sinn) umgehen will. Hier wird darum auch derjenige Bereich sein, in dem gerade eine gegenwartsgemäße Auslegung des Evangeliums auf diejenigen Bewegungen treffen wird, in denen sie den heutigen Menschen nicht zu bestätigen, sondern kritisch anzusprechen und mit seinem Widerspruch zu rechnen hat, dem sie ihrerseits widersprechen muß, weil Gottes Selbstbekundung in Christus ihm widerspricht. Um das hier sehr allgemein und abstrakt Gesagte an einem einzigen und nun allerdings zentralen Punkt, dem Reden von Gott, noch etwas zu verdeutlichen:

Wir haben zu realisieren, daß moderne Wissenschaft im Zug ihres Erklärens von Phänomenzusammenhängen auf keine Phänomene stößt, für die grundsätzlich keine immanente Erklärungstheorie gebildet werden könnte, vielmehr Gott als „Hypothese" in Anspruch genommen werden müßte. Theologie hat nicht die Aufgabe, den heutigen Menschen aus dieser Situation zurückzurufen in eine frühere, in der unerklärlich-übermächtige Natur- und Geschichtsphänomene auf transzendente Macht hinzuweisen schienen. Sie *hat* von Gott dem Schöpfer zu reden, aber sie hat diese Rede ganz anders zu begründen als auf dem Weg einer metaphysischen Erklärungstheorie, die auf „Lücken" der Wissenschaft zählt. Sie hat nicht nach Verweisen zu suchen, die die Weltwirklichkeit aus sich heraus auf ihren Schöpfer hin gäbe, sondern sie hat von Gott dem Schöpfer zu reden aufgrund dessen, daß und wie er sich selbst in Christus in diese Welt, die uns über ihr Woher und Wohin nichts zu sagen vermag, hereingerufen hat.

Wir haben zu realisieren, daß die moderne Gesellschaft keine menschlichen Autoritäten mehr kennt, die unhinterfragbar sind und denen unkritisch gehorcht werden muß, weil sie „von Gottes Gnaden" sind. Wir haben gelernt, daß politische Mächte und Strukturen von Menschen gemacht werden und von Menschen gestürzt und verändert werden können. Theologie hat nicht die Aufgabe, den heutigen Menschen aus diesem Bewußtseinsstand zurückzurufen in einen früheren, der im Königtum Gottesstiftung, in der jeweiligen „Obrigkeit" gottgewollte Autorität und in Gott den Oberherrn und Garanten einer patriarchalischen Gesellschaftsordnung sah. Sie *hat* von Gott dem Herrn zu reden, aber aufgrund von Christus und damit aus anderer Richtung und dann auch in anderer Weise als der des Verlängerns menschlicher Hoheit und Hoheitserwartung ins Metaphysische.

Die Entwicklung der modernen Wissenschaft mit ihren fortschreitenden Erklärungs- und technischen Anwendungsmöglichkeiten, und – auf einem andern Sektor – das Ende patriarchalischer Gesellschaftsstruktur: das sind Horizontgegebenheiten, mit denen wir zu leben haben und aus denen wir nicht heraustreten können. Aber weder sein Wissen noch sein Machenkönnen sagt diesem Menschen, welchen Sinn sein Leben in dieser Welt hat, welchen Sinn die Welt überhaupt hat, aus welchem Vertrauensgrund und in welcher Richtung und Hoffnung er leben kann. Das sind Fragen des *Menschen*, nicht nur des heutigen Menschen, aber um mit seiner ungeheuer gesteigerten Weltmächtigkeit recht umzugehen, müßte gerade er Antwort auf diese Fragen haben. Nun wird gesagt: Nachdem alle Verweise der Welt auf ihren metaphysischen Hintergrund gefallen sind, hat eben der Mensch selbst sich Antwort zu geben. Er hat es endlich als seine eigene Aufgabe zu ergreifen, seinem Leben und der Welt, mit der er umgeht, Sinn zu geben und seine Geschichte, damit auch sein eigenes Wesen aus der schlechten Wirklichkeit in die Wahrheit zu bringen. Dies aber ist keine Feststellung unausweichlicher Gegebenheit mehr, sondern Selbstprojekt, das angesichts dieser Gegebenheiten vollzogen wird. Es ist (bewußt artikulierter oder unbewußt überkommener) *Entschluß* des Menschen, in dieser Welt des Analysierbaren und technisch Beeinflußbaren sein alleiniges außermenschliches Gegenüber zu sehen, sich mit dieser Welt allein und vor der Alternative zu sehen, sie und sich selbst kraft seiner Vernunft ins

Rechte zu bringen – oder an seiner Unvernunft unterzugehen. Gottes Selbstzusage in Jesus Christus hat diesem Allein-sein des Menschen mit sich, seiner Welt und den Möglichkeiten und Grenzen seiner Vernunft widersprochen. Sie widerspricht ihm sowohl in seiner Euphorie wie in seinem Umschlagen in Resignation und Sinnlosigkeitsgefühl. Und Theologie, anstatt sich durch Umsetzung der Bedeutung von „Gott" in menschliche Möglichkeiten jenem Immanenzbewußtsein anzupassen, hat dem in Christus geschehen Einspruch Gottes gegen die Welt- und Selbstüberlassenheit des Menschen zu entsprechen. Dem Widerspruch, der ihr *hier* begegnen wird, hat sie standzuhalten.

Das Gebot und *die* Gebote

*Thesen zur theologischen Begründung der Verbindlichkeit
ethischer Normen*

Diese Thesen zielen auf eine theologische Stellungnahme zu der Frage der Verbindlichkeit ethischer Normen angesichts des Normenpluralismus in der heutigen Gesellschaft. Es sollen zunächst die Voraussetzungen dieser Stellungnahme in einem grundsätzlichen theologischen Verständnis (I) des Zusammenhangs von Gesetz, Evangelium, Gebot und (II) des Verhältnisses des einen Gebotes Jesu (Joh 13,34) zu der Mehrheit göttlicher Gebote klargelegt werden. Danach sollen (III) Grundzüge einer Stellungnahme zu dem heutigen Problem von Pluralismus und Verbindlichkeit ethischer Normen, insbesondere im Bereich der Sozialordnungen, skizziert werden.

Die Thesenform versteht sich als Vorschlag einer Konzeption, die eingehende theologische Begründung an dieser Stelle schuldig bleiben muß und kritischer empirisch-analytischer wie theologischer Diskussion sich offenhält.

I. *Gesetz, Evangelium, Gebot*

1. Die hier vorgetragene theologische Stellungnahme setzt voraus, daß uns in Jesus, seinem Wort und seiner Person in ihrem Verhalten und Geschick, der unbedingt verbindliche Grundbescheid gegeben ist über die ethische Bestimmung des menschlichen Lebens und Zusammenlebens.

Damit soll nicht ausgeschlossen werden, daß auch vor Jesus und ohne geschichtlichen Zusammenhang mit ihm Elemente dieses Grundbescheides erkannt werden konnten und können. Gemeint ist aber, daß der in Jesus gegebene Grundbescheid das Kriterium ihrer Geltung ist.

2. Wer von dieser Voraussetzung ausgeht, erkennt damit an, daß in der Person Jesu der Wille begegnet, der menschlichem Dasein seinen Sinn und sein Ziel zuspricht, und daß dieser Wille nicht identisch ist mit menschlicher *Selbst*bestimmung, ihr vielmehr als Gegenüber begegnet, wohl aber den Menschen zu freier *Ein*stimmung aufruft. Das heißt:

Unbedingter Anschluß an Jesus als Grundbescheid ist praktizierte Anerkennung *Gottes* als Gegenüber – Gottes freilich so, wie er sich selbst, seinen Willen und sein Verhalten zu uns in der Person Jesu identifiziert hat.

3. In Jesu Wort und dem von ihm gelebten Menschsein begegnet der Gotteswille als das ganze Lebensverhalten umfassender *Anspruch*. Er be-

ansprucht den Menschen für den Menschen zu einer Hingabebereitschaft, der das Bedürfnis des Mitmenschen ebenso dringlich wird wie das eigene Bedürfnis und die im Konfliktsfall bereit ist, auf das Bestehen auf eigenem Recht zu verzichten. Er beansprucht den Menschen für den Menschen zu einer Solidarität, die durch Feindschaft und Bedrohung sich nicht zu Angst und Haß provozieren läßt, sondern dem Bösen mit Gutem antwortet: „Liebe" im neutestamentlichen Sinn dieses Wortes.

4. Hat dieser Anspruch Recht, so wird an ihm das faktische Versagen des Menschen offenbar:

Es gibt Hilfsbereitschaft und Sorge für andere, aber noch fundamentaler herrscht im Menschen das Besorgtsein um sich selbst, die daraus erwachsende Gleichgültigkeit gegenüber dem Bedürfnis anderer und die Bereitschaft, auf Bedrohung mit Angst und Haß zu reagieren: „Sünde" in ihrer individuellen und die Gesellschaft durchherrschenden Gestalt. Ihre Wurzel ist, daß der Mensch als ein solcher lebt, der *für* sich selbst sorgen muß, weil er sich *auf* sich selbst gestellt und in keinem umgreifend beistehenden Du geborgen sieht: „Unglaube" im Sinn des Neuen Testaments. Solcher Unglaube kann durchaus als existenzielle Haltung mit einem theoretisch „gewußten" Gottesverständnis sich verbinden; er kann sich freilich ebenso einen konsequent atheistischen Ausdruck geben.

5. Der in Jesus begegnende Anspruch wird in seinem Auftreffen auf diesen Menschen zum Gericht: „Gesetz" im paulinischen Sinn. D. h. er spricht gegen diesen Menschen und stellt fest, daß er sein faktisches Leben im Widerspruch zu der Bestimmung seines Menschseins lebt und damit sich selbst und seinen Mitmenschen zum Unheil lebt und auf größeres Unheil zulebt. Dieses Gericht kann, wo der von Jesus ausgehende Anspruch gehört und angenommen wird, als eine das Gewissen treffende Anklage erfahren werden (Luther: lex iudicans et damnans). Es kann auch überhört werden, indem der von Jesus ausgehende Anspruch herabgestimmt interpretiert oder als Überforderung abgelehnt wird. Aber auch dann steht es kraft des von unserer Selbstbestimmung unabhängigen Willens, von dem der Anspruch ausgeht, gegen uns an. So oder so macht es sich auch im persönlichen und gesellschaftlichen Verfall des gegen die Liebe und aus vertrauensloser Selbstbesorgung gelebten Lebens anonym bemerkbar.

6. In der Lebenshingabe Jesu für die dem Gericht Verfallenen, durch seine Auferweckung bekräftigt als Gottes eigene, in die Gemeinschaft des Lebens mit ihm befreiende Hingabe an die Menschen, begegnet derselbe Gotteswille als bedingungslose, das ganze Leben tragende *Zusage*. Er fordert und ermächtigt zu dem Vertrauen, daß wir durch ihn unbedingt geliebt und getragen werden. Diese Zusage gilt auch und gerade dem, der sich dem Anspruch gegenüber als Versagender erkennen muß. Sie gilt nicht unter der Bedingung, daß wir uns zuvor durch Erfüllung des Anspruchs qualifiziert haben, sondern sie gilt bedingungslos und zuvorkommend. Als

die Unqualifizierten sollen wir dennoch Bejahte und Angenommene sein; und dies nicht nur da, wo Menschen uns nicht mehr lieben und Verhältnisse uns nicht mehr tragen, sondern auch da, wo wir uns selbst nicht mehr bejahen und ertragen können und auch durch den Tod hindurch, in dem wir unsere weltliche Existenz, um die wir besorgt sind, verlieren werden. So wird die Zusage zum „Evangelium", zur Freuden- und Befreiungskunde. Denn so werden wir aus der Gefangenschaft der Selbstsorge und Selbstbesorgung, die die Wurzel des Versagens in der Liebe ist, radikal abgerufen. Diesem Ruf folgen heißt „Glauben" im Sinn des Neuen Testaments.

7. Wollte man den *Anspruch*, der in Jesus begegnet, als einen Anspruch verstehen, den der Mensch an sich selbst stellt (und damit Jesus selbst – „nach dem Tode Gottes" – als den Vorläufer des sich selbst ins Rechte bringenden Menschen), so muß im Zusammenhang der *Zusage* unabdingbar von Gott geredet werden; und Jesus als der Träger der Zusage (dann aber auch des Anspruchs) muß als Träger des Seins Gottes mit dem Menschen angesprochen werden. Denn eine Zusage, die auch dann trägt, wenn Menschen und Verhältnisse uns nicht mehr zu tragen vermögen, auch durch den Tod hindurch, und auch da, wo wir über uns und unsere eigene ethische Verwirklichungskraft nur noch verzweifeln können – eine solche Zusage ist Illusion; oder aber sie bedeutet, daß wir den Menschen, den Verhältnissen und uns selbst nicht überlassen bleiben. Sie ermächtigt, uns zu verlassen auf die Gegenwart des Willens einer Liebe, die über alles Innerweltliche hinausgreift, das uns helfen, sich uns versagen oder uns vernichten kann. „Gott" bedeutet den Liebenden dieser Liebe (denn Liebe kennen wir nur als Personverhalten und ihren Ursprung können wir nur personhaft ansprechen), den Zusagenden der das ganze Leben tragenden Zusage wie den Fordernden in dem das ganze Leben umfassenden Anspruch. Denn dieser kann von der Zusage nicht abstrahiert werden, weil das Versagen ihm gegenüber gerade in einem Leben abseits der Zusage begründet ist.

Wenn von Gott nicht mehr geredet wird, dann kann nicht mehr von Evangelium, sondern nur noch von einem (dann allerdings durch den Menschen sich selbst auferlegten) Gesetz geredet werden. Es kann nicht mehr geredet werden von dem, was uns unbedingt trägt, sondern nur noch von dem, was wir sollen.

8. Der Anspruch bleibt so lange Gericht, das uns bei unserer eigenen Unfreiheit, ihm gerecht zu werden, behaftet, als er gehört wird ohne das Vertrauen in die Zusage. Auf dem Grund der geglaubten Zusage verwandelt sich auch der Anspruch in Zusage, nämlich in die Zusage einer neuen Möglichkeit des Menschseins aus der Macht Gottes. Denn in dem Maß, in dem wir uns durch die Zusage die Selbstsorge abnehmen lassen, kann der Weg der Hingabe frei werden. Als den bedingungslos und unverdient

Geliebten wird uns die Möglichkeit eröffnet, zu lieben und Solidarität zu bewahren auch da, wo wir als die sich selbst und der Sorge um sich selbst Überlassenen durch Bedrohung und Feindschaft nur zu Angst und Haß provoziert sein können.

9. Weil solche Hingabe und Solidarität möglich wird aus der Zuwendung des Willens jener Liebe, in der wir laut der Zusage zuvorkommend Geliebte und Getragene sind, darum ist diese neue Möglichkeit des Menschseins eine Möglichkeit aus der Macht Gottes; sie ist kein Gesetz, das Ansprüche an das stellt, was wir aus uns selbst produzieren können. In der Sprache des Neuen Testaments: Sie ist Leben „im Geist" und nicht mehr „unter dem Gesetz".

Dennoch bleibt die Zusage der neuen Möglichkeit zugleich „Gebot", d.h. ein Aufgebot, durch das wir in ein Tun gerufen werden. Denn die Liebe Gottes bewegt uns nicht über unsern Willen und Kopf hinweg, sondern sie ruft uns an, uns im Vertrauen auf sie einzulassen und einzusetzen für das, was sie unter Menschen durch Menschen voranbringen will.

10. Was sie voranbringen will, sind Zeichen der Hoffnung auf die in der Zusage mitgesetzte Verheißung der Zukunft, in der Gott das Böse völlig überwinden und in der eine in seiner Macht zur Bruderschaft geeinte Menschheit das Reich seiner Liebe sein wird: „Reich Gottes". Das Gebot beruft uns dazu, mit unserm Tun, Hoffen und Erleiden in der Welt auf diese Zukunft zuzuleben und beläßt ihre Verwirklichung doch völlig in der Macht Gottes, ohne die kein einziger Schritt der Überwindung des Bösen mit Gutem in dieser Welt geschehen kann – so gewiß wir es sind, die durch das Gebot zu solchen Schritten aufgeboten werden. Dies unterscheidet die Aktivität des Glaubens auf Zukunft hin von einem utopischen Ideal, dessen Verwirklichung der sich selbst überlassene Mensch aus seiner eigenen Macht erwartet, und ermöglicht dieser Aktivität die von Fanatismus und Gewaltsamkeit freie Geduld, die sich durch Widerstand nicht ermüden und verbittern läßt.

II. Das *Gebot und* die *Gebote*

11. Nach dem in Jesus gegebenen Grundbescheid leben heißt: Sich durch das eine Gebot bestimmen lassen, das unveränderlich und unter allen Umständen bindet: als die bedingungslos und unverdient Geliebten in diese Welt hinein Liebe weiterzugeben. Wenn Jesus dieses eine Gebot in der Form des „*Doppelgebotes* der Liebe" ausspricht, so meint „Gott lieben aus ganzem Herzen" nichts anderes als die Ganzheit des Vertrauens in die Gotteszusage, die von Selbstbesorgung entlastet und zu Hingabe befreit. Damit ist gesagt, daß in der Orientierung an Jesus die Verwirklichung von „Nächstenliebe" nicht getrennt werden kann von der Zuwendung des Gottes, der die Versagenden und Untragbaren zu tragen ver-

spricht. Zugleich wird damit begründet, daß die „Nächstenliebe", zu der wir durch Jesus aufgeboten werden, mehr bedeutet als humane Rücksichtnahme innerhalb der Grenzen des Tragbaren. Durch die Zuwendung, in der wir selbst getragen werden, werden wir gerufen, die Grenzen menschlich berechtigter Selbstbehauptung und Abwehrreaktion zu überschreiten und wirklich auch da mit Gutem zu antworten, wo Böses begegnet.

12. Neben dem einen Gebot begegnen aus der Heiligen Schrift auch *die* Gebote Gottes, d.h. eine Mehrheit konkret und verbindlich ausgesprochener Weisungen. Sie begegnen in der Gestalt des Dekalogs, und dann wieder in den Parainesen des Neuen Testaments, die das, wozu die Glaubenden aus der Macht der Zuwendung Gottes aufgeboten werden, in einer Fülle konkreter Weisungen aussprechen. Dabei werden diese Parainesen und der Dekalog als Entfaltung des einen Gebotes verstanden, in dem aller Gotteswille zusammengefaßt ist (Röm 13, 8 ff.), wie schon Jesus selbst von diesem einen Gebot sagt, daß in ihm „das ganze Gesetz und die Propheten hängen" (Mt 22, 40).

13. Das eine Gebot macht die vielen Gebote nicht unverbindlich. Sie haben aber ihm gegenüber keine selbständige Verbindlichkeit. Im Sinne des in Jesus gegebenen Grundbescheides verstanden, können sie nicht Ausdruck einer Reihe heiliger Pflichten sein, die jede für sich *neben* dem Gebot der Liebe bestünden, sondern vielmehr konkrete Anwendungen und Entfaltungen dieses einen Gebotes selbst. Sind sie verbindlich, so sind sie es um der Verbindlichkeit des Einen willen. Jedes einzelne Gebot kann nur das gebieten, was die von Jesus her verstandene Liebe selbst in dieser Frage oder Lage gebietet. In viele Gebote kann und muß sich das, was die Liebe gebietet, besondern, weil die Fragen und Situationen, zu bzw. in denen wir uns zu verhalten haben, vielfältig sind.

14. Indem wir in der neutestamentlichen Parainese um des Einen willen an konkrete Weisungen gebunden werden, wird uns zugleich zugemutet, als die „im Geist" und nicht „unter dem Buchstaben" Lebenden selbst zu ermessen, wozu uns der Wille Gottes jeweils in Anspruch nimmt (Röm 12, 2; Eph 5, 10 u. 17). Wie verhält sich die Verbindlichkeit der Weisungen zu der Freiheit des Ermessens „im Geist"?

Die Freiheit dieses Ermessens ist frei *zur* Liebe, nicht frei *von* der Liebe. Wir sind den Geboten gegenüber in die Freiheit des Ermessens gerufen, nicht sofern wir sie willkürlich auch mißachten können, sondern sofern wir sie in einem durch die Orientierung an Jesus geprägten Gewissen als *um des einen Gebotes willen* verbindlich erkennen und verstehen können, und nicht abgesehen davon. Die Gebote wollen als Hilfe zum Wahrnehmen dessen verstanden sein, was um der Liebe willen konkret zu tun und zu lassen ist. Sie wollen nicht statutarisch befolgt sein, weil es so geschrieben steht, sondern in der Einsicht, die von der Selbstzusage Gottes in Christus bewegt und getragen wird. Solche Einsicht ermißt, indem sie an das Eine unbedingt gebunden ist, alles andere, woran sie sich binden läßt, nach dem Maßstab dieses Einen. Darin besteht die Gebundenheit und zugleich die Mündigkeit des Christen: unbedingt gebunden an den in Jesus gegebenen Anspruch und unbedingt getragen durch die ihn begründende Zusage, soll und kann er ermessen, was in den konkreten Situationen des Lebens dieser Zusage und Bindung entspricht und in ihrem Sinne zu tun ist, und *warum* also bestimmte Gebote ihm verbindlich werden.

15. So darf man zusammenfassen: Das *eine* Gebot bleibt unter allen Umständen in Geltung. Die *vielen* Gebote gelten nicht aus einer ihnen eigenen zusätzlichen Autorität, sondern um des Einen willen und relativ auf das Eine. Sie gelten deswegen, wo und wem sie gelten, nicht weniger unbedingt, weil es ja die Liebe ist, die durch sie hindurch in konkreten Fragen und Situationen verwirklicht werden will.

Es ist aber nun die Frage zu stellen: Wird das in den vielen Geboten Gebotene inhaltlich ebenso mit sich identisch bleiben, wie das Eine, um dessentwillen es geboten wird, mit sich identisch bleibt? Dies scheint gleichbedeutend zu sein mit der Frage, ob die konkreten persönlichen und gesellschaftlichen Bedingungen, auf die die Gebote sich beziehen, inhaltlich mit sich identisch bleiben werden.

16. Diese Frage ist zunächst weitgehend zu verneinen. Persönliche Situationen ändern sich im einzelnen Menschenleben und sind oft verschieden von Mensch zu Mensch. Die gesellschaftlichen, eine Vielheit von Menschen umfassend bestimmenden Bedingungen wandeln sich in der Geschichte. Dieser Wandel kann über lange Zeitstrecken hinweg sehr langsam vor sich gehen, in andern Zeiten aber in rapiden Umbrüchen. Es kann also im Bereich der vielen Gebote geschehen, daß solches, was einmal geboten war (und was im Gewissen der Christen, die damals und dort lebten, wirklich als um des einen Gebotes willen gefordert erkannt werden konnte), in einer späteren und ganz anderen Lage nicht mehr geboten ist, weil es in dieser Lage nicht mehr die Bewährung von Liebe bedeuten könnte, die immer geboten bleibt. Das kann nicht nur für Gebote kirchlicher Sitte, sondern auch für biblische Gebote gelten, sofern sie in ihrer inhaltlich konkreten Formulierung auf Verhältnisse der durch sie Angeredeten bezogen waren, die nicht mehr die unsrigen sind. „Mündigkeit" des Ermessens würde dann bedeuten zu erwägen, wie nach dem Maßstab des Einen, das unbedingt verbindlich bleibt, die Intention, die hinter dem einst Gebotenen stand, in bezug auf die veränderte Situation inhaltlich anders zu erfüllen wäre. Analoges gilt selbstverständlich auch von individuellen Gewissensentscheidungen, die ein anderer Mensch in anderer Lage nicht einfach imitieren kann.

17. Damit soll jedoch nicht gesagt sein, daß *alle* einzelnen Gebote, die in der Bibel begegnen, in ihrem konkreten Gehalt von nur relativer, zeitbezogener oder auf die je individuelle Situation bezogener Bedeutung sind.

Es soll also nicht gesagt sein, daß die konkrete Entfaltung des Einen in das Viele auf der ganzen Linie immer wieder veraltet und in jeder neuen Situation durch eine neue konkrete Entfaltung in ein inhaltlich durchweg anderes Vieles ersetzbar wird.

M. a. W. wir bestreiten ein Verständnis des Liebesgebotes, das sich von jeglicher Bindung der Liebe an bestimmte Inhalte freimacht und Liebe lediglich als die Identität einer Motivation versteht, die zwar stets zur Verwirklichung eines jeweiligen, aber in verschiedenen Situationen schlechthin veränderlichen Inhalts treibt. Wir behaupten demgegenüber, daß es Inhalte des Verhaltens gibt, die mit der Liebe stets zusammengehören.

18. Liebe im Sinn Jesu ist nicht nur die im Innerlichen bleibende Motivation freundlicher Gesinnung, sondern Tun der Hilfe am Menschen. Wäre aber das, wessen der Mensch vom Menschen an Hilfe bedarf, schlechthin und auf der ganzen Linie nach Individuum, Zeit und Umständen veränderlich, so käme das einer Auflösung der Identität des Menschseins gleich: der Mensch wäre das schlechthin unbestimmbare Wesen.

Das wäre aber eine Behauptung, die *theologisch* nicht zu verantworten ist: Ist in Jesus der Wille Gottes für das Recht-werden und die Zukunft unseres Lebens für alle Zeit und alle Menschen gültig kundgeworden, so kann für den, der dies glaubt, der Mensch nicht das schlechthin unbestimmbare Wesen sein. Ist er aber nicht das schlechthin unbestimmbare Wesen, dann wird es auch konkretes Verhalten geben, das zur *rechten* Menschlichkeit des Umgangs von Menschen mit Menschen *immer* gehören wird. Maßstab dafür ist uns der in Jesus gegebene Grundbescheid. Im übrigen scheint die Behauptung, die Hilfe, deren der Mensch vom Menschen bedarf, sei – alle relative Verschiedenheit dessen, was dem oder jenem in bestimmten Bezügen hilfreich werden mag, zugestanden – schlechthin und in allen Lebensbezügen bis zur Gegensätzlichkeit variabel, auch eine unvernünftige und wirklichkeitsfremde Behauptung zu sein.

19. Es wird also in der Mannigfaltigkeit der Gebote durchaus auch solche Inhalte geben, die nie veralten, weil sich in ihnen ausspricht, was der Mensch dem Menschen um der von Jesus her verstandenen Liebe willen unter *allen* Umständen gewähren sollte; oder weil in ihnen verwehrt wird, was der Mensch dem Menschen unter *keinen* denkbaren Umständen aus jener Liebe antun kann, womit er ihn vielmehr unter allen Umständen beschädigen und mißachten wird.

Es wird sich solches um der Liebe willen in seinem konkreten Inhalt verbindlich Bleibende vor allem auf *elementare* Fragen des persönlichen und gesellschaftlichen mitmenschlichen Verhaltens beziehen. Das relativ zur geschichtlichen Situation Veränderliche und verantwortlich Abzuwandelnde wird vor allem im Bereich der *institutionellen* gesellschaftlichen Ordnungen zu suchen sein. Doch soll diese Abgrenzung nicht absolut gesetzt werden.

III. Pluralismus und Verbindlichkeit ethischer Normen, insbesondere im Bereich der Sozialinstitutionen

20. Ein Wertungspluralismus, der die allgemeine Verbindlichkeit ethischer Normen überhaupt in Frage zu stellen scheint, begegnet heute unter zwei verschiedenen Aspekten.

Es handelt sich einmal um die Ungleichartigkeit der Lebensbedingungen und Denkvoraussetzungen, damit auch der Wertmaßstäbe der gleichzeitig Lebenden. Dies betrifft zunächst Unterschiede der persönlichen Situation und Einstellung von Individuen; sodann aber auch Unterschiede der verschiedenen Gruppen gemeinsamen Einstellungen, begründet in der Verschiedenheit etwa der Traditionen, von denen sie herkommen, oder auch der beruflichen und überhaupt gesellschaftlichen Situationen, in denen sie leben. Was den einen ethisch verbindlich ist, wird nicht ohne weiteres auch von allen als verbindlich empfunden.

Es handelt sich sodann um den geschichtlichen Wandel der Lebensbedingungen, der Denkvoraussetzungen und damit auch der Wertmaßstäbe in zeitlich aufeinander folgenden Epochen. Dies betrifft die Einzelne wie Gruppen jeweils umgreifenden Unterschiede der geistigen und gesellschaftlichen Strukturen einer ganzen Zeit von denen früherer Zeiten. Was früher ethisch verbindlich war, wird nicht ohne weiteres auch heute noch als verbindlich empfunden.

21. Obwohl wir den Menschen nicht als das schlechthin veränderliche Wesen verstehen können, ist *innerhalb* eines Rahmens von gleichbleibend Menschlichem dieser geschichtliche Wandel nicht zu übersehen. Er vollzieht sich offenbar nicht in einer durch den chronologischen Zeitablauf hindurch gleichmäßig fließenden Fortbewegung, so daß alle Maßstäbe in einer beständig gleitenden Veränderung begriffen wären. Er wird niemals ganz stille stehen; aber es hat in der Vergangenheit lange Zeiträume gegeben, in denen er sich so langsam vollzog, daß einmal entwickelte Traditionen und Normen in relativer Stabilität den Verhältnissen angemessen blieben und als zeitlos gültige Ordnungen empfunden werden konnten. Zu anderen Zeiten kann diese Bewegung den Charakter eines mehr oder weniger stürmischen Umbruchs annehmen. Das war schon in der Vergangenheit geschehen, und zwar in verschiedenen Kulturbereichen zu verschiedenen Zeiten. Unser eigener geschichtlicher „Ort" muß zweifellos als eine Periode stark beschleunigten geschichtlichen Wandels gesehen werden, der mit der europäischen Aufklärung begann und inzwischen globale Ausmaße angenommen hat. Zum Unterschied der durch diesen Wandel heraufgeführten Situation gegenüber früheren Epochen gehört auch, daß der Pluralismus in den Einstellungen der heute gleichzeitig Lebenden sich verstärkt hat: das Wert- und Normbewußtsein ist nicht nur anders, als es früher war; es ist auch weit weniger einheitlich, als es früher war.

22. Es ist unerläßlich, daß die Theologie den geschichtlichen Wandel als ein der geschöpflichen Wirklichkeit des Menschen zugehörendes Element akzeptiert. Die relative Stabilität einmal entwickelter Traditionen und Normen, die wir rückblickend durch lange Zeiträume sich durchhalten sehen, darf nicht dazu verführen, solche Stabilität in allem für den Ausdruck eines absoluten und zeitlos „richtigen" Ordnungsgefüges zu halten und in dem geschichtlichen Wandel, den wir erleben, lediglich ein neuzeitliches Verfallsphänomen zu sehen, aus dem man zu einer früheren „Normallage" zurückkehren und zurückrufen müsse.

23. Es ist andererseits wichtig, die Akzeptierung des geschichtlichen Wandels nicht in die Ideologie eines absoluten Normenrelativismus zu überführen, der nur noch ein Fließen aller Wertungen kennen will und die Frage nach verbindlichen Maßstäben prinzipiell abschneidet. Schon einer gesellschaftlichen Analyse kann deutlich werden, daß diese Vorstellung einer permanenten Umsetzung einmal nicht der geschichtlichen Wirklichkeit entspricht, zu der die Perioden relativer Stabilisierung ebenso gehören wie die Perioden beschleunigter Veränderungen und Umbrüche; und daß ferner das Ideal der permanenten Umsetzung auch nicht den Bedürfnissen des menschlichen Zusammenlebens entspricht. Denn dieses bedarf immer wieder der relativen Stabilisierung von anerkannten Verbindlichkeiten ebenso wie der Beweglichkeit in der Anpassung solcher Verbindlichkeiten an veränderte Situationen, wenn es nicht einem chaotischen Kampf aller gegen alle ausgeliefert werden soll. Jeder Umbruch bisher stabiler und einer gewandelten Situation nicht mehr entsprechender Normen des Zusammenlebens kann sinnvollerweise nicht auf seine eigene Verewigung als Umbruch, sondern muß auf die Findung besserer, d.h. der Situation angemessener Normen zielen.

24. Einer tiefer dringenden Analyse der Normfrage müßte darüber hinaus schon ohne speziell theologische Voraussetzungen deutlich werden, daß man auch nur nach einer relativ zu einer gewandelten Situation besseren Norm nicht fragen kann, ohne implizit damit auch die Frage zu stellen, *worum willen* (um welches auch und gerade unter den Bedingungen der neuen Situation durchzuhaltenden Wertes willen) bisherige Ordnungsformen, die einstmals genügen konnten, nicht mehr genügen; und *woraufhin* folglich bisherige Formen in neu zu findende verändert werden sollen. Mit anderen Worten: die Frage nach sinnvoller Abwandlung relativer Verbindlichkeit lebt (sich selbst vielleicht oft unbewußt) von der Frage nach einem unbedingt Verbindlichen, *an dessen Maß* bestehende Normierungen als einer gegebenen Situation nicht mehr angepaßt und zu findende Normierungen als ihr besser entsprechend beurteilt werden können. Würde diese Frage bewußt gestrichen, so würde jede ethische Neuorientierung richtungslos, sie würde der Normativität des Faktischen, und zwar nun des rein Faktischen der geschichtlichen Veränderungen, ausgeliefert.

25. Die *Frage* nach einem unbedingt Geltenden, das allem Verändern Maß gibt, müßte also dem Menschen und der Gesellschaft gerade auch der gegenwärtigen Umbruchzeit präsent sein; sie kann aber verdrängt werden, oder es werden verschiedene Antworten gegeben, die einander widerstreiten können, ohne daß der Streit durch rationale Argumentation zu schlichten ist. Christlicher Glaube impliziert die Überzeugung, daß das eine Gebot des in Jesus zu hörenden „Grundbescheids" *Gottes* Antwort auf diese Frage ist, durch seine Selbstbekundung und als Aufgebot aufgrund seiner Selbstzusage in allen menschlichen Meinungsstreit hineingerufen. Sie ist von der Theologie nicht nur für die persönlich-mitmenschlichen Verhaltensprobleme, sondern auch in Blick auf die Probleme des gesellschaftlichen Lebens zu entfalten.

Dies soll im folgenden auf die Frage nach Relativität und Verbindlichkeit in der Gestaltung der Sozialinstitutionen hin bedacht werden. Ohne auf die spezielle Problematik einzelner Institutionen einzugehen, soll erwogen werden, was den ganzen Bereich dieser Institutionen grundsätzlich und gemeinsam betrifft.

26. Unter Sozialinstitutionen werden hier solche soziale Ordnungs- und Kooperationsgefüge verstanden, in die sich unter den Bedingungen des geschichtlich entwickelten Lebens der Menschheit jeder Mensch in irgendeiner Hinsicht einbezogen findet, weil ohne sie menschliches Leben und Zusammenleben nicht möglich ist. (Die Verhältnisse, in denen der prähistorische Mensch lebte, und ihre eventuellen Relikte in heutigen „Naturvölkern" sind in unserm Zusammenhang irrelevant).

Solche Gefüge sind z.B.: Ehe und Familie, Staat und Rechtsordnung, Organisationsformen von Arbeit und Wirtschaft. Sie sind charakterisiert durch ihre Unvermeidbarkeit (im Unterschied etwa zu Vereinen, in denen man Mitglied sein kann oder auch nicht), durch ihre rechtliche Stabilisierung und durch ihre Bedeutung für die Erfüllung elementarer Lebensbedürfnisse.

27. Letzteres besagt, daß solche Institutionen den Individuen durch übergreifende Regelungen eine Dauergarantie der Erfüllung ihrer elementaren Lebensbedürfnisse gewähren. Solche elementaren Bedürfnisse sind z.B., auf die oben genannten Institutionen bezogen: Regelung der Beziehungen der Geschlechter; Schutz und Versorgung des Kindes in der Periode seiner Unfähigkeit zur Selbsterhaltung; Schutz von Individuen und Gruppen vor gegenseitiger willkürlicher Vergewaltigung („Rechtssicherheit"); Sicherstellung ausreichenden Lebensbedarfs für alle. Diese Aufzählung beansprucht weder Vollständigkeit, noch soll damit eine absolut statische Zuordnung bestimmter Funktionen zu bestimmten Institutionen behauptet werden. Die Möglichkeit, daß diese sich in der Wahrnehmung gewisser Funktionen überschneiden und bis zu einem gewissen Grade auch vertreten können, bleibt vorbehalten.

Die Garantierung der Erfüllung solcher elementaren Lebensbedürfnisse ist nicht die einzige Funktion der Sozialinstitutionen, darüber hinaus können sie im Zuge geschichtlichen Wandels mannigfache Bedeutung für die Entfaltung menschlicher Tätigkeiten und Beziehungen gewinnen. Jene Garantierung bleibt aber eine grundlegende und unverzichtbare Funktion.

28. Die Institutionen zeigen sich heutiger sozialgeschichtlicher und soziologischer Erkenntnis als Gebilde, die in menschlicher (vermutlich weithin unbewußter) Tätigkeit gewachsen sind und durch menschliche (nunmehr ihrer selbst bewußt werdende) Tätigkeit gestaltet und umgestaltet werden. In der Theologie aber wurden sie herkömmlich als Anordnungen („Stiftungen") Gottes verstanden. In welchem Sinne ist dies heute noch möglich, nachdem ihr geschichtlich-menschlicher Ursprung und ihre geschichtliche Entwicklung und Fortbildung in menschlicher Tätigkeit erkennbar wurden?

Es ist jedenfalls nicht möglich, der Erkenntnis des geschichtlich-menschlichen Charakters der Institutionen eine theologische Theorie ihres Ursprungs entgegenzusetzen, die diese Erkenntnis *verneinen* würde. Denn daß sich solche Erkenntnis uns heute erschlossen hat, während sie früheren Geschlechtern noch nicht bewußt war, ist selbst ein Faktor jenes geschichtlichen Wandels, den auch die Theologie als zur Existenz des Menschen gehörend akzeptieren muß. Es ist also nicht möglich, die göttliche Stiftung der Sozialinstitutionen etwa als einen einmaligen Vorgang von Offenbarung am Anfang der Menschheitsgeschichte zu verstehen in *Entgegensetzung* zu solchem, was der Mensch im natürlichen Prozeß seines geschichtlichen Daseins selbst hervorbringt.

29. Wenn es aber möglich bleibt (was kein einsichtiger Theologe in Abrede stellen wird), menschliches Dasein überhaupt als Schöpfung Gottes zu verstehen, obwohl wir um seinen natürlichen Ursprung und seine allmähliche Entwicklung aus tierischen Vorformen wissen, dann ist es in einem analogen Sinn auch möglich, die institutionellen Bindungen, in denen sich dieses Dasein unverzichtbar entfaltet, weil es ihrer bedarf, in dem Schöpferwillen desselben Gottes begründet zu sehen, der dieses Dasein überhaupt will und wirkt. Und auch dies, obwohl wir um den natürlichen Anfang dieser Bindungen und ihre allmähliche Entwicklung durch menschliche Tätigkeit wissen. Wir setzen dabei allerdings voraus, daß das Kriterium dafür, wer Gott der Schöpfer und welches sein Schöpferwille ist, in Jesus Christus als seiner Selbstbekundung gegeben ist, gehen also nicht von einer davon unabhängigen „allgemeinen" Erkenntnis Gottes und göttlicher Ordnungen aus. Von Jesus her darf aber gesagt werden, daß Gott das Leben der Menschen will und mit ihm auch soziale Ordnungen, ohne die dieses Leben nicht bestehen kann.

30. Wenn wir die Entfaltung von Sozialinstitutionen mit dem menschlichen Dasein selbst, zu dem sie gehört, aus dem Schöpferwillen Gottes

annehmen und in diesem Sinne solche Institutionen in der Tat als göttliche „Anordnung" verstehen, so ist damit nicht gesagt, daß eine bestimmte Ordnungsform, *wie* Institutionen konkret verfaßt sind, als solche eine unabänderliche Anordnung Gottes wäre. Sondern es ist zunächst nur gesagt, daß die Tatsache, *daß* menschliches Dasein sich unverzichtbar in der Bildung solcher Institutionen vollzieht (wie immer sie gestaltet und umgestaltet werden müssen), als Anordnung Gottes angenommen wird. Es ist also z. B. nicht ein naturrechtlicher oder ordnungstheologischer Konservatismus hinsichtlich ganz bestimmter Formen gefordert. Ein grundsätzlich anti-institutioneller Anarchismus ist als theologische Möglichkeit allerdings ausgeschlossen. Er ist unseres Erachtens ebensowenig eine vernünftige Möglichkeit.

31. Wie Sozialinstitutionen konkret gestaltet werden, das erweist sich in der Tat als geschichtlich durchaus wandelbar. Ordnungsformen, die in einer bestimmten geschichtlichen Phase und deren Verhältnissen entsprechend entwickelt wurden, können sich in einer späteren Phase als bedrückend, hinderlich, neuen Anforderungen und Bedürfnissen nicht mehr gewachsen erweisen. Sie müssen dann durch menschlichen Einsatz den veränderten Verhältnissen entsprechend umgestaltet werden. Gerade dies ist eine Erkenntnis, die uns heute bei dem rapide gewordenen Tempo des geschichtlichen Wandels unausweichlich zugemutet ist.

Die Theologie aber hat weithin nicht nur das Daß unseres Lebens in Institutionen als Anordnung Gottes verstanden, sondern auch dafür, was grundlegend zu deren Gestaltung gehört, unabänderliche göttliche Normen geltend gemacht. Ist das noch möglich, nachdem die geschichtliche Relativität der institutionellen Gestaltung und die dem Menschen aufgegebene Möglichkeit ihrer Umgestaltung erkannt wurden?

32. Dazu kann zunächst gesagt werden: Wenn wir erkennen, daß menschliches Dasein in irgendwie zu formenden Institutionen uns aus Gottes Willen gegeben ist, sollten wir es als den Willen desselben Gottes erkennen und annehmen können, daß uns die konkrete Gestaltung dieser Institutionen nicht in starrer Festlegung vorgeschrieben, sondern zu verantwortlicher Abwandlung aufgegeben wird. Gerade auch dies ist, indem es sich als geschichtliche Notwendigkeit erweist, im Glauben zugleich als Auftrag Gottes zu verstehen.

33. Verantwortliche Abwandlung heißt allerdings nicht: Beliebige, unverbindliche und willkürliche Abwandlung. Wir können theologisch für die Ethik der Sozialinstitutionen kaum mehr ein stabiles Gerüst naturrechtlicher Ordnungsformen vertreten, die iure divino unabänderlich festgelegt wären. Wir haben aber auch nicht einen völligen Relativismus zu vertreten, der auf das Geltendmachen eines unbedingt gültigen Gotteswillen für das Leben in den Sozialinstitutionen überhaupt verzichten würde. Wir meinen vielmehr, daß man von den in I und II klargelegten theologischen

Voraussetzungen her und das heißt: von der in Jesus geschehenen Bekundung des Gotteswillens her, zwei (miteinander zusammenhängende) Maximen aussprechen kann, die für jegliche geschichtliche Situation und jegliche durch sie geforderte Abwandlung institutioneller Formen richtungweisende Kraft behalten. Wir bezeichnen sie als obere und untere Maxime.

34. Die obere Maxime: Unbedingt geboten bleibt für den, der von dem in Jesus gegebenen „Grundbescheid" her denkt, auch für eine verantwortliche Abwandlung institutioneller Formen solche Veränderungen zu erstreben und zu befördern, die in einer gewandelten Situation dem einen Gebot, das unter allen Umständen verbindlich bleibt, besser zu entsprechen vermögen als bisherige institutionelle Verhältnisse. Ist das doppelte Gebot des Glaubens, der sich auf die Zusage und Zuwendung Gottes läßt, und der Liebe, die unter Menschen solche Zuwendung weitergibt, jenes Eine, von dem alles, was für uns verbindlich werden kann, seine Verbindlichkeit hat, so gilt auch für die spezielle Frage, wie wir Institutionen gestalten und in ihnen leben sollen: so, wie unter gegebenen geschichtlichen Umständen der Glaube und die Liebe wirksam bewährt werden kann.

35. Glaube und Liebe selbst können durch menschliche Institutionen (z.B. durch die Rechtsordnung) weder geboten noch erzeugt werden. Wohl aber können Institutionen dem Hören des Anrufs Gottes und dem Leben in Glauben und Liebe durch das, was sie zementieren wie durch das, was sie ungehindert geschehen lassen, massiv im Wege stehen. Sie können dem Geschehen von Liebe u.U. auch gerade dadurch im Wege stehen, daß sie, einst und in einer vergangenen Lage hilfreich, einer gewandelten Situation gegenüber zum drückenden Joch werden und „lieblose" Verhältnisse institutionalisieren. Christlich ist also unbedingt zu vertreten, daß Institutionen dahingehend gestaltet bzw. umgestaltet werden sollen, daß sie der Verkündigung des Gotteswortes Raum lassen und dem Zusammenleben von Menschen in Glauben und Liebe unter gegebenen Umständen die bessere Verwirklichungsmöglichkeit offenhalten und ihm nicht vielmehr institutionelle Hindernisse bereiten.

36. Gegen diese Maxime könnte eingewandt werden, daß „Liebe" eine zu unkonkrete und vieldeutige Angabe ist, um Entscheidungen in der Gestaltung institutioneller Ordnungen zu ermöglichen; oder andererseits: daß sie, wenn christlich und von Jesus her verstanden, eine so unmittelbar mit dem Glauben verbundene Weisung bedeutet, daß solche Maxime wohl das persönliche Verhalten von Christen steuern, nicht aber als Leitlinie für institutionelle Ordnungen einer als solche nicht mehr „christlichen" Gesellschaft dienen kann.

Dazu folgende Überlegung: Das Aufgebot zur Liebe ist, christlich verstanden, in der bejahenden Annahme durch Gott begründet, die vorbehaltlos jedem Menschen gilt und ihm seine unantastbare Würde und Bedeutung gibt. Gerade aus diesem Grund werden wir zu der Bereitschaft aufgeboten, anstelle der Selbstsorge uns das Bedürfnis des „Nächsten" so angehen zu lassen wie das eigene. Liebe wird dann bestimmt als die Einheit von *Bewahrung* des Nächsten in der unantastbaren Identität seiner „Gottständigkeit" und bruderschaftlicher *Verbundenheit* des Menschen mit dem Menschen. Zur Konkretisierung auf der Ebene der Institutionen kann dann mindestens soviel gesagt werden: Institutionelle Ordnungen werden dann der Liebe nicht widersprechen, wenn sie auf ihrer Ebene und unter jeweils gegebenen Umständen die optimale Vereinigung von *Achtung* des Menschen *vor* dem Menschen und *Indienstnahme* des Menschen *für* den Menschen erstreben.

Vom Glauben her können wir als mitverantwortliche Glieder der Gesellschaft allerdings keine andere als diese für uns im Glauben begründete Richtlinie in das Bemühen um institutionelle Ordnungen mit einbringen und müssen es darauf ankommen lassen, wieweit wir darüber auch mit anderen verantwortlichen Gliedern der Gesellschaft zu Verständigung und Kooperation gelangen können.

37. Die untere Maxime: Institutionen, wie immer umzugestalten, müssen auch in einer neuen Formung in der Lage bleiben, bzw. besser in der Lage sein, die Grundfunktion der Garantierung derjenigen elementaren Lebensbedürfnisse zu erfüllen, auf die sie jeweils bezogen sind. Ein Ehe- und Familienrecht, das Schutz und Versorgung des Kindes, eine staatliche Ordnung, die Rechtssicherheit, ein Wirtschaftssystem, das ausreichende Ernährungsmöglichkeiten für alle aus Gründen ihrer Struktur nicht mehr gewährleisten können, sind in jedem Fall schlecht strukturiert und reformbedürftig. Das ist ein Kriterium, über das man sich wohl mit jedermann auch ohne speziell christliche Voraussetzungen müßte verständigen können. Aber auch diese untere Maxime hat Bezug zu dem einen Gebot der Liebe. Denn wenngleich das, was Liebe will und tut, über die Garantie elementarer Lebensbedürfnisse weit hinausgeht, so ist diese doch ein Minimum, das zu verweigern in keinem Fall Sache der Liebe sein kann. Wir dürfen also in der Forderung der unteren Maxime etwas von dem sehen, was um der Liebe willen und den geschichtlichen Wandel durchfahrend immer mitgeboten bleiben wird (vgl. These 19) –, und zwar hier nun speziell für den Bereich der Sozialinstitutionen.

38. Was an konkreten Gestaltungsfragen über diese beiden Grundforderungen hinaus, aber in ihrem Rahmen und Sinn zu entscheiden ist, das wird weitgehend von der jeweiligen geschichtlichen Situation abhängig sein und kann nur in Bezugnahme auf solche Situation theologisch konkret diskutiert werden. Ihre Situationsabhängigkeit wird solche konkreten Normenentscheidungen keineswegs unverbindlich machen; aber ihre Verbindlichkeit haben sie nicht aus dem angeblich absoluten Normcharakter eines Nebeneinanders zeitlos gültiger Gesetze, sondern aus der unbedingten Verbindlichkeit des einen Gebotes und relativ zu der Lage, in der im Sinne

dieses Gebotes zu handeln ist. Das muß nicht bedeuten, daß alle Elemente konkreter Gestaltung je nach Lage veränderlich werden. Es könnte auch im Bereich der Sozialinstitutionen solches geben, was nach dem Maßstab des einen Gebotes unter keinen Umständen preisgegeben werden darf, weil seine Preisgabe in jeder denkbaren Lage dem entgegenstünde, was in diesen Institutionen nach diesem Maßstab geschehen soll bzw. nicht geschehen darf. Mit der Angabe der unteren Maxime hatten wir ein (vergleichsweise triviales) Beispiel für solches nach Maßgabe des einen Gebotes durchgehend mit-gebotenes Bleibende gefunden; wir halten es für möglich, daß in Erwägung der speziellen Struktur einzelner Institutionen und je für sie Weiteres hinzuzufügen wäre. Aber der Bereich dessen, was Theologie um des einen Gebotes willen (und also nicht mehr um eines Nebeneinanders naturrechtlicher Prinzipien willen) in der Struktur der Institutionen für bleibend unverzichtbar halten kann, wird enger sein, der Bereich dessen, was sie verantwortlicher Abwandlung freigeben darf und soll, wird weiter sein, als das in unserer bisherigen theologischen Tradition gesehen wurde.

II. KONKRETIONEN

Die Frage der Transzendenz Gottes [1]

„Transzendenz" ist ein philosophischer Fachausdruck. Im Reden der Bibel von Gott findet er sich nicht, und es wäre nicht geraten, ihn in einer Predigt zu gebrauchen. In der Theologie aber hat man ihn lange Zeit ohne Bedenken verwendet. Man verband damit den Sinn: Wirklichkeit, die dem Zugriff unserer Erkenntnisorgane entzogen, die also „jenseits" aller feststellbaren und beschreibbaren Weltwirklichkeit, aber dennoch und in schlechthin überlegener Weise wirklich ist. Es sollte damit etwa dasselbe gesagt werden, was die Bibel in ihrer Sprache sagt: „Gott wohnt in einem Licht, da niemand zukommen kann" (1. Tim 6,16), „seine Größe ist unausforschlich" (Ps 145,3).

Heute ist es in der Theologie umstritten, ob von Gott als einer transzendenten Wirklichkeit noch geredet werden kann. Wir wollen uns die Gründe dieser Anfrage verdeutlichen und uns damit auseinandersetzen. Zuvor aber wollen wir ein naives Mißverständnis des mit der Transzendenz Gottes Gemeinten ausschalten, das bei Kritikern des christlichen Glaubens wie bei manchen Gläubigen selbst möglicherweise immer noch bestehen könnte.

Grob gezeichnet sieht dieses Mißverständnis folgendermaßen aus: Gott ist an einem *Ort* jenseits bzw. oberhalb der sichtbaren Welt, in der wir unser irdisches Dasein führen. Dieser Ort ist der Himmel. Von dort her regiert Gott das Geschehen auf der Erde. „Transzendent", d. h. dem Zugriff unserer feststellenden Erkenntnis entzogen ist er deshalb, weil wir vorläufig an diesen Ort nicht hingelangen können.

Das Naive und das Mißverständnis liegt eben darin, daß die Transzendenz Gottes in seinem Sein an einem andern Ort gesehen wird, zu dem wir jetzt keinen direkten Zugang haben. Soweit Kritik am christlichen Gottesglauben sich gegen *diese* Art von Transzendenzvorstellung richtet, hat sie natürlich recht, geht aber an dem, was eigentlich gemeint ist, vorbei. Niemand wird die Feststellung des russischen Weltraumfahrers, er habe auf seiner kosmischen Reise von einem Gott nicht die geringste Spur entdecken können, für einen ernsthaften Einwand gegen den Glauben an Gott halten – selbst dann nicht, wenn jener dabei nicht nur bis in die Stratosphäre, sondern bis hinter den fernsten Fixstern gelangt wäre. Das hat schon Luther gewußt, daß der „Himmel" kein Ort ist, wo Gott auf einem goldenen Thron sitzt – sozusagen physisch greifbar, wenn wir nur hin-

---

[1] Als Vortrag in der Evangelischen Akademie Tutzing gehalten Sept. 1964.

kommen könnten. Das hat auch Thomas von Aquino schon gewußt. Ja, das hat auch die Bibel schon gewußt: „Die Himmel und aller Himmel Himmel können dich nicht fassen" (1. Kön 8, 27), auch wenn sie in Anschauungsformen redet, die dieses räumliche Verständnis der Transzendenz Gottes nahelegen können.

Die eigentliche Meinung der Rede von der Transzendenz Gottes ist und war im Grunde schon immer die, daß Gott unserm Feststellen, Vorstellen und Begreifen nicht deshalb „jenseitig" ist, weil er anders*wo* wäre, sondern deshalb, weil er anders*wie* ist; besser vielleicht noch: weil er der schlechthin *Überlegene* ist. Gott ist Gott der Schöpfer und nicht eine endliche, in Raum und Zeit gebundene Kreatur. Glauben wir an Gott, so glauben wir an den, der diese ganze Wirklichkeit unseres in den Maßen von Raum und Zeit erfahrbaren Daseins und eben damit auch das, was wir „Raum" und „Zeit" nennen, gründet, hält, regiert. Wie wollte er selbst dann in irgendeinen Raum hinein gebunden sein? Der „Himmel", von dem aus Gott die Welt regiert, ist nicht ein jenseitiger Ort, sondern das, was jenseits aller Orte und jenseits von Örtlichkeit überhaupt ist: die schlechthin in keiner Kategorie adäquat vorstellbare Seinsweise seiner alles durchdringenden Gegenwart. Damit ist zugleich gesagt, daß Gott nicht in dem Sinn „jenseits" aller Orte ist, daß er *außerhalb* der Weltwirklichkeit wäre und innerhalb ihrer etwa folglich nicht. Denn das hieße noch einmal, Gott selbst der Ortsgebundenheit unterwerfen. Die recht verstandene Transzendenz Gottes gegenüber dem geschaffenen Seienden will sagen, daß Gott, weil aller Eingrenzung, in die das Kreatürliche verhaftet ist, überlegen, an *jedem* Ort, Zeitpunkt und Wirklichkeitsmoment unmittelbar gegenwärtig, und doch weder mit etwas Einzelnem [1a] noch mit dem Ganzen der in Ort und Zeit gegenwärtigen Weltwirklichkeit identisch, sondern als der *Herr* dieser Wirklichkeit gegenwärtig ist.

Man kann sagen, daß dies schon immer die eigentliche Meinung des christlichen Glaubens war und daß ein Bewußtsein dessen untergründig auch immer lebendig war – in der Auseinandersetzung Luthers mit Zwingli über den „himmlischen" Ort Christi sehen wir es deutlich hervorbrechen; wenn es auch andererseits immer Christen gegeben hat, die sich Gott und den Himmel nur in einem räumlichen Jenseits denken konnten. Die Entfaltung der Naturwissenschaft und die Auseinandersetzung mit ihren Ergebnissen hat in heilsamer Weise genötigt, sich diesen eigentlichen Sinn der Transzendenz Gottes ein für allemal bewußt zu machen. Man könnte zunächst meinen, daß der Fragebereich des astronomisch nicht mehr vorstellbaren „Jenseits" Gottes damit befriedigend geklärt und der mögliche Anstoß des modernen Bewußtseins an der christlichen Transzendenzvorstellung aus dem Wege geräumt sei.

[1a] Den Einen ausgenommen, in dem er aus schlechthin überlegener Freiheit heraus inmitten dieser Weltwirklichkeit *sich selbst* identifiziert hat.

Das ist aber nicht der Fall. Es gibt heute offenbar viele Menschen, deren Schwierigkeit nicht nur darin besteht, daß sie im Weltraum keinen „Ort" mehr für Gott und den Himmel finden – eine Denkschwierigkeit, die ihnen durch die soeben angestellte Überlegung über den eigentlichen Sinn von Transzendenz Gottes behoben werden könnte –, sondern denen es auch nicht mehr gelingt, einen ort-, zeit- und welt*überlegenen* Gott in einer *qualitativ* die Erfahrungswelt transzendierenden Wirklichkeit zu denken. Sie können Gott sogar dann nicht mehr als wirklich denken, wenn man ihnen klarmacht, daß der Glaube für Gott keinen Raum innerhalb der wissenschaftlich erforschbaren Erfahrungswelt benötigt und um der Wirklichkeit Gottes willen keine gegenständlichen Grenzen postulieren muß, an denen die wissenschaftliche Erforschung irgendeines Bereiches an jene Wirklichkeit anstoßen müßte. Ja, gerade weil Gott in der Form solcher gegenständlicher Grenzen nicht „vorkommt", scheint ihnen der Glaube an seine Wirklichkeit sinnlos zu sein.

Worin liegen die Gründe dieses Gott-nicht-mehr-denken-könnens? Sie mögen vielerlei Gesichter haben – der Grund dieser Gründe, das eigentliche in solchem Nicht-mehr-können waltende Verhängnis, scheint mir in einem nicht weiter ableitbaren Einstellungsumbruch zu liegen. Nämlich darin, daß für viele Menschen, vielleicht für die meisten in unserm Kulturbereich, das Wirkliche mit dem in irgendeiner Form Nachweisbaren gleichbedeutend geworden ist. Wirklich ist, worauf wir in Raum und Zeit stoßen und worüber man auch in wissenschaftlicher Objektivierung reden kann. Das brauchen natürlich keineswegs nur materielle, sondern können auch seelische Gegebenheiten sein. Gott ist kein Gegenstand, der in dieser Weise gegeben ist – was die Theologen ja selbst zugeben. Was hat es also überhaupt für einen Sinn, von solcher „Wirklichkeit" zu reden und mit ihr zu rechnen? Diese Einstellung ist gewissermaßen in sich selbst die grundsätzliche Gleichsetzung von „transzendent" und „unwirklich", von „immanent" und „wirklich", wobei „immanent" bedeutet: was innerhalb des Bereiches unserer nachweisbaren und kontrollierbaren Erfahrung liegt. Was als außerhalb dieser Reichweite liegend und dennoch seiend behauptet wird, erscheint als gegenstandslose Träumerei.

Man muß sich klarmachen, daß dieser Standpunkt keineswegs mit logischer Konsequenz aus dem naturwissenschaftlichen Weltbild oder irgendwelchen andern Ergebnissen moderner Wissenschaft folgt. Er mag sich weitgehend als psychologische Wirkung aus ihnen ergeben, aber mit logischer, ein redliches Denken *zwingender* Konsequenz folgt er aus ihnen nicht. Denn indem diese Wissenschaften Gott nicht beweisen können, können sie ihn natürlich auch nicht wegbeweisen. Sie können über Transzendentes weder positiv noch negativ etwas ausmachen. Der Standpunkt, von dem wir sprechen, ist keine Folgerung, sondern so etwas wie ein Entschluß: Der Mensch wollte und will von einem gewissen Zeitpunkt ab (den man natürlich nicht exakt datieren kann) in dem Gegenüber seiner selbst zu einer Weltwirklichkeit, die seiner wissenschaftlich objektivierbaren und technisch verwertbaren Erfahrung zugänglich ist, das *Ganze* sehen. Ein Entschluß freilich, der für die meisten, die in ihm leben, weniger eine bewußte eigene Entscheidung als vielmehr ein geistiges Schicksal bedeutet, das sie seinerseits umschließt. Der transsubjektive Entschluß einer ganzen Zeit. Manche meinen sogar, dieser Entschluß sei überhaupt die psychologische und methodische Voraussetzung für die konsequente Erarbeitung eines wissenschaftlichen Weltbildes. Für sie rechtfertigt sich dieser „Immanenz-Entschluß" dann sozusagen a posteriori durch das Gelingen und die Fruchtbarkeit der wissenschaftlichen Forschung. Ich halte das nicht für richtig. Aus logischen Gründen nicht, denn wenn der Glaube an Gott als „transzendentes" Gegenüber nicht die Aussparung eines gegenständlichen Bereiches des in Raum und Zeit erfahrbaren Wirklichen bedeutet, an dessen Grenze die Wissenschaft stoßen müßte, so kann umgekehrt auch die Aufhebung dieses Glaubens nicht die notwendige Voraussetzung dafür sein, daß die wissenschaftliche Forschung innerhalb der ihren Methoden zugänglichen Wirklichkeitsaspekte nach allen Richtungen unbegrenzt fortschreiten kann. Aus empirischen Gründen nicht, denn es hat nachweislich immer auch methodisch einwandfrei arbeitende Naturwissenschaftler, Mathematiker usw. gegeben, die an Gott glaubten, und es gibt dies auch heute. Die Existenz eines einzigen solchen Forschers würde bereits beweisen, daß jener „Immanenz-Entschluß" nicht die unabdingbare psychologische und methodische Voraussetzung der neuzeitlichen Wissenschaft sein kann. Aber zweifellos ist er deren weithin herrschende Begleiterscheinung. Das dürfte mitbedingt sein durch anfängliche kirchliche Widerstände und Unterdrückungsversuche gegenüber wissenschaftlichen Einsichten, die eine falsche Alternative von Wissenschaft und Glauben heraufbeschworen. Es wird aber einen tieferliegenden Grund auch darin haben, daß die Erfahrung der Ausweitung seiner technischen Weltmächtigkeit, die die neuzeitliche Wissenschaft dem Menschen brachte, in ihm das ideologische Postulat freisetzte, Heil oder Unheil der Welt und seiner selbst sei schlechthin in *seiner* Hand. Soll es so sein, dann muß man freilich entschlossen sein, den Bereich kontrollierbarer Erfahrung als das Wirklichkeitsganze zu verstehen. Jedenfalls sind wir mit der Tatsache konfrontiert, daß viele Menschen unserer Tage von diesem Entschluß „umschlossen" sind und über ihn nicht hinausschauen können. Und vielleicht kennen wir alle die Augenblicke, in denen er auch nach uns greift und Gott uns unwirklich erscheint.

Wir gehen nun auf die Bewegung ein, die dieses radikale Verschwinden von „Transzendentem" aus dem geistigen Gesichtskreis in der gegenwärtigen Theologie hervorruft. Es treten in ihr Versuche hervor, von Gott so zu reden, daß der Anschein, es werde von einer transzendenten Wirklichkeit geredet, verschwindet. So *müsse* heute von Gott geredet werden, wenn diese Rede nicht als wirklichkeitslose Träumerei verstanden werden soll. Und so *könne* auch von ihm geredet werden im Sinne der eigentlichen Meinung des neutestamentlichen Zeugnisses. Wir beschränken uns hier auf zwei Publikationen der letzten Jahre, in denen diese These besonders profiliert vertreten wird: auf das viel gelesene und umstrittene Buch des anglikanischen Bischofs John A. T. Robinson „Honest to God" (der Titel der deutschen Übersetzung: „Gott ist anders")[2], und auf den in breiten Kreisen weniger bekannten, aber in der theologischen Diskussion viel beachteten Aufsatz von H. Braun „Die Problematik einer Theologie des Neuen Testamentes"[3]. Beide Arbeiten sind in ihrem Habitus sehr verschieden, – der Aufsatz von Braun läßt zudem im Titel die Gottesfrage gar nicht unmittelbar erkennen und handelt auch nicht von ihr allein –, aber ihre Stellungnahme zu dem Problem, das wir hier angeschnitten haben, ist auffallend ähnlich und gleich radikal. Beide beziehen sich auf die geistige Situation des heutigen Menschen, sich eine Wirklichkeit, die „jenseits" des Bereiches seiner unmittelbaren Welterfahrung und dennoch wirklich wäre, nicht mehr denken zu können; also auch nicht die Wirklichkeit eines Gottes, der – wie immer raum- und zeitüberlegen verstanden – „über" uns ist.

Das Buch von Robinson geht diesem Problem in einer packenden Weise nach – packend trotz aller Unklarheit seines Lösungsversuches darum, weil aus ihm ein tiefes Bedürfnis spricht, diesem Menschen, der nicht mehr „kann", entgegenzukommen und ihm die Gottesbotschaft in seine Denkwelt zu übersetzen, ohne ihm das aufzulasten, was er nicht mehr kann. Robinson stellt fest, daß die Epoche, in der bloß der räumliche „Ort" Gottes fragwürdig wurde und in der es genügte, die grundsätzliche Überlegenheit der Seinsweise Gottes gegenüber allem Weltsein in Raum und Zeit klarzustellen, nun vorbei sei. Denn nicht nur den Gott und Himmel „da oben", sondern auch den Gott „da außen" oder besser „da anders" als das, was in Raum und Zeit wirklich ist, könne der Mensch heute nicht mehr denken; eben weil es für ihn ein „außerdem" und „anders" als diese in Raum und Zeit erfahrene Wirklichkeit nicht mehr gebe. Ein „personhaftes" Gegenüber Gottes, seines Ich und Willens zu der Welt und uns selbst werde damit problematisch. Kommt nun nicht die Zeit, wo die

---

[2] Die englische Originalausgabe London März 1963; die deutsche Ausgabe übersetzt von Chr. und G. Hahn bei Kaiser, München 1963.
[3] Erschienen in: ZThK 61, Beiheft 2; ferner in: *Herbert Braun*, Gesammelte Studien zum NT und seiner Umwelt, Tübingen 1962, S. 325 ff. Vgl. auch die Auseinandersetzung mit Braun bei *H. Gollwitzer*, Die Existenz Gottes im Bekenntnis des Glaubens, München 1963, S. 63 ff.; ferner Brauns Antwort an Gollwitzer in seinem Aufsatz: Gottes Existenz und meine Geschichtlichkeit im Neuen Testament, in der Bultmann-Festschrift „Zeit und Geschichte", Tübingen 1964, S. 399 ff. und die Auseinandersetzung mit Gollwitzer bei *E. Jüngel*, Gottes Sein ist im Werden, 2. A. 1967, S. 103 ff.

Kirche, so wie sie schon längst auf den Himmel als „Raum über der Erde" verzichtete, nun auch auf das Reden von Gott als einer „Person uns gegenüber" verzichten muß? Im Anschluß an gewisse Formulierungen P. Tillichs erwägt Robinson, ob wir nicht statt dessen von Gott als der „Tiefe des Seins" – des Seins nämlich dieser Weltwirklichkeit und unseres eigenen Seins in ihr – sprechen sollten. „Das Wort ‚Gott' bezeichnet die letzte Tiefe all unseres Seins, den schöpferischen Grund und den Sinn unserer ganzen Existenz"[4], – also kein „anderes" Sein neben oder über diesem. „Wenn das wahr ist, dann sind theologische Aussagen nicht Definitionen eines ‚höchsten Wesens', sondern Aussagen über die Tiefe personaler Beziehungen, oder besser, Aussagen über die Tiefe aller menschlichen Erfahrung im Lichte der Liebe[5]."

H. Braun gebraucht nicht den etwas unklaren Ausdruck „Tiefe des Seins". Aber im Ereignis persönlicher Beziehung zwischen Menschen sucht gerade auch er den eigentlichen Sinn des Wortes „Gott", und auch er geht davon aus, daß die Vorstellung eines transzendenten Seins Gottes in sich selbst sinnlos geworden ist. Über Robinson hinaus sucht er nachzuweisen, daß diese Vorstellung, so gewiß sie in der biblischen Redeweise begegnet, dem eigentlichen Sinn dessen, was das Neue Testament, vor allem Jesus, von Gott sagen will, auch nicht entspricht. „Das Neue Testament rechnet wie die alttestamentliche, jüdische und zum guten Teil auch die hellenistische Literatur naiv mit der Existenz einer Gottheit und ist darin getrennt von uns, die wir diese Voraussetzung so nicht mehr zu machen vermögen"[6]. In der Vorstellung einer „an sich existierenden Gottheit, die den Geschichtslauf lenkt, die Anfang und Ende setzt", ist „Gott naiv als Gegebenheit genommen"[7] – eine Sicht, die wir uns so nicht mehr zu eigen machen können. Gott kann für uns nicht mehr „eine an und für sich existierende Größe" sein[8]. Aber wie können wir dann das Neue Testament in seiner Rede von Gott überhaupt noch verstehen? Nur so, daß wir mit diesem Wort das Ereignis umschreiben, daß ein letztgültiges „Ich darf" und „Ich soll" uns für unser Verhalten in der Welt betrifft[9]. „Gott ist der Ausdruck für das Phänomen des gewissensmäßigen, getrosten, überzeugten Handelnkönnens."[10] „Gott wäre dann da, wo der Augenblick in seiner Gefülltheit genommen und erlebt wird." „Gott heißt das Woher meines Umgetriebenseins. Mein Umgetriebensein aber ist bestimmt durch das ‚Ich darf' und ‚Ich soll'; durch Geborgensein und Pflicht. Geborgensein und Pflicht aber kommt mir zu vom Andern her, vom Mitmenschen... Das hieße dann aber: der Mensch als Mensch, der Mensch in seiner Mitmenschlichkeit, impliziert Gott. Gott wäre dann eine bestimmte Art der Mitmenschlichkeit."[11]

---

[4] Gott ist anders, S. 54.   [5] Ebd., S. 56.   [6] Gesammelte Studien, S. 325.   [7] Ebd., S. 333.
[8] Ebd., S. 334.   [9] Ebd., S. 335 ff.   [10] Ebd., S. 338.   [11] Ebd., S. 341.

Hinter den mehrfachen Feststellungen Brauns, daß wir die Vorstellung einer an sich existierenden Gottheit nicht mehr zu bilden vermögen, steht wohl dieselbe Einsicht, die Robinson in eingehenderer Analyse entwickelt: Der heutige Mensch kann sich einen Gott „gegenüber" und „über" der Wirklichkeit unserer Erfahrungswelt nicht mehr denken, weil diese für ihn zur Wirklichkeit schlechthin geworden ist. Braun akzeptiert offensichtlich diese Einstellung, bekennt sich zu ihr als der auch für den Christen unausweichlich gewordenen und sagt demgemäß: *Wir* können nicht mehr ... Die Erfahrungswelt, innerhalb deren das Wort „Gott" allein noch etwas bedeuten kann, versteht er freilich keineswegs eingeschränkt auf wissenschaftlich objektivierbare und nachweisbare Daten, sie umschließt für ihn das solcher Objektivierbarkeit entzogene Ereignis menschlicher Begegnung und Personbeziehung, in deren Horizont ein unbedingtes Geborgensein und Beansprüchtsein aufleuchtet oder jedenfalls aufleuchten kann. Eben innerhalb dieser der menschlichen Erfahrungswelt eingehörenden, wenn auch nicht wissenschaftlich objektivierbaren Personalsphäre sucht er den Gottesbegriff zu definieren, indem er zugleich ausdrücklich erklärt, daß eine eigene Wirklichkeit „an sich", d.h. außerhalb solchen Ereignisses von zwischen Mensch und Mensch sich ereignender Geborgenheit und Beanspruchung (eine „transzendente" Wirklichkeit also), ihm nicht zukommen könne. Wir haben uns mit dieser Auffassung auseinanderzusetzen – sind wir in der Analyse der durch die Situation des „Immanenzentschlusses" gestellten Frage weithin Robinson gefolgt, so ist bezüglich der Lösung die Auseinandersetzung mit Braun lohnender, da Robinsons Lösungsversuch weit mehr im Unbestimmten bleibt.

Zunächst wird man Braun von vornherein zugestehen, daß er Recht hat, wenn er sagt, Gott sei nicht „Gegenstand", „Gegebenheit", womöglich gar „dingliche Gegebenheit", die irgendwo vorhanden ist. Wir hatten uns das selbst klargemacht in dem, was zu Eingang über die Bedeutung der „Transzendenz" Gottes gesagt wurde. Freilich, was will Braun mit solchem Widerspruch gegen eine Gegenständlichkeit Gottes eigentlich sagen? Nur dies, daß Gott nicht in der Weise irgendwo vorhanden ist, wie Dinge und auch Menschen irgendwo vorhanden sind? (Also so, daß ihn der Weltraumfahrer schließlich doch hätte entdecken müssen, wenn er nur weit genug hinaufgekommen wäre.) Wohl kaum, denn dies wäre eine Trivialität, die offene Türen einrennt. Es soll doch wohl mehr gesagt werden: nämlich daß Gott überhaupt keine Größe ist, die ein eigenes, von dem Sein des Menschen und der Welt unterschiedenes Sein hat. Es sollte dann freilich nicht der Anschein erweckt werden, als bleibe dem, der diese Auffassung nicht teilen will, nur übrig, sich Gott wie einen irgendwo vorhandenen Gegenstand vorzustellen. Es bleibt ihm ja durchaus möglich, Gott ungegenständlich als den uns mitsamt allem uns Gegebenen Gründenden, Tragenden und eben darum mit innerweltlichen Gegenstandskategorien nicht Erfaßbaren zu denken. Mit der Alternative: entweder Verneinung einer „Existenz an sich" Gottes überhaupt – oder dann aber eine naiv gegenständliche Vorstellung, wäre die Auseinandersetzung doch etwas zu sehr vereinfacht. Die Formulierungen Brauns vermeiden nicht ganz den Anschein solcher Vereinfachung. Dies jedoch nur nebenbei.

Ich möchte Braun ferner zugestehen (nicht jeder evangelische Theologe, von der katholischen Theologie ganz zu schweigen, wird diesem Zugeständnis Recht geben), daß es zur *Erkenntnis* der Wirklichkeit Gottes einen metaphysischen bzw. ontologischen Weg, der von der philosophischen Analyse des immanent Gegebenen zum Postulat des Vorhandenseins einer transzendenten Absolutwirklichkeit aufsteigt, nicht gibt. Was auf solchem Wege allenfalls erreicht werden kann, bleibt unsicher und ist jedenfalls nicht Erkenntnis des wirklichen Gottes. Diese Erkenntnis begibt sich in der Tat im Medium der personalen Begegnung von Menschen, im Medium des „Mitmenschlichen". Der Glaube an Gott entsteht ja aus dem persönlichen Zeugnis von Menschen an Menschen und aus dem damit verbundenen Verhalten von Menschen zu Menschen, nicht aus abstrakten Beweisgängen. Aber Braun sagt ja nicht nur, daß uns Gott allein durch solche mitmenschliche Begegnung hindurch *begegnet*, sondern daß Gott allein solche Begegnung *ist*. Gott *ist* eine bestimmte Art der Mitmenschlichkeit. Ja sogar: Gott *geschieht* im Ereignis solcher Mitmenschlichkeit. Gott ist demnach nicht wirklich außer und über solchem Geschehen, sondern nur in ihm. Auch hier wird also Gott an einem „Ort" untergebracht – nun nicht mehr an dem „himmlischen", wo er nur in einem faktisch nicht realisierbaren „Hingelangen" gegenständlich greifbar wäre, sondern am anthropologischen Ort, wo er im Ereignis von Mitmenschlichkeit tatsächlich erfahrbar *wird*. Aber vermag diese anthropologische „Lokalisierung" Gottes das zu tragen, was nun doch auch Braun an göttlicher *Wirksamkeit* erwartet?

Hier entstehen die eigentlichen Fragen, die man m. E. an diesen Versuch richten muß, die Wirklichkeit Gottes in heutiger Sprache auszusagen. Folgt daraus, daß Gott uns nur durch menschliche Begegnung hindurch begegnet, wirklich dies, daß „Gott" nur der Ausdruck für eine bestimmte Art menschlicher Begegnung *ist* – nämlich für diejenige, in der uns ein letztgültiges Sollen und Dürfen betrifft? Mir scheint es im Gegenteil so zu sein, daß wir von diesem *letztgültigen* Sollen und Dürfen in menschlicher Begegnung gerade dann nicht mehr reden können, wenn wir das „Woher" dieses Sollens und Dürfens in der Begegnung als Ereignis zwischen Menschen eingeschlossen sein lassen.

Wenn man sagt, Gott ist das Woher eines entscheidenden „Ich darf" und „Ich soll", so ist das ein zwar sprachlich schwerfälliger, aber sachlich guter Satz. Ich halte ihn tatsächlich für angemessener, als wenn man z. B. sagt: Gott ist das absolute Sein. Aber wie kann man diesen guten Satz verstehen im Zusammenhang einer Anschauung, die Gott die Existenz „an sich" expressis verbis *abspricht* (und dabei offenbar nicht nur dingliches und örtliches Vorhandensein, sondern die vom Sein des Menschen und der Welt unterschiedene Wirklichkeit überhaupt meint)? Wer ist nun dieses Woher des Ich darf und Ich soll? Ist es jeweils der andere *Mensch*, der mir ein Dürfen freigibt und mich zu einem Sollen beansprucht? Aber das wäre ein zweideutiges Woher. Wir Menschen können uns sehr Verschiedenes freigeben oder gebieten, und ob es das letztgültig Rechte oder Unrechte ist, das ist sehr die Frage. Aber so kann es bei Braun nicht gemeint sein. Zwar er kann sagen: „Geborgenheit und Pflicht kommt mir zu vom Andern her, vom Mitmenschen." Wenn wir das aber fair interpretieren nach dem, was damit sinnvollerweise allein gemeint sein kann, dann kann es doch nur dieses sein: Durch die Begegnung mit dem Mitmenschen begegnet mir ein Wille, der mich in Dürfen und Sollen mit letzter Dringlichkeit *für* diesen Nächsten beansprucht (und unter Umständen sogar gegen das, was dieser Nächste selbst gerade von mir will). Das ist dann nicht einfach der Wille des andern Menschen als solcher, sondern ein Etwas, das „über" und „zwischen" uns beiden steht und uns so gerade von *seinem* Wollen und seiner Macht her füreinander will. Was für ein Etwas? Ganz gewiß kein „vorhandener Gegenstand", sondern? Ein Wille, eine Macht. Gibt es aber Willen und Macht „an sich", dessen Woher nicht der diesen Willen Wollende und dieser Macht Mächtige ist? Nun sagt ja auch Braun geradezu, es sei das „Wort"[12], und zwar das Wort Jesu in seinem Wirken durch die Zeiten, mithin nicht einfach der Wille des begegnenden Mitmenschen als solcher, der das gültige Ich soll und Ich darf in diese Begegnung hineinspricht. Das Wort also ist das eigentliche Woher. Und wiederum ganz gewiß nicht das Wort jedes Nächsten als *seine* Äußerung, sondern das Wort, das von Jesus her „über" uns kommt und uns zusammenspricht. Gibt es aber Wort „an sich"? Von Wort zu reden hat doch nur Sinn, wenn wir im selben Atemzug den meinen, der es spricht. Wenn wir das Wort meinen, meinen wir den uns Anredenden, und wenn es das letztgültig freigebende und gebietende Wort ist, dann ist es das Wort dessen, der über *unser* Wollen und Vermögen schlechthin Herr ist. Er also ist von Jesus her über uns. Dies zu wissen genügt, metaphysische Beschreibungen seines Seins in sich sind überflüssig. Sie sind sogar unmöglich. Nur eines scheint mir in jedem Fall noch unmöglicher zu sein – nämlich zu sagen: er sei *nicht* in sich, sondern nur der Ausdruck für ein Phänomen menschlicher Begegnung als solches.

Aber ist es wirklich so gemeint? Immerhin, Braun kann formulieren: „Gott wäre dann eine bestimmte Art der Mitmenschlichkeit." Wir wollen hier noch einmal ansetzen und diese bestimmte Art genauer bezeichnen – das Wort wurde wohl nur wegen seiner Abgegriffenheit vermieden: Gott

---

[12] So besonders in seiner Antwort an Gollwitzer, Zeit und Geschichte, S. 407 ff.

„ist" das Ereignis von Liebe zwischen Menschen, Liebe natürlich im vollen neutestamentlichen Sinn verstanden. Inwiefern ist diese mitmenschliche Wirklichkeit von Liebe „Gott"? Natürlich kann auch hier nicht gemeint sein, der andere Mensch als solcher, von dem mir Liebe widerfährt, werde mir darin je zu meinem Gott. Gemeint ist zweifellos die Liebe selbst, die als machtvolle, befreiende Wirklichkeit zwischen uns geschieht. In ihr „ist" oder „ereignet sich" Gott. Aber wie kann das gemeint sein? Ist es die Liebe als der seelische Akt dieser beiden Menschen? Aber wenn wir nur diesen Akt ins Auge fassen und außer uns selbst als seinen Subjekten mit keinem weiteren Woher dieser Liebe rechnen, dann wäre dies wieder eine fragwürdige Größe. Die Liebe, die *wir* „können", ist brüchig und begrenzt. Aus unserm eigenen seelischen Vermögen heraus ist sie nicht ohne weiteres machtvoll und befreiend. Sie ist auch nicht unbedingt verläßlich. Das weiß natürlich auch Braun. Es ist mit der Mitmenschlichkeit, in der Gott ist, also doch wohl Liebe gemeint als eine Wirklichkeit, die „über" uns kommt, die mehr ist als unser Liebesvermögen, die etwas zwischen uns zu schaffen vermag, was „größer ist als unser Herz", deren Wirkkraft an den Grenzen unseres eigenen Vermögens, sie zu fassen, nicht erstirbt, ja die wir auch angesichts unserer eigenen Verfehlungen gegen sie als die nicht von uns weggestorbene, als die letztsiegende Wirklichkeit glauben sollen. Liebe, die nicht *in* uns gründet, sondern die *uns* gründet und hält. Dann aber wäre jene „Art der Mitmenschlichkeit", die „Gott" sein soll, eben doch ein Etwas, dessen Maß in unserm Maß nicht aufgeht, das vielmehr von einem ihm eigenen Mächtiger-sein her *in* und *unter* uns geben kann, was wir *aus* uns selbst nicht hervorbringen können. Was für ein Etwas? Liebe „an sich"? Eine unmögliche Abstraktion. Die Über-Macht der Liebe bedeutet, wenn überhaupt etwas, dann die Über-Macht des Liebenden.

Müssen wir also, wenn wir schon von jenem Woher des letztgültigen Geborgen- und Beanspruchtseins sprechen, nicht doch dabei bleiben: Gott ist transzendente Wirklichkeit in sich? Ein solcher Satz ist, als positive Aussage genommen, gewiß nicht die Sprache des Glaubens. Die Sprache des Glaubens wäre die Anrufung „Mein Herr und mein Gott", in der der Wirklichkeitscharakter jenes Woher von Geborgenheit und Anspruch nicht deskriptiv umschrieben wird, sondern Zuflucht zu dem Bergenden und Preisgabe an den Beanspruchenden unmittelbar vollzogen wird. Der Versuch, das Sein dessen, zu dem solche Zuflucht und Preisgabe vollzogen wird, nun auch mit einem ontologischen Satz zu umschreiben, behält immer etwas Problematisches. Ich würde so weit gehen, zu sagen: als positive Aussage bleibt solcher Satz immer irgendwie falsch, sofern er ja bei allem Überstieg immer noch mit Worten reden muß („Wirklichkeit", „in sich"), die aus der Descriptio des Seienden stammen, das nicht Gott ist. Aber ich wiederhole: noch falscher wäre der negative Satz, daß Gott solche Wirklichkeit in sich *nicht* eignet. Denn in diesen Satz kann jener

Vollzug der Zuflucht und Preisgabe an den, von dem uns letzte Geborgenheit, Indienstnahme und Liebe füreinander kommt, auf gar keinen Fall eingehen. Der negative Satz würde uns mit solcher Zuflucht und Preisgabe in eine Situation hineinweisen, in der wir mit uns selbst, den Menschen und der Welt letztlich alleingelassen sind. Wir werden es aber nie unterlassen können, auch dem Menschen des „Immanenzentschlusses" und gerade ihm zu sagen, daß wir mit uns und dem, was wir aus uns hervorbringen können, *nicht* alleingelassen sind. Gottes Macht, uns Geborgenheit und Pflicht zu geben und Liebe unter uns wirklich werden zu lassen, hat über aller Weltwirklichkeit und auch über unserer eigenen seelischen Wirklichkeit Grund und Bestand in ihm selbst – nicht um „in und für sich" zu bleiben, sondern um für uns zu werden und uns so der Grund zu werden, aus dem auch wir wahrhaft füreinander dasein können. Das ist es, was in Jesus und seinem Wort erschienen ist. Dies festzuhalten, darauf kommt es an. Ob wir, um dies auszusagen, den Terminus „Transzendenz" noch brauchen wollen und können oder nicht, ist demgegenüber eine zweitrangige Frage.

Gott der Schöpfer und der Kosmos

Zum Verhältnis von Theologie und Naturwissenschaft

Seit Karl Heim dahinging, ist zu diesem Thema in der evangelischen Theologie zumindest des deutschen Raumes wenig gesagt worden [1]. Vielmehr fällt eine eigentümliche Neigung auf, die Aussagen über Gott den Schöpfer auf die personale Existenz des Menschen und seine Berufung zum Glauben durch das Wort „engzuführen". Nicht, als ob die Beziehung des Schaffens Gottes auf „Himmel und Erde", „alle sichtbaren und unsichtbaren Dinge" ausdrücklich in Abrede gestellt würde. Sie tritt aber im Kreis der als relevant empfundenen und behandelten Themen der Theologie kaum mehr in Erscheinung. Viel wird von Gott dem Schöpfer in bezug auf das Ereignis des Glaubens und das Neuwerden des Welt*verhältnisses* für den Glauben geredet; wenig dagegen von Gott dem Schöpfer und Regierer in bezug auf die außermenschliche *Welt*, so wie sie uns in ihrer Weise die naturwissenschaftliche Forschung vor Augen stellt. Welches sind die Gründe dieser eigentümlichen Zurückhaltung?

I.

Daß das Thema Schöpfer und Kosmos nicht als Haupt- und Ausgangspunkt der Aussage des Ersten Glaubensartikels behandelt wird, ist aus unmittelbar theologischen Gründen verständlich. Dahinter steht die Einsicht, daß wirklicher Glaube an Gott als den Schöpfer nicht auf dem Weg theo-

---

[1] Das gilt für den Zeitraum, in dem dieser Aufsatz entstand. Inzwischen hat man sich unter dem Eindruck der Krise, in die unser Umgang mit der Natur geführt hat, diesem lange vernachlässigten Themenkreis wieder intensiver zugewandt. Vgl. u.a. *H. Aichelin*, Die schwierige Vokabel. Reden von Gott im Horizont der Naturwissenschaften, EvK 3, 1970, S. 333–337; *R. Lay*, Der neue Glaube an die Schöpfung, Freiburg 1971; *G. Howe*, Gott und die Technik. Die Verantwortung der Christenheit für die technisch-zivilisierte Welt (hg. v. *H. Timm*), Hamburg-Zürich 1971; *A. M. K. Müller*, Die präparierte Zeit. Der Mensch in der Krise seiner Zielsetzungen, Stuttgart 1972; *H. Aichelin*, *G. Liedke* (Hg.), Naturwissenschaft und Theologie. Texte und Kommentare, Neukirchen 1974; *G. Altner – S. M. Daecke*, Angesichts der erschöpften Schöpfung. Theologie der Natur jenseits einer natürlichen Theologie, in: EvK 7, 1974, S. 656–660; *J. Fischer*, Gespräch mit dem Zauberlehrling. Naturwissenschaft und Theologie im Dialog, in: EvK 7, 1974, S. 628f.; *G. Altner*, Zwischen Natur und Menschengeschichte, München 1975, *J. Track*, Naturwissenschaft und Theologie. Erwägungen zu einem interdisziplinären Dialog, in: KuD 21, 1975, S. 99–119.

retischer Weltbetrachtung gewonnen werden kann, sondern aus der *Begegnung* mit Gott, aus seiner Selbstbezeugung in Christus und der von ihm her und auf ihn hin verstandenen alttestamentlichen Glaubensgeschichte als *unser* Gott, aus seinem *Tun* als der Schöpfer und Herr an uns erwächst. Und daß solcher Glaube auch nicht als theoretisches Wissen um den Weltursprung, sondern nur als Bekenntnis einer für unser menschliches Dasein entscheidenden Wahrheit sich aussprechen kann. Das alles ist richtig. Auch im Alten Testament ist das, was in den ersten Kapiteln über Gottes Weltschöpfung gesagt wird, ja – auf die alttestamentliche Offenbarungs*geschichte* gesehen – nicht eine erste und grundlegende, sondern eine relativ späte Erkenntnis gewesen. Die erste und grundlegende Erkenntnis erwuchs aus dem geschichtlichen Widerfahrnis des errettenden Handelns Gottes. Das Bekenntnis zu dem Gott, „der dich aus Ägyptenland, aus dem Diensthause geführt hat", ist Israels grundlegendes Credo, dem alle andere Erkenntnis, auch das „Im Anfang schuf Gott Himmel und Erde" erst zuwuchs.

Aber daraus müßte an sich ja nicht folgen, daß über das Verhältnis Gottes des Schöpfers zum Kosmos und des Kosmos zu Gott zu schweigen wäre oder daß dieses Thema für den Glauben nicht relevant wäre. Sondern daraus könnte auch folgen, daß zwar nur aus dem unser Menschsein geschichtlich betreffenden Wort und Tun Gottes heraus, von ihm her aber auch wirklich, die Aussage über Gott den Schöpfer und Herrn des All gemacht werden darf und muß: und dies nicht als eine bloß theoretische Kausalbetrachtung, sondern als ein Bekenntnis, das im innersten Zusammenhang mit der Gründung unseres Glaubens in Gottes Heilshandeln steht. Wie ja auch Israel von der Begründung seines Glaubens im geschichtlichen Heilshandeln Gottes her nun eben tatsächlich zu den das All umfassenden Schöpfungsberichten gelangte; und zwar so, daß diese Berichte der sachlichen Anordnung nach an die Spitze der gesamten alttestamentlichen Glaubenszeugnisse traten. Mit der Absage an ein vom personalen Bezug des Glaubens gelöstes, spekulatives Reden über Gott und den Kosmos muß also keineswegs die theologische Zurückhaltung von diesem Thema überhaupt verbunden sein.

Daß diese Zurückhaltung heute gleichwohl weithin geübt wird, muß somit noch andere Gründe haben, die oft vielleicht nur halbbewußt und unterschwellig in der gegenwärtigen Theologie wirken. Man kann darüber folgendes vermuten:

1. Jene Zurückhaltung könnte zu verstehen sein aus nachwirkendem Unbehagen gegen die Verquickung des Themas „Gott und der Kosmos" mit einem *gesetzlichen Festhalten des biblischen Weltbildes* und dem daraus sich ergebenden Konflikt mit Ergebnissen der Naturwissenschaft. Diese Verquickung war ja noch um 1900 bei manchen Vertretern „positiver" Theologie nicht überwunden, sie spielt noch heute in fundamentali-

stischen Gruppen eine Rolle. Man suchte naturwissenschaftlichen Ergebnissen gegenüber Positionen des biblischen Weltbildes – etwa was Zeit und Art der Weltentstehung oder der Entstehung des Menschen betrifft – so lange wie möglich zu halten: das vielberufene „Rückzugsgefecht". Man kann nun wirklich ein solches Markten zwischen Theologie und Naturwissenschaft, ein solches Rechnen darauf, es möchten die wissenschaftlichen Ergebnisse hinreichend unsicher bleiben und genügend Lücken behalten, daß letzten Endes „die Bibel doch Recht habe" (wohlgemerkt: mit ihrem kosmologischen Weltbild), nur als des Glaubens zutiefst unwürdig empfinden – ganz abgesehen von allem andern, was dagegen zu sagen wäre. Und man könnte es verstehen, wenn sich daraus für heutige Theologen mehr oder weniger bewußt das Bestreben ergibt, die beiden Themen „Gott der Schöpfer" und „Kosmos" radikal zu entflechten: Laßt uns doch das Kosmologische endgültig aus dem Bereich des theologisch Wesentlichen entlassen und der Naturwissenschaft überlassen; nicht davon redet der Glaube an Gott den Schöpfer, sondern von der Schöpfung je meines Standes vor Gott durch das Wort und meines dadurch mitgeschaffenen neuen Verhältnisses und Verhaltens zu der Welt! Der Glaube an Gott den Schöpfer redet von Gott und der Person, nicht von Gott und der Natur, nicht von Gott und der Welt „an sich".

2. Es kommt aber wohl noch etwas anderes hinzu: Das durch die moderne Wissenschaft erarbeitete „Bild" der Natur (soweit man von Bild überhaupt noch reden darf) weicht nicht nur in einer Fülle konkreter Einzelheiten vom biblischen Weltbild ab. Sondern es ist in seinem ganzen Zuschnitt, in seinen Dimensionen, in seinem „Baustil" dem Erleben einer Welt, die der Schöpfergott als Haus menschlichen Lebens geschaffen hat und über der er zentral um den Menschen bekümmert waltet, unendlich fremd geworden. Wir können abgekürzt von der „Menschenferne" des naturwissenschaftlichen Weltbildes reden. Nur wenige Hinweise, die oft Gesagtes wiederholen: Der *Raum* dieser Welt ist (was immer nun „Weltraum" in den neuesten Entwicklungen astrophysikalischer Forschung besagen mag) der Lebenswelt des Menschen gegenüber unermeßlich geworden, die Erde des Menschen ein verschwindendes Pünktchen, ertrinkend in einer Weite, die schwindeln macht, wenn man versucht, sie sich vorzustellen – ein Pünktchen, das zudem keineswegs in dieser Weite eine irgendwie geistig anschaubare Zentralstellung einnimmt, sondern irgendwo mitläuft an untergeordneter Stelle eines Sonnensystems, das seinerseits am Rande eines Milchstraßensystems sich bewegt, welches seinerseits – usw. Diese unsere Erde, schon räumlich eine ganz ephemere Belanglosigkeit! Die *Zeit* des Weltwerdens (oder was sich in unserer Betrachtungsmöglichkeit als solche darstellt) ist ebenso unermeßlich geworden, die Zeit der Entwicklung menschlichen Lebens in ihr eine verschwindend ephemere Episode, die Zeit des geschichtlichen Kulturlebens der Menschheit in dieser

Episode wiederum nur eine verschwindend kleine Endsekunde. Die außermenschlichen Kreaturen, einst als konstante Größen vorgestellt, die Gott der Herr gewissermaßen in einem einheitlich planvollen Akt um den Menschen herumgestellt hat – was ist aus alledem geworden? Diese ganze Struktur ist zerflossen und zerdehnt in einen Werdeprozeß, in dem die „Arten" fluktuierend auseinander hervorgehen; der sich durch unendliche Zeiträume erstreckt; in dem nun irgendwann auch der Mensch, so wie wir ihn kennen, auftaucht – und dabei wird ungewiß, ob nicht auch aus ihm eines unermeßlichen fernen Tages ein Wesen geworden sein wird, das *nicht* mehr der Mensch ist, so wie wir ihn kennen, und ob nicht auf irgendwelchen anderen Gestirnen irgendwelche Noch-mehr-als-Menschen existieren. Der Mensch, der sein eigenes Sein im Zusammenhang dieses Kosmos bedenkt, kommt sich irgendwie ins Leere gestellt vor. Der Kosmos hat nichts mehr von einem Vaterhaus an sich. Er hat, zeitlich betrachtet, auch nichts mehr von jenem Weg an sich, der *unser* Weg ist, auf dem wir inmitten unserer Mitgeschöpfe und begleitet durch die erhaltende Schöpfertreue von „Frost und Hitze, Sommer und Winter, Saat und Ernte, Tag und Nacht" unserm Ziel entgegengeführt werden, das zugleich das Ziel dieser ganzen Schöpfung ist. Es scheint: nur wenn wir von dem wissenschaftlichen Weltbild absehen, können wir die Natur, die uns umgibt, noch so erleben. Sehen wir auf jenes Weltbild hin, so sinken die Wände dieses Vaterhauses ins Wesenlose hinaus – und wenn wir dieses „Haus", wie das dem christlichen Glauben eigentlich entspricht, vielmehr als den Weg- und Zeitraum einer Pilgrimschaft verstehen, in der wir unserer „bleibenden Stätte" erst entgegengehen, so sinkt auch die Vorstellung eines heimatlichen Zieles, dem wir mit der ganzen Schöpfung entgegenwandern, angesichts dieses Weltbildes ins Wesenlos-Unvorstellbare. Der Mensch, der sich dem Anblick der Natur zuwendet, so wie die Wissenschaft ihn zeigt, sieht sich nicht mehr heimatlich in ein Bezugssystem eingeordnet, in dessen Fluchtpunkt Gott und sein eigener Eingang ins Himmelreich steht, sondern er sieht sich ins Leere und auf sich selbst gestellt. Was bleibt ihm anderes übrig, als sich nun technisch und wissenschaftlich mit dieser Welt auseinanderzusetzen nach dem berühmten Motto: acsi Deus non daretur? (Und doch – wir können schon hier die Bemerkung nicht unterdrücken: Was hat es eigentlich für einen Sinn, daß das ephemere Wesen Mensch sich erkennend und wirkend auf die Auseinandersetzung mit dieser Welt einläßt, daß es inmitten ihrer um Ziele ringt und Verantwortungen übernimmt, ja daß es überhaupt da ist und sein Dasein ernst nimmt, wenn *wirklich „Deus non daretur?"*)

Man wird es wahrscheinlich nicht zuletzt von solchen Impressionen her verstehen müssen, wenn in heutiger Theologie die Neigung auftritt, aus der Auslegung des Bekenntnisses zu Gott dem Schöpfer dieses ganze Thema „Gott und der Kosmos" einfach auszuklammern. Dieses Thema scheint mit dem Thema „Gott und der Mensch" nicht mehr kommensurabel zu sein. Es scheint, als könne man das Thema „Ich glaube an Gott den Schöpfer" nur mehr senkrecht über dem Thema „Der Mensch in der Natur" errichten, als eine von Grund auf andere Dimension, in der eben über den Welturspung nichts ausgesagt wird, auch nicht über das kosmische Weltgeschehen mit seiner Naturgesetzlichkeit, und erst recht nichts über einen eventuellen Zielpunkt dieses Geschehens und der Menschheitsentwicklung in seinem Rahmen. Die „personale" Sphäre des Glaubens wird von der Sphäre des „Naturhaften" getrennt. Das „Schaffen" Gottes, um das es in ihr geht, ist der Ruf des Wortes, der die Antwort des Glaubens wirkt. Der „Anfang", in dem dies geschieht, ist je jetzt, wenn das Wort geschieht. Das „Ziel", zu dem hin Gott schafft, ist auch je jetzt, indem Glaube geschieht. Woher die Welt als Kosmos stammt, wohin sie geht, was aus dem Menschen als Naturwesen im kosmischen Zusammenhang wird, was er, als Naturwesen in diesem Zusammenhang betrachtet, überhaupt ist, das müssen wir theologisch unerörtert lassen. Wir müssen die personale Sphäre des Daseins des Menschen als diejenige Sphäre, in der er mit Gott zu tun hat, von der naturhaft-kosmischen Sphäre seines Daseins streng unterscheiden, und (so würde sich nun die vorhin in der Klammer gestellte Frage beantworten) nur weil wir diese Unterscheidung treffen können, nur im Bereich der von der naturhaften unterschiedenen Personsphäre hat es Sinn, daß wir um Ziele ringen, Verantwortungen übernehmen und unser Dasein ernst nehmen.

II.

Man wird diese Gründe für die kosmologische Zurückhaltung heutiger Theologie kaum irgendwo geradezu so ausgesprochen finden, wie sie hier ausgesprochen wurden. Sie sind weithin wohl mehr unterschwellig als bewußt wirksam. Dennoch glaube ich, daß gerade die zuletzt dargelegten Aspekte diese Zurückhaltung sehr wirksam bedingen. Aber ist die Zurückhaltung, die Entflechtung der Sphären, der theologisch richtige Weg, um mit diesen Fragen fertig zu werden? Das eben soll hier bestritten werden. Es soll begründet werden, warum – trotz der angeführten Gründe für eine solche Haltung – eine Ausklammerung des Kosmisch-Naturhaften aus dem Bekenntnis zu Gott dem Schöpfer aus theologischen Gründen und Gründen des Glaubens unzulässig ist. Zwar darüber kann kein Zweifel sein: Das Bekenntnis zu Gott dem Schöpfer ist etwas anderes als eine theoretische Vorstellung über Weltentstehung und Weltablauf; es entsteht wirklich aus der „personalen" Begegnung mit Gott und spricht aus, was uns in unserer Personexistenz zuhöchst angeht. Aber gerade darum – dies ist unsere These – gehört das, was wir die „kosmologische Komponente" nennen könnten, in dieses Bekenntnis unbedingt hinein. Und zwar sowohl um der Gottheit Gottes willen als auch um der Personexistenz dessen willen, der ihn bekennt.

1. Um der Gottheit Gottes willen

Glauben heißt, daß wir den Gott, der sich uns in Jesus Christus bekundet, *unsern* Herrn sein lassen. Davon ist aber innerlich unabtrennbar, daß wir ihn als den Herrn über *alles* bekennen. Der Glaube ist das Wahrhaben des Gottes, der *unser* Herr und Erlöser ist, als des Herrn über *allem*, was Realität und Wirksamkeit hat. Und der Kosmos, so wie ihn die Naturwissenschaft zeigt, ist Realität – ja in gewissem Sinn ein mysterium tremendum: Realität von solcher Gewaltigkeit, daß sie den, der sie erwägt, erschauern macht. Gerade diese Situation fordert nicht den thematischen Rückzug, sondern das Dennoch des Glaubens heraus. Das Dennoch des Glaubens bedeutet in diesem Fall: auch über diesem im eigentlichen Wortsinn unheimlich gewordenen Kosmos glauben wir den Gott, der uns in Jesus gegenwärtig wurde, der sein Wort zu uns spricht, als den Herrn, von dem, durch den und zu dem alle Dinge sind. *Alle* Dinge, also nicht nur die „Dinge" unseres personhaften Daseins, Geschickes und Verhaltens, sondern nun wirklich auch das Ganze des kosmischen Prozesses nach seinem Ursprung, seinen Gesetzen, seiner Richtung und seinen uns kaum erkennbaren Zielen. Eine akosmische Theologie ist deshalb nicht möglich, weil sie der Doxologie Gottes, die die Grundäußerung des Glaubens ist, eine ganze unermeßliche Dimension des Gesamtaspektes der Wirklichkeit entziehen würde. Um der Gottheit Gottes willen kann der Mensch, der an Gott glaubt, den Kosmos nicht zur Kenntnis nehmen, acsi Deus non daretur.

Das bedeutet nicht, daß man zu jenem „christlichen" Weltbild des Mittelalters zurückkehren muß, in dem man die Welt sozusagen auch in weltbildlicher Anschaulichkeit sich vorstellen konnte als den von Gott überwalteten Lebensraum, in dessen Mitte die Erde des Menschen steht und die Geschichte Gottes mit dem Menschen sich abspielt. Zu diesem Weltbild *können* wir nicht zurückkehren. Aber gerade wo unserm Glauben an Gott den Schöpfer diese anschauliche Stütze entzogen ist, gerade auch über dem Nicht-mehr-Sehen einer dimensional harmonischen Beziehung zwischen Gottes Heilswort und seinem kosmischen Walten ist es nun erst recht die Sache des Glaubens, sich zu dem Daß dieser Beziehung zu bekennen.

Und dies nicht etwa, weil zu dem, was im Glauben uns selbst und unsere Existenz angeht, nun eben aus Gründen dogmatischer Vollständigkeit noch dieses andere, metaphysisch-kosmotheologische Thema hinzukommen müßte. Sondern gerade

8 Joest, Gott

2. um der Personexistenz des Glaubenden willen

Wir haben von der Neigung gesprochen, die personalen Existenzbezüge des Menschen von der naturhaften Bedingtheit seines Daseins zu sondern und sie gewissermaßen als eine eigene Dimension zu betrachten, die senkrecht steht zu jener anderen, in der auch wir aus Atomkomplexen bestehen, der Naturgesetzlichkeit unterliegen und mit dem Ablauf unseres Lebens von der Geburt zum Tod irgendwo höchst ephemer in den Ablauf des Weltprozesses eingegliedert sind. Diese Unterscheidung ist nun u.E. gerade existentiell nicht möglich, sondern eine fiktive gedankliche Konstruktion. Und zwar zunächst in bezug auf unser leibliches Dasein. Medizin und Psychologie zeigen immer eindringlicher den Zusammenhang unserer seelischen und geistigen Reaktionen mit „naturhaften" Bedingungen und Dispositionen. Ja wir erleben diesen Zusammenhang, und oft in sehr bedrängender Weise (man denke an den Einfluß, den z.B. Krankheit und Altersabnutzung auf das Personverhalten haben kann). Es ist keineswegs so, daß wir einen Leib nur „haben", indem wir als „Selbst" im eigentlichen Sinne nicht-naturhaft „existieren". Es ist nicht an dem, daß das Leibliche und sein Befinden nur Material ist, *demgegenüber* das Selbst aus einem naturfreien Grund seines Wesens heraus ein „Verhalten" üben würde. Sondern wir selbst „sind" auch dieser Leib. Über ihn aber hängen wir strukturell und funktional mit der Natur und letzten Endes mit dem kosmischen Ganzen zusammen.

Damit soll nicht im Sinne eines vulgären Materialismus behauptet sein, Geistiges, Verantwortung, Entscheidung gebe es überhaupt nicht. Wir haben aber Veranlassung, uns zu fragen, ob es das Geistige und „Personale" des Menschen anders gibt als *im* Naturhaften – bis dahin, daß derselbe Vorgang, den wir als Personverhalten, vielleicht sogar als bewußte Entscheidung leben und erleben, bei genügender Kenntnis aller Faktoren *auch* als ein physisch-biologisch bestimmter Ablauf beschrieben werden könnte, in dem das Ich durch seine Leiblichkeit und die auf diese wirkenden Faktoren hindurch letzten Endes mit dem ganzen Kosmos verknüpft ist. Dieser Vorgang wäre dann zwar gewiß nicht erschöpfend beschrieben, und vielleicht ist es bereits zuviel gesagt, daß *alles* in unserm personalen Verhalten auch in den „Dialekt" eines physischen Ablaufs übersetzbar ist. Aber daß das personale Verhalten von solchen Abläufen durchwirkt und mitbestimmt wird, dürfte unbestreitbar sein. Bis in den Bereich des Glaubens- und Gebetslebens hinein wirkt sich diese naturhafte Bedingtheit aus. Freilich wagt es der Glaube, diese Bedingtheit in eine Klammer zu setzen; wir können sie nicht ignorieren, aber durch sie hindurch glauben wir unser Selbst in *Gottes* Macht. Jedoch gerade deshalb ist der Glaube an Gott *meinen* Schöpfer, Herrn und Erlöser, an den Gott, der mein Selbst angeht, nicht zu trennen von einem keineswegs spekulativ hinzugesetzten, sondern notwendig eingeschlossenen Mit-glauben an Gott den Schöpfer und Herrn des kosmischen Prozesses. Und dieses Mit-geglaubte muß auch ausgesprochen werden, es darf auch unter dem Druck eines mit der theologischen Thematik nur schwer zu koordinierenden Weltbildes nicht auf die Dauer aus dieser Thematik ausgeklammert werden. Sonst entsteht der Eindruck, Gott der Schöpfer gehe uns nur in einer der Naturgebundenheit enthobenen Sphäre unseres Daseins an, die sich selbst als Illusion erweisen könnte und damit auch diesen Gottesbezug.

III.

Nun hatten wir die Gründe erwogen, die eine akosmische Tendenz der Theologie gerade aus dem Anblick des modernen naturwissenschaftlichen Weltbildes schöpfen könnte. Wenn wir solche akosmische Tendenz verneinen, müssen wir uns mit diesen Gründen auseinandersetzen. Das kann hier nur in sehr allgemeinen Zügen geschehen.

1. Die *Realität*, über die die Naturwissenschaft einerseits, der Glaube andererseits redet, können wir nicht trennen. Der Glaube an Gott den Schöpfer muß bei Strafe, zu einer wirklichkeitsfremden Ideologie zu werden, auch die „Natur" umgreifen, die die Wissenschaft untersucht. Aber die *Fragestellungen* und *Methoden*, mit denen hier und dort etwas über diese Realität erkannt wird, *müssen* wir auseinanderhalten. Die Naturwissenschaft fragt nach der meßbaren Beschaffenheit, dem Aussehen, der „Struktur" der kosmisch-natürlichen Wirklichkeit und ihrer Abläufe in sich selbst, so wie immer dieses Aussehen dem Menschen erkennbar werden kann. Sie fragt danach mit den Mitteln von Beobachtung, Messung und Schlußfolgerung. Die Theologie redet von Gott, und soweit sie von der Natur redet, redet sie von ihr als der Schöpfung und dem Herrschaftsbereich Gottes. Sie kann davon nur reden, weil Gott zuvor sich selbst als Schöpfer, Herr und Erlöser offenbarte, weil er sein Wort und seinen Geist zu seiner selbst Erkenntnis im Glauben gibt. Das heißt, sie ihrerseits kann das, was sie von Gott und über den Kosmos im Zusammenhang mit Gott zu sagen hat, nicht mit den Mitteln von Beobachtung, Messung und schlußfolgernder Vernunft unter Beweis stellen, sondern nur auf das Wort Gottes selbst und auf die Vergewisserung durch den göttlichen Geist gründen. Aus diesem Auseinanderhalten der Fragestellung und Methode folgt zweierlei:

Einmal haben wir theologisch der Naturwissenschaft hinsichtlich ihrer Ergebnisse, wie der Kosmos beschaffen ist, in welcher Gestalt der Vorgang der Entstehung des Menschen sich vollzieht usw., keine Grenzen zu ziehen. Die Frage nach dem Aussehen der Natur und ihrer Abläufe ist ihre Frage. Sie mag und muß diese Frage mit den ihr gegebenen Mitteln beantworten, wie weit und wohin immer Beobachtung und Denken sie dabei führen mag. Es hat keinen Sinn, die Bibel in *diesen* Fragen soweit wie möglich doch noch „recht haben" lassen zu wollen. Was das Aussehen des Kosmos betrifft, so hatten die biblischen Schriftsteller natürlich die Vorstellungen ihrer Zeit, und diese sind keine Glaubensartikel, sondern der weltanalysierenden Vernunft des Menschen zur Prüfung und Berichtigung überlassen. Es hat folglich auch keinen Sinn, Glaubenswahrheiten über Gott, Mensch und Natur auf „Lücken" der wissenschaftlichen Naturerkenntnis zu gründen. Denn erstens können diese Lücken sich eines Tages schließen – was dann? Und zweitens ist das, was der Glaube von der Natur als Schöpfung und Herrschaftsbereich Gottes glaubt, in sich nicht von der Art, daß es als ein Stückchen *Aussehen* der Welt in Lücken paßt, die die Wissenschaft in ihrer Erkenntnis dieses Aussehens offenlassen müßte.

Nach der anderen Seite bedeutet das: Theologen und Naturwissenschaftler sollten sich darüber einig sein, daß die Naturwissenschaft über Gott und die Natur als Gottes Schöpfung und Herrschaftsbereich mit *ihren* Mitteln und Methoden weder positiv noch negativ etwas sagen kann. Der Christ darf von der Naturwissenschaft keinen Gottesbeweis erwarten. Denn er sollte wissen: was Wissenschaft beobachten und beweisen kann, ist ein Aspekt des Aussehens der *geschöpflichen* Wirklichkeit. Gott der Schöpfer selbst, und eben damit seine Beziehung zu dieser Wirklichkeit als seiner *Schöpfung*, gibt sich nicht in den Griff dieser Beobachtung. Er wäre sonst selbst ein Stück Welt, und damit ex definitione nicht mehr Gott, der Schöpfer und Herr. Der Naturwissenschaftler darf umgekehrt nicht meinen, er könne Gott den Schöpfer wegbeweisen. Denn er muß wissen, daß der Glaube – ob er persönlich ihn nun teilt oder nicht – nicht erwartet, Gott irgendwo im Kosmos als „Gegenstand" zu finden oder als Faktor, auf dessen „Vorhandensein"-Müssen man in der Berechnung physikalischer Energiefaktoren stoßen kann. An einen solchen Gott glaubt wirklicher Glaube nicht. Die berühmte Antwort von Laplace an Napoleon „Sire, ich hatte diese Hypothese nicht nötig" (noch mehr die Feststellung des Kosmonauten, er habe auf seiner Reise keine Spur von Gott entdecken können) offenbart in dieser Hinsicht eine erschreckende Naivität – an der freilich auch Kirche und Christenheit nicht ganz unschuldig sind.

Damit ist zunächst nur festgestellt, daß die naturwissenschaftliche Erforschung des Kosmos und die Glaubensaussage, daß der Gott unseres Heiles der Schöpfer und Lenker dieses Kosmos ist, koexistieren können und müssen, ohne sich gegenseitig in ihre Arbeit und Erkenntnis hineinzureden. Es bleibt aber dann immer noch die Frage, von der wir ja ausgingen: wie gerade dieses „menschenferne" Aussehen des Kosmos, das die Wissenschaft uns zeigt, mit dem Glauben an den Gott, dem es entscheidend um den Menschen geht, wie der Gott unseres Heils mit dem Schöpfer und Lenker dieses Kosmos sinnvoll zusammengeschaut werden kann.

IV.

Nun ist im naturwissenschaftlichen Weltbild in mancher Hinsicht eine Wandlung eingetreten, die im Vergleich zu der Denkweise von vor etwa sechzig Jahren höchst auffallend ist. Was diese Wandlung für unsere Problematik austrägt, mag durchaus fraglich sein, aber jedenfalls kann die theologische Besinnung an ihr nicht einfach vorübergehen. [2]

Das naturwissenschaftliche Weltbild der nahen Vergangenheit hatte einen besonderen Aspekt, der auf die Empfindung, Weltbild und christlicher Schöpferglaube seien nicht länger zu vereinbaren, verstärkend wirkte. Man hielt den Weltraum für schlechterdings unendlich. Ebenso hielt man die Weltzeit für unendlich, d. h. man lebte in der Vorstellung, daß der kosmische Prozeß anfangs- und endlos und somit jede Vorstellung einer sinnbestimmenden Setzung und Zielsetzung dieses Prozesses hinfällig ist. Dazu kam ein weiteres Moment, das mit diesen beiden Vorstellungen im Zusammenhang steht: die Überzeugung von der strikten und lückenlosen kausalen Determination aller Naturabläufe. Auch in dieser dritten Vorstellung wird die Natur – hier in der Gestalt des Naturgesetzes – zu dem unendlichen Totum, das, wenn überhaupt eine Gottesvorstellung, so nur noch die des Pantheismus zuzulassen scheint. Man kann sagen, der der persönlichen Existenz des Menschen gegenüber gleichgültig gewordene Aspekt des Kosmos gewann durch diese Vorstellungen ein pseudoreligiöses Korsett. Der Kosmos selbst, die „Natur", trat an die Stelle Gottes als numinose Allmacht – eine Allmacht aber, die dem Menschen nur ein Angesicht erhabener Blindheit zeigt.

Dieses pseudoreligiöse Korsett ist durch neue Entwicklungen der Naturforschung ins Wanken geraten. Ihre Ergebnisse – soweit sie mir als Laien veständlich sind – scheinen im Blick auf jene drei Vorstellungen in Kürze die folgenden zu sein: 1. Die räumliche Unendlichkeit des Kosmos ist, wenn nicht endgültig bestritten, so doch in Frage gestellt. Man nimmt jetzt weithin an, der Weltraum sei sphärisch in sich selbst gekrümmt und damit endlich, wenn auch ohne Grenze – analog einer in sich gekrümmten endlichen Kugeloberfläche, jedoch von höherer, nicht mehr anschaulich, sondern nur noch mathematisch erfaßbarer Dimensionalität. 2. Auch die zeitliche Unendlichkeit des kosmischen Prozesses ist, zumindest nach rückwärts, in Frage gestellt. Die Beobachtung eines ständigen Auseinanderstrebens aller Gestirne wird so gedeutet, daß dieser Prozeß zu einem aus der Geschwindigkeit dieses Auseinanderstrebens annähernd errechenbaren Zeitpunkt gewissermaßen aus einem Nullpunkt explodierte: Allerdings liegt dieser Zeitpunkt in einer verglichen mit der Menschheitsgeschichte

---

[2] Für das Folgende kann inzwischen besonders auf W. *Pannenberg*, Kontingenz und Naturgesetz, in: Erwägungen zu einer Theologie der Natur (1970) hingewiesen werden; im übrigen auf die in Anm. 1 genannte Literatur.

unermeßlich fernen Vergangenheit. 3. Auch die Allmacht der Kausaldetermination gilt nicht mehr lückenlos. Im mikrophysikalischen Bereich der atomaren Vorgänge gibt es „Entscheidungsereignisse", deren Ausfall nicht mehr schlechthin determiniert und vorhersagbar, sondern nur mit einer gewissen Wahrscheinlichkeit vermutbar ist.

Alle diese Beobachtungen sind hinsichtlich ihrer Deutung noch umstritten und keineswegs abgeschlossen. Aber daß eine Wandlung des naturwissenschaftlichen Weltbildes im Gange ist, die auch für das Selbstverständnis des Menschen im Zusammenhang der Natur, vielleicht sogar für die Frage Gott und Kosmos bedeutsam werden könnte, wird doch von vielen führenden Denkern empfunden. So weist C. Fr. von Weizsäcker eindrucksvoll darauf hin, daß jene drei Unendlichkeitsvorstellungen (die Unendlichkeit der Kausaldetermination eingerechnet) einen wissenschaftlich unbegründbaren Mythos darstellten, der dem Kosmos göttlich-absolute Züge verlieh, und daß die neuen Erkenntnisse insofern zumindest eine Art Entgötterung der Natur darstellen – freilich keineswegs einen positiven Gottesbeweis. Wesentlich ist ferner die Feststellung v. Weizsäckers, daß man nunmehr in gewissem Sinne von einer Geschichte auch der Natur und des Kosmos reden muß. Der Kosmos ist nicht mehr das ewig in sich selbst kreisende Unendliche, während nur der Mensch eine Geschichte hätte. Vielmehr ist er in einer unumkehrbar zielgerichteten Bewegung begriffen, die einen Anfang hat und die „wohin" geht. Weizsäcker betont unter diesem Gesichtspunkt einen Zusammenhang zwischen der kosmischen Natur und dem Menschen: auch die Natur hat Geschichte – und: auch der Mensch ist Naturwesen.

V.

Wir werden solche Erwägungen sehr zu beachten haben, müssen uns aber hüten, aus ihnen in kurzschlüssiger Weise theologisches Kapital schlagen zu wollen. Vor allem muß man sich klarmachen, daß auch die neuesten Wandlungen des Weltbildes uns nicht etwa ein Weltbild wiederbringen, das wie das mittelalterliche mittelpunktmäßig auf den Menschen und seine Geschichte mit Gott bezogen und so mit dieser in einer gewissen geistigen Anschaulichkeit koordinierbar ist. Auch das seines Unendlichkeitsnimbus entkleidete Weltbild bleibt „menschenfern". Die Erde des Menschen behält auch in ihm jene räumlich und zeitlich exzentrische, ephemere Stellung, derzufolge die Frage auftauchen kann: Weshalb sollte (wenn es ihn „gibt") der göttliche Walter dieser auf unvorstellbare Weise sphärisch in sich gekrümmten Grenzenlosigkeit gerade mit dem Menschen des in diesem Ganzen höchst belanglos erscheinenden Planetchens Erde wesentlich befaßt, ja um seinetwillen Mensch geworden sein? Viele heutige Menschen werden – auch mit dem gewandelten Weltbild – das Empfinden behalten, dies sei eine naive Vorstellung der Beziehung von Mensch, Welt und Weltschöpfer, die so eben eigentlich doch nur in einem engen geozentrischen Weltbild zu Hause sein konnte. Zwar spricht man nun von einem zeitlichen Anfang dieses Kosmos und von unumkehrbarer, aus diesem Anfang entsprungener Richtung seines Prozesses. Aber es bleibt auch dann geistig ganz unanschaulich, wie das Entspringen dieses Prozesses mit der Erschaffung des Menschen und wie das Wohin des Ablaufs dieses Prozesses mit dem Heilsziel einer Geschichte Gottes mit dem Menschen in einem planvollen Zusammenhang göttlicher Absicht stehen soll. Denn der Prozeß der Menschengeschichte bleibt ja nach wie vor eine in den Zeitmaßen des kosmischen Prozesses ertrinkende Winzigkeit. (Ganz abgesehen davon, daß der Naturwissenschaftler offenlassen muß, ob nicht vor jenem Nullpunkt, den man vom jetzigen Aspekt des Prozesses aus nach rückwärts schätzen kann, bereits andere Prozesse abliefen und nach seinem eventuellen künftigen Stillstand andere ablaufen werden.) Und schließlich, wenn auch die Kausaldetermination für die atomaren Bereiche ihre unbedingte Geltung verloren hat, so muß man sich doch vor der Folgerung hüten, nun sei *insofern* wieder „Raum" für das Eingreifen Gottes in die Geschicke der Menschen. Denn für die makro-physikalischen Verhältnisse, die diejenigen der menschlichen Lebenswelt sind, bleibt das Kausalgesetz innerhalb der naturwissenschaftlichen Betrachtung ja durchaus in Geltung. Es bleibt also von daher gesehen nach wie vor geistig unanschaulich, inwiefern wir über Dingen, die wissenschaftlich als naturgesetzliche Abläufe beschreibbar sind, Gott um ein „Eingreifen" bitten und wie wir eine Wandlung solchen Ablaufs, die sachlich dieser Bitte entspricht, als ein „Erhören" Gottes verstehen können. Es scheint also doch so zu sein: man muß die Gottesbeziehung als „personales" Geschehen von dem Bereich der Naturabläufe und unseres eigenen Daseins als Naturablauf trennen und das Naturhafte überhaupt aus dem Interesse des Glaubens und der religiösen Aussage ausklammern (was dann etwa bedeuten könnte: das chronologische Woher und Wohin unseres Daseins interessiert uns nicht, wir lassen es im Meer des Weltprozesses ertrinken – für den Glauben ist nur Thema das Woher der Lebenszuversicht des personalen Aktes für je diesen Augenblick, und die Sinnerfüllung dieses Aktes, wiederum für je diesen Augenblick. Oder: die naturhafte Befindlichkeit unseres Daseins – etwa das Daß von Krankheit oder Gesundheit als solches – geben wir dem naturgesetzlichen Ablauf anheim, für den Glauben ist nur Thema unser personales Verhalten zu diesen Gegebenheiten, und für dieses allein erwarten und erbitten wir die Einwirkung Gottes.) Wir haben im zweiten Abschnitt dieses Aufsatzes zu begründen versucht, warum wir eine solche Ausklammerung nicht für möglich halten.

Soll das Thema „Gott und der Kosmos" mit dem Thema „Gott und das personale Selbst des Menschen" verklammert bleiben, dann haben wir also jene Schwierigkeit, den menschenfern gewordenen Aspekt des Kosmos mit dem menschbezogenen Heilshandeln des Schöpfers in geistiger Anschaulichkeit zu koordinieren, gewissermaßen „auszuhalten", ohne uns durch sie beirren zu lassen. Doch ist das einfache Sacrificium jenes Koordinierungsbedürfnisses hier nicht das letzte Wort. Vielmehr ist es aus der Voraussetzung des Glaubens an Gott – der freilich nie aus dem Aspekt des Kosmos, sondern nur aus der Verkündigung des Wortes gewirkt und erhalten werden kann – verstehbar, *warum* jenes Koordinierungsbedürfnis nicht erfüllbar ist. Es ist darum nicht erfüllbar, weil Gott Gott, der Schöpfer und Herr, und als dieser gerade nicht ein „Moment" der Welt ist. Dies bedeutet nämlich: Gottes Schaffen, Wirken, zum Ziel Führen bezieht sich zwar auf die Kreatur, und zwar in ihrer ganzen Universalität: auf die Unermeßlichkeit des kosmischen Prozesses ebenso wie auf die Menschheitsgeschichte und auf den Lauf jedes einzelnen Menschenlebens. Aber Gottes Schaffen, Lenken und zum Ziel Bringen kann grundsätzlich mit den Maßen, in denen wir innerweltliche Gegebenheiten und Vorgänge in sich selbst anschauen oder mit ihnen bei unserm kreatürlichen Handeln in Wechselwirkung treten, nicht verrechnet werden – weder mit den Raummaßen, noch mit den Zeitmaßen, noch mit dem Verknüpfungsschema kausaler Abfolge. Das Koordinatensystem dieser Maße dient der Ordnung unserer Vorstellungen vom Aussehen des Geschaffenen. Daß dieses Koordinatensystem nicht das Sein Gottes selbst erfassen, ihm etwa einen „Ort" im Kosmos zuschreiben oder seine Ewigkeit nach Jahren messen kann, ist dem theologischen Denken längst geläufig. Das bedeutet dann aber, streng durchdacht, auch dies: daß die Beziehung Gottes auf die Welt und den Menschen in ihr, sein Wirken an der Welt und dem Menschen in ihr –, eben weil es nicht eine konkreatürliche Relation und Wirkkomponente, sondern des Schöpfers Sich-beziehen und Wirken ist – nicht kommensurabel ist mit den Maßen, in denen wir die geschöpfliche Wirklichkeit in ihren immanenten Beziehungen und ihrem gegenseitigen Einwirken anschauen. Diese Kommensurabilität fordern hieße geradezu, die Gottheit Gottes, das schlechthinnige „Über" des Schöpfers gegenüber dem Geschaffenen, aufheben wollen.

Wenden wir diese Einsicht zuletzt in einigen paradoxen Formulierungen auf einige der berührten Fragen an – die Formulierungen können deshalb nur paradox sein, weil sie versuchen, in Terminis innergeschöpflicher Kategorien die Überlegenheit des Schöpfers über diese Kategorien auszudrücken.

Gehen wir zunächst vom Räumlichen aus. Innerhalb der Größenmaße des kosmischen Raumes befindet sich die Erde des Menschen in einer absolut subalternen Stellung. Müßte dieser Raum nicht so aussehen, daß sie sich in einer zentralen Stellung befindet, wenn wir glauben sollen, daß der Gott, der diesen Raum beherrscht, um den Menschen der Erde bis zu seiner eigenen Menschwerdung hin bekümmert ist? Diese Frage geht darum an Gott vorbei, weil sie von der kreatürlichen Bindung an den Raum aus gestellt ist und im Grunde den Menschen vor Augen hat, für den es Zentrales und Peripheres gibt, der das Größere und bezüglich auf seinen Standort in der Mitte Gelegene besser beachten kann als das Kleine und am Rande Gelegene, der daher umgekehrt, wenn er etwas ordnet oder bildet, das ihm Wesentliche in die Mitte stellt und größer bildet usw. – weil er selbst eben innerräumlich gebunden existiert. Gott der Schöpfer, der in seinem Schaffen selbst gleichsam den Raum erst ausspannt, ist im Akt *seiner* Beziehung auf die Kreatur eben damit „vor" allem Raum und seinen Maßen. Er kann in *seiner* „Perspektive" sehr wohl so in diesen Raum hineinblicken, daß das, was für unsere innerräumliche Perspektive peripherste Peripherie ist, im Zentrum seines Blickes steht. Wobei wir die Frage ruhig dahingestellt sein lassen dürfen, ob er nicht ebenso andere „Erden" und Geschöpfe im selben Mittelpunkt seines Blickfeldes hat.

Wenden wir diese für den Glauben an Gott eigentlich fast naiv-selbstverständliche Erwägung auf die Frage der Zeitmaße an. Der Kosmos hat einen Ursprung seiner Zeit, die Menschheit hat ihn, jedes einzelne Menschenleben hat ihn – wir beziehen im Bekenntnis des Ersten Artikels alle diese Ursprünge auf die Sinneinheit der Schöpfersetzung Gottes. Nach den Maßen unseres innergeschöpflichen Zeitbildes klaffen diese Ursprünge – und infolgedessen auch die Mächtigkeit der zeitlichen Erstreckung der mit ihnen gesetzten Größen – in unvorstellbarer Weise auseinander. Die Schöpfersetzung als Sinneinheit scheint zu zerreißen, denn man möchte sagen: erst unendlich lange, nachdem Gott den Kosmos geschaffen und sich mit ihm beschäftigt hat, ohne des Menschen zu bedürfen, ließ er es sich einfallen, in einer verschwindend kleinen Endsekunde auch den Menschen ins Dasein treten zu lassen. Sollte dieser Mensch im ursprünglichen Schöpferwillen und der letzten Schöpfungsabsicht dieses Gottes irgendeine wesentliche Bedeutung haben? Aber dies ist wieder ganz aus dem Verhältnis des *in der* Zeit existierenden Geschöpfes und seines Handelns zu den Zeitmaßen geurteilt. Gottes „Anfangen", das die Kreatur in *die* Zeit ruft und somit mit dem Setzen der Geschöpfe das Setzen der Zeit selbst *ist*, ist ihrem Maß schlechterdings „zuvor". Es kann nicht – wie jegliches Anfangen der zeitgebundenen Kreatur – auf der Zeitlinie in Punkten aufgetragen werden: zu einem sehr frühen Zeitpunkt fing Gott dies an, zu einem sehr viel späteren erst dies usw. Mit anderen Worten: Gott kann sehr wohl in demselben schöpferischen „Anfangen", in dem er den ganzen kosmischen Prozeß ausspannt, zugleich auf die Schöpfung des Menschen aus sein; ja in seinen „Zeitmaß" (von dem wir nur ebenso uneigentlich reden können wie von seiner „Perspektive") können ganz Jahrmilliarden von Weltentwicklung eine verschwindende Vorbereitungssekunde seiner Geschichte mit dem Menschen sein.

Wenden wir diesen Gedanken auf die Zukunft hin: der kosmische Prozeß, so sagten wir, läuft „wo-hin" – für den Glauben an Gott den Schöpfer kann dieses Wohin in letzter Instanz, was immer man wissenschaftlich darüber wissen mag oder nicht, nur das Ziel Gottes mit dem Werk der Schöpfung sein. Auch über dem Prozeß der Menschheitsgeschichte glauben wir, daß sein letztes Wohin das Ziel der Wege Gottes mit dem Menschen ist. Und schließlich geht jedes einzelne Menschenleben durch den Tod seinem „jüngsten Tag" (vielleicht würden wir besser sagen: seinem Anteil am Jüngsten Tag) entgegen. Vom Innern unseres kreatürlichen Zeitbildes gesehen klaffen diese Zielpunkte ganz und gar undimensioniert auseinander. Was sollte das unabsehbare Wohinzielen des kosmischen Prozesses mit irgendeinem Ende der Menschheitsgeschichte zu tun haben? Was wiederum mit dem Ziel der Menschheitsgeschichte das Ende des kleinen Einzellebens? Aber das Schöpfungsziel, auf das hin Gott alle diese verschiedenen Gestalten kreatürlicher „Zeitläufe" entspringen läßt, ist ja innerzeitlichen Zeitvergleichungen grundsätzlich entzogen. Denn eben als das Ziel der Zeit, die Gott den Geschöpfen gibt, als sein Abzielen mit der Zeit, in dem er diese erst setzt, kann es ja nicht ein Punkt innerhalb ihrer und ebensowenig verschiedene nah oder unermeßlich fern auseinanderliegende Punkte innerhalb ihrer sein. Anders gesagt: Gott kann sehr wohl das Ziel des Kosmos, das Ziel der Menschheitsgeschichte und das Ziel jedes Menschenlebens, obwohl das alles in unserer innerzeitlichen Vorstellung nicht koordiniert werden kann, in einem Punkt vereinigen – einem Punkt freilich, der kein von uns datierbar vorzustellender Zeitpunkt mehr ist.

Noch eine letzte Erwägung. Nehmen wir an, es habe schlechterdings alles Geschehen, auch dasjenige personaler Entscheidungen, eine naturhafte Dimension, in der es grundsätzlich auch als naturgesetzlicher Ablauf betrachtet werden kann. Was dieser Aspekt für die Verantwortlichkeit des Menschen bedeuten würde, sei hier ausgeklammert. Wir fragen: Was würde er dafür bedeuten, daß wir zu Gott jetzt bitten: um Heilung einer Krankheit, um Bewahrung vor Unfall, um Lenkung unserer Entscheidungen und unseres Verhaltens; und daß wir glauben, Gott könne auf solches jetzige Bitten hin erhören? Müßte man nicht sagen: Entweder Gott hat die Natur, ihre Abläufe und Gesetze gesetzt. Dann ist *damit* gegeben – und zwar letzten Endes von Anbeginn des Naturablaufes her gegeben –, was er tun wird, und es ist sinnlos, ein Eingreifen ad hoc auf unser Bitten hin zu erwarten. Oder – es muß doch ein naturgesetzlich freies „Seelengebiet" postuliert werden, und dann darf unser Gebet sich auch nur auf das richten wollen, was Gott in diesem Gebiet ad hoc wirken kann – z.B. nur darauf, daß er uns ein neues *Verhalten* schenken möge zu dem, was uns vom Naturablauf her betrifft. Aber das wäre m.E. eine geistige Kastrierung der Gebetszuversicht, und überdies: das naturgesetzlich freie

Seelengebiet könnte eine Illusion sein. In sinngemäßer Übertragung des zur Raum- und Zeitfrage Gesagten muß man diesem Dilemma die Einsicht entgegenstellen, daß Gottes Wirken, gerade weil es die Natur und ihre Wirkzusammenhänge schöpferisch setzt (nicht nur benutzt – wie der Mensch, der diesen Zusammenhängen selbst eingeordnet bleibt), selbst kein Glied dieser Kette ist und darum auch nicht mit ihren Gesetzmäßigkeiten verrechnet werden kann. Es ist sinnlos, zu meinen: die Ursache „Gottes Wille" steht als erstes Glied am Anfang der Kette, die längst läuft, und kann darum nicht heute auf meine Bitte hin sozusagen ihren ersten Platz verlassen und an späterer Stelle der Kette neu hereinbrechen. Denn damit würden wir das Tun des Schöpfers in die Kategorien einordnen, in denen wir geschöpfliche Wirkungen und ihr gegenseitiges Bedingungsverhältnis anschauen, während es doch als der das Gesamt dieser Wirkungen jederzeit tragende Schöpferwille dieser Bedingtheit grundsätzlich „über" ist. Es ist ebenso sinnlos, zu meinen, wir brauchten eine Lücke in der Kausalreihe oder ein ihr gegenüber sturmfreies Gebiet personaler Existenz, um die Möglichkeit eines aktuellen Handelns Gottes auf unser Gebet hin zu glauben. Auch damit wäre der „Faktor Gott" auf einer Ebene in Konkurrenz zu geschöpflichen Wirkfaktoren gebracht – sie müssen ihm sozusagen Platz machen, er braucht „Raum" unter ihnen, unterliegt also ihrer kategorialen Ordnung. Auch hier kann die positive Aussage, die der Abweisung solcher Vorstellungen entspricht, nur noch höchst paradox formuliert werden: Wir glauben, daß Gott in diesem Jetzt, in dem er Gebet erhören will, die ganze Kette kosmischer Kausalität genau auf das hin von Anbeginn an entsprungen sein lassen kann, worum wir ihn bitten und was er geben will. Denn er ist nicht Erstfaktor dieser Kette, auch nicht ihr Lückenbüßer, sondern ihr Schöpfer und Herr[3].

Und demnach: Ich glaube an Gott den Schöpfer, das heißt, an meinen Schöpfer, den Herrn dieses Augenblicks und meines persönlichen Lebens. Und das heißt zugleich: an den „Schöpfer Himmels und der Erde", den Herrn und Lenker des Kosmos und seiner Ordnungen. Es heißt beides in einem Atemzug desselben Glaubens – mag dieser Kosmos aussehen wie immer.

---

[3] Suchen diese Überlegungen gegenüber einer Engführung des Schöpferwirkens Gottes auf die Relation von „Wortgeschehen" und Innerlichkeit des Glaubens den universalen Aspekt dieses Wirkens zurückzugewinnen, so kann nun allerdings aus einer ganz anderen Problematik als der des Weltbildes die Frage neu aufbrechen, ob wirklich *alles*, was geschieht, auf die Allmacht des Schöpfers zurückgeführt werden darf. Diese Frage wird in einem späteren Aufsatz dieser Sammlung aufgegriffen.

Adam und wir

Gedanken zum Verständnis der biblischen Urgeschichte

Es soll sich hier nicht um eine inhaltlich-theologische Auslegung der Geschichte von Schöpfung und Sündenfall Adams handeln, sondern um die Frage, wie sich die Geschichte, die von Adam berichtet wird, zu unserer Geschichte verhält: zu der Geschichte der Menschheit im historischen Sinn, eventuell auch zu der Geschichte des einzelnen Menschenlebens im biographischen Sinn, und zu Geschichte im Sinn eines Verhaltens, das sich in menschlicher Existenz je immer erneut vollzieht. Die biblische Urgeschichte berichtet von der Erschaffung Adams und vom Sündenfall Adams. Vorweg sei als Grundthese dieser Ausführungen behauptet, daß die Frage nach dem Verhältnis der Geschichte Adams zu unserer Geschichte für diese beiden Themen je verschieden beantwortet werden muß.

I. Aufriß der Fragestellung

1. Die Geschichte Adams wird in der Genesis erzählt als ein Geschehen, das sich „am Anfang" begeben hat. Über die Anfänge des Menschengeschlechts sind uns heute auch wissenschaftliche Einsichten zuhanden, die zwar fragmentarisch, aber begründet sind, so daß sie nicht beiseitegesetzt werden können. Es ist bekannt, daß sie jedenfalls einem wörtlich-historischen Verständnis der biblischen Adamsgeschichte entgegenstehen. Ein solches Verständnis dürfte aber auch dem Sinn der biblischen Erzählung selbst nicht eigentlich entsprechen. Auch der biblische Erzähler konnte nicht meinen, hier etwas zu berichten, wovon er aus menschlicher Überlieferung genaue Kunde hatte. Es handelt sich um prophetische Schau eines unmittelbarer, empirischer Kenntnis nicht greifbaren Anfangens der menschlichen Dinge[1]. Die Darstellungselemente, in denen diese Schau sich ausdrückt, sind symbolisch. Darüber darf heute wohl Einverständnis vorausgesetzt werden.

2. Es entsteht aber nun die Frage: Worauf weist diese symbolische Darstellung hin, wofür steht sie? Steht sie für ein Ereignis, das tatsächlich als am zeitlichen Anfang der Menschheitsgeschichte geschehen zu verstehen ist, wenngleich es der historischen Erfassung faktisch nicht mehr greifbar ist und wenngleich es sich nicht in genau denjenigen Hergangs-

---

[1] So auch P. *Brunner* in seinem Aufsatz „Adam, wer bist du? Methodische Erwägungen zur Lehre von dem im Ursprung erschaffenen Menschen", in: KuD 1966, S. 267–291, auf S. 280. Brunners Aufsatz berührt sich thematisch stark mit dem hier vorgelegten, der aber theologisch z. T. zu anderen Ergebnissen kommt.

formen abgespielt hat, in denen es hier anschaulich geschildert wird? Ist das chronologische Moment des „am Anfang Geschehenseins", das der Bericht enthält, als solches also nicht symbolisch zu verstehen, und gehören auf die Symbolseite nur die konkreten Formen der Anschaulichkeit, in denen das Geschehen berichtet wird? Handelt es sich also mit anderen Worten um ein prae-historisches Geschehen, dessen Sinn als Geschichte des ersten Menschen mit Gott eine rückwärtsgewandte Prophetie erkennt und freilich nur sie erkennen kann, während die Wissenschaft der Praehistorie diesen ersten Menschen als solchen und abgesehen von seiner Gottesgeschichte grundsätzlich vielleicht auch entdecken könnte und dies nur faktisch nicht vermag?

Oder steht diese symbolische Darstellung für ein Geschehen, das sich immer erneut vollzieht, wo menschliches Dasein ist? Ist sie die symbolisch historisierende Darstellung eines je aktualen Grundverhaltens: in jedem Augenblick empfange ich mein Dasein aus der Hand Gottes, und in jedem Augenblick habe ich es je immer auch schon verdorben durch einen Sündenfall, der nie Vergangenheit und nie Tat eines anderen ist? Dann würde also das chronologische Element des „am Anfang Geschehenseins" zu übersetzen sein in ein Anfängliches nicht im chronologischen Sinne, sondern im Sinne des aktualen Prinzipium der Existenz.

Einfacher gesagt: Ist „Adam" der erste Mensch? Oder sind „Adam" wir alle und jederzeit?

3. Daß „Adam" auch wir alle und jederzeit sind, wird kein Theologe in Abrede stellen. Gewiß, die creatio originans ist auch creatio continua, und der Sündenfall Adams ist auch meine eigene Tat, die sich immer wieder erneuert. Man muß die Frage also noch genauer stellen: Darf die Theologie sich heute darauf beschränken, allein dies zu sagen: Adam sind wir alle und jederzeit? Dürfen wir das Moment des Anfangs im chronologischen Sinn auf die Symbolseite schreiben, d.h. rein und nur in das Moment des aktualen Prinzipium der Existenz übersetzen? Die Theologie wäre dann freilich mit einem Schlage alle apologetischen Schwierigkeiten mit der Wissenschaft los. Oder müssen wir sagen: „Adam" sind zwar wir alle und jederzeit, wir sind es aber aufgrund dessen, daß wir von Adam, dem ersten Menschen, herkommen – „Adam" ist wirklich auch der erste Mensch?

Daß die Adamsgeschichte eine aktuale Komponente hat, ist also unbestritten. Die Frage ist, ob sie *nur* aktual zu verstehen ist, oder ob sie (so wollen wir die Alternative einmal vorläufig bezeichnen) *auch* eine praehistorische Komponente hat, und vielleicht sogar so, daß dieser praehistorischen Komponente für die aktuale Komponente eine begründende Bedeutung zukommt.

4. Es muß zunächst daran erinnert werden, welche Schwierigkeiten im Denken eines heutigen Menschen, der die wissenschaftlichen Vor-

stellungen über die praehistorischen Anfänge des Menschengeschlechts zur Kenntnis genommen hat, einem praehistorischen Verständnis der Adamsgeschichte entgegenstehen. Damit sagen wir wahrhaftig nichts Neues. Aber hat die Theologie im Zeichen der Verpönung einer falschen Apologetik sich nicht allzu sehr daran gewöhnt, solche Schwierigkeiten einfach abzuschütteln, anstatt ihnen zu begegnen?

Es ist klar, daß die Menschheit irgendwann einmal in der Zeit angefangen hat zu existieren. Ihr Auftreten innerhalb der Entwicklung der Lebewesen war ein praehistorischer Vorgang. Aber was wir in der Wissenschaft der Praehistorie über diesen Vorgang erkennen können, läßt sich kaum vereinbaren mit der Weise, wie die Geschichte Adams, des ersten Menschen, in der Schrift erzählt wird (nämlich dann, wenn wir diese Erzählung als symbolische Schilderung eines wirklich praehistorischen Vorgangs verstehen wollen). Und dies bezieht sich nicht nur auf die äußeren Hergangsformen des biblischen Berichtes, sondern auch auf seinen inneren Aussagegehalt.

Die Urgeschichte berichtet von dem Augenblick, in dem Gott zu der Erschaffung des Menschen aufbricht und seiner Existenz den Anfang setzt: „Lasset uns Menschen machen, ein Bild, das uns gleich sei." Ist es möglich, diesen Augenblick, in dem Gott zur Erschaffung des Menschen aufbricht und dieser als ein Wesen neuer Art unter allen übrigen Geschöpfen hervortritt, als einen bestimmten Punkt auf der praehistorischen Ereignislinie zu verstehen? Dabei geht es nicht nur um die Schwierigkeit, ein solches Datum zu bestimmen, sondern um die grundsätzlichere Schwierigkeit, für diesen Vorgang überhaupt ein punktuelles Datum anzunehmen[2]. Wir wissen doch, daß der Mensch, so wie wir ihn kennen, in einer langen und sehr allmählichen Entwicklung herausgetreten ist, die über Vorformen menschlichen Daseins zurückreicht in tierische Vorstufen und weiter über das Werden organischen Lebens auf der Erde in den kosmischen Prozeß überhaupt. Gewiß, dieser Prozeß der Menschwerdung ist vermutlich nicht absolut kontinuierlich, sondern über die Knotenpunkte von beschleunigten Entwicklungschritten verlaufen. Aber können wir einen dieser Knotenpunkte mit jenem Augenblick identifizieren, in dem Gott zu der Erschaffung des Menschen aufbricht? Und welcher Augenblick wäre dies? Etwa der, in dem derjenige Typ Mensch hervortritt, den wir homo sapiens nennen (wenn dies überhaupt ein „Augenblick" und nicht vielmehr ein kontinuierlicher Prozeß war)? Oder der, in dem der Neandertalmensch hervortritt, oder der Pekingmensch, oder noch eine frühere, dem Tierischen noch näherstehende Form? Wann auf diesen Stufen wäre der Mensch als Mensch so weit „fertig" gewesen, daß wir jene Identifizierung vornehmen könnten (ist der Mensch eigentlich

---

[2] *P. Brunner*, aaO S. 277f., scheint dies zu tun, obwohl auch er die Unanschaulichkeit dieses Punktes hervorhebt.

heute „fertig"?)? Es scheint geraten zu sein, daß die Theologie sich auf das Postulat eines praehistorischen Momentes der Menschwerdung, der mit dem göttlichen Aufbruch „Lasset uns Menschen machen" zusammenfiele, überhaupt nicht einläßt.

Die Urgeschichte berichtet ferner von dem paradiesischen Urstand des Menschen, dem dann der Bruch durch den Sündenfall gefolgt ist. Können wir uns einen Urstand der Vollkommenheit, der in einem Absturz endet, als eine praehistorische Epoche oder auch nur einen praehistorischen Moment vorstellen, der durch ein praehistorisches Ereignis beendet wird (einerlei, ob dieses Ereignis sich in wörtlich denjenigen Formen abgespielt hat wie Genesis 2 berichtet wird oder nicht)? Wir sehen demgegenüber, wenn wir die praehistorische Optik einschalten, eine unermeßlich lange Entwicklung aus tierhaften Anfängen in allmählicher Entfaltung zu geistiger und in unserem Sinne geschichtlicher Existenz des Menschen. Unvorstellbar ist ein praehistorischer Anfangszustand paradiesischer Art in leidlosem und kampflosem Verhältnis zu der Natur, gar in vorläufiger Abwesenheit von Krankheit und Tod. Geradezu das Gegenteil muß in den Anfängen der Fall gewesen sein. Und können wir – immer dann, wenn wir die praehistorische Optik einschalten – das Moment der Gotteserkenntnis, überhaupt die Entfaltung personaler und ethischer Existenz des Menschen, aus diesem allmählichen Werden des Menschlichen vom Tierisch-Vormenschlichen her ausklammern? Auch dies ist kaum vorstellbar: eine praehistorische Epoche oder auch nur ein vorübergehender Augenblick vollendeter Gotteserkenntnis und iustitia originalis, die dann plötzlich und durch ein Ereignis, das für alle Folgezeit wirksam wurde, verdunkelt worden wäre. Natürlich kann man sich, wenn man hier praehistorisch denken will, eine relative „Unschuld" des primitiven Menschen vorstellen. Aber das bedeutet dann doch etwas ganz anderes, als was die Lehre vom Urstand mit iustitia originalis meint, nämlich relative Unentwickeltheit des Gewissens: also eher das, was Paulus in Röm. 5,13 mit der Sünde meint, die in der Welt war, bevor das Gesetz kam – oder etwas dem Analoges.

Was die ersten Kapitel der Genesis vom Urstand sagen, ist also in unseren historischen Vorstellungen von den Anfängen der Menschheit nicht unterzubringen. Und dies gilt nicht nur von den wörtlich genommenen Zügen des biblischen Urberichtes, sondern auch von ihrem inneren Sinn.

Dann scheint sich also doch die Übersetzung alles von „Adam" Berichteten in eine rein aktuale Deutung nahezulegen. Es soll nun die These vertreten werden, daß diese aktuale Deutung für die Aussage, woher der Mensch sein Sein empfängt, nicht genügt. Für die Aussage, woher er seine Sünde empfängt, scheint es uns anders zu stehen. Davon wird nachher zu reden sein, zunächst wenden wir uns der Frage nach dem Ursprung des Seins des Menschen zu.

II. „Adam" und der Ursprung des menschlichen Seins

1. In der Theologie besonders der „existentialen Interpretation" ist die Neigung hervorgetreten, durchaus schon die Aussage über den Ursprung den Menschen im Schöpferhandeln Gottes rein aktual zu interpretieren: Schöpfung geschieht je jetzt, indem Gott durch das Wort mein Dasein als personhaftes neu qualifiziert. In der Begegnung von Wort und Glauben wird der Mensch als Person vor Gott geschaffen. Seine Existenz, und das heißt hier: sein Verstehen seiner Existenz und sein Verhalten zu ihr wird neu bestimmt. Woher der Mensch sein naturhaftes Dasein hat, einschließlich der kausalen Verknüpfung dieses Daseins mit dem gesamten Prozeß des Naturwerdens und dessen Woher, das wird theologisch ausgeklammert und gerät in die Beleuchtung einer für den Glauben irrelevanten und illegitimen kausaltheoretischen Fragestellung. Eine entsprechende Ausklammerung und Reduzierung wird in dieser Theologie auch nach entgegengesetzter Richtung in bezug auf das Eschaton bemerkbar. Eschatologische Zukunft in einem für den Glauben relevanten Sinn ist allein das Neuwerden der Existenz, das je jetzt in der Begegnung von Wort und Glauben eröffnet wird, nicht jedoch eine Vollendung, die im Zielpunkt der zeitlichen Erstreckung unseres Daseins oder gar des gesamten Weltablaufs auf uns zukäme. So scheinen Schöpfung und Eschaton geradezu in einem Punkt, nämlich in der Begegnung von Wort und Glauben (bzw. Unglauben) je immer neu zusammenzufallen. Existenz als Prozeß zeitlicher Erstreckung scheint in der theologisch relevanten Dimension, der des Menschen in seiner Geschichte mit Gott, zum Verschwinden zu kommen.

2. Gegen diese Reduktion müssen Bedenken erhoben werden; nicht nur, weil sie dem Wortlaut der biblischen Zeugnisse widerspricht, sondern vor allem auch, weil sie ein wesentliches Moment im Existenzbezug dieser Zeugnisse, damit aber auch ein wesentliches Existential unseres wirklichen Dasein verfehlt. Wir existieren ja nicht nur in einer isolierbaren jeweiligen Gegenwart, sondern im kohaerenten zeitlichen Prozeß, ja *als* zeitläufiger Prozeß. Das Sicherstrecken des Daseins von einem Anfang zu einem Ende darf nicht nur als gleichgültiges Medium für die Ereignung einzig in sich selbst relevanter Augenblicke verstanden werden. Menschliche Existenz ist Weg durch die Zeit – Weg, auf dem *Schritte* getan werden, deren „Augenblick" dann in der Tat von höchster, jedoch nicht lediglich in ihm selbst schwingender Bedeutung sein kann. Oder vielleicht besser gesagt: „Zeit" nennen wir die Weise, wie wir unser Dasein haben und erfahren als einen Weg, als einen von irgendwoher abgeschossenen und nach irgendwohin im Fluge befindlichen Pfeil. Die Frage „Woher" und „Wohin" ist existenzrelevant, so sehr und gerade weil sie, ins Letzte durchgefragt, nach beiden Richtungen ins Dunkel führt. Sie ist uns durch die Prozeßhaftigkeit unseres Daseins auferlegt. Das gilt für das individuelle Dasein des Einzelnen, es gilt aber ebenso auch für das

Dasein der Menschheit im Ganzen: auch dieses ist zeitläufiger Prozeß, der als solcher „woher" kommt und „wohin" läuft. Je meine persönliche Daseinsgeschichte ist ja bedingt durch den ganzen vorangegangenen Menschheitsprozeß, und zwar sowohl in ihren naturhaften wie in ihren personalen Aspekten. Und ich in meiner persönlichen Daseinsgeschichte wirke (und leide) wiederum mit an der Richtung, in der der Menschheitsprozeß weiterläuft. Wie kann ich also Gott als meinen Schöpfer für diesen Augenblick bekennen, wenn ich in diesem Bekennen nicht zugleich das ganze zeitliche Herkommen meines Daseins und die von ihm her vorlaufenden Bedingungen, ohne die ich in diesem Augenblick gar nicht stehe, mit umklammert sein lasse? Wie kann ich das zeitliche Woher je meines Daseins in Gottes Setzung glauben, ohne damit zugleich den Ursprung des ganzen zeitlichen Menschheitsprozesses, aus dem ich mein Dasein gar nicht isolieren kann, in dieser Setzung mit zu glauben? Und wie den Ursprung des Menschheitsprozesses, wenn nicht eben damit den des kosmischen Prozesses überhaupt, aus dem der Menschheitsprozeß nicht isoliert werden kann? Entsprechende Fragen ergeben sich aber auch im Blick auf das Wohin dieses zeitlichen Daseinsprozesses in seiner ganzen Komplexität.

3. So besteht u. E. eine unaufgebbare theologische Verpflichtung, die *eschatologische* Aussage als Aussage über ein letztgültiges Richten und Vollenden Gottes nicht nur auf den jeweiligen Augenblick, sondern auf das Abzielen Gottes mit dem in zeitlicher Erstreckung, als Zeitlauf sich vollziehenden Daseinsprozeß des Einzelnen wie der Menschheit zu beziehen. Denn die Wohin-Frage für diesen Prozeß ist gestellt, und zwar für die Existenz und nicht nur spekulativ. Sie ist gestellt für den Einzelnen als die Frage des Todes, für die Menschheit als die Frage „Menschheit wohin?". Die Verheißung des Gottes, der sich in Christus bekundet hat, bezieht sich auf diese Fragen, nicht indem sie ihr Dunkel erhellt in einem spekulativ anschaulichen Sinne, sondern indem sie ihnen gegenüber in das unbedingte Hoffen zu diesem Gott, zu Gottes „letztem Wort" und vollendender Tat beruft. Unmöglich, diese Verheißung nur auf den Augenblick zu beziehen und die Zeit mitsamt ihrer Wohin-Frage aus ihm hinaus in ein leeres Dunkel laufen zu lassen. Unmöglich auch, sie nur auf je meine Zukunft zu beziehen und ihr nicht zugleich mit einem unbedingten Hoffen für Alle und Alles, für das „Ganze" zu antworten.

Dem muß aber eine *protologische*[3] Aussage entsprechen, die sich ihrerseits nicht nur auf ein quasi vertikales Entspringen des Augenblicks, sondern zugleich auf den Ursprung des horizontal-zeitläufigen Prozesses, ohne den dieser Augenblick nicht ist, und auf dessen Woher im Schöpferhandeln Gottes bezieht. Und auch dies gilt ebenso für das Dasein des Einzelnen wie das der Menschheit und des Kosmos überhaupt. Und dies

---

[3] Ich verdanke diesen Begriff nach meiner Erinnerung P. Brunner.

nicht nur in einer äußerlichen, biblizistischen Addition dieser Gesichtspunkte, sondern wegen ihrer inneren Zusammengehörigkeit, kraft deren ich von der Person nicht reden kann, ohne von der Natur zu reden, von der Natur nicht reden kann, ohne von der Evolution zu reden, vom Menschen nicht reden kann, ohne von der Menschheit zu reden, von der Menschheit nicht reden kann, ohne vom Kosmos zu reden. Auch die Woher-Frage unseres Daseinsprozesses ist gestellt, und sie zeigt ihr existentielles Gewicht als Frage, ob und wie denn unser Dasein und Daseinsverhalten angesichts der welthaften Kausalreihen, als deren gleichsam blindes Resultat es bis ins Seelische hinein erscheinen kann, überhaupt eine unbedingte Sinnbestimmung haben kann und nicht vielmehr nur beiläufiges und zwangsläufiges Produkt ist. Das Wort, in dem sich Gott dem Menschen als sein Schöpfer und Erlöser zuspricht, bezieht sich auf diese Frage (die freilich in biblischer Zeit noch nicht in dieser Form gestellt sein konnte); wiederum nicht, indem es ihr Dunkel in theoretischer Anschaulichkeit erhellt, sondern indem es den Glauben durch den sinnblinden Aspekt der innerweltlichen Kausaldeterminanten hindurch auf dieses Gottes Willen als den freien Grund unseres Daseins und seines Sinnes verweist, inklusive des ganzen zeitläufigen Prozesses, aus dem dieses Dasein innerweltlich herauskommt und in dem es „mitläuft". Unmöglich, diesen Schöpferwillen nur auf den jeweiligen Augenblick zu beziehen und den zeitläufigen Prozeß mitsamt seiner Woher-Frage aus einem leeren Dunkel auf ihn zulaufen zu lassen.

4. Besagt nun die „protologische" Aussage, daß Gottes Schöpfertat dem zeitläufigen kreatürlichen Prozeß seinen Ursprung gibt und so auch aktual jeden seiner Augenblicke bestimmt, eine *prae-historische* Fixierung des Schöpfungsaktes? Protologische Aussage bedeutet so wenig praehistorische Aussage wie eschatologische Aussage mit einer „hystato-historischen" Aussage gleichzusetzen ist. Denn eine praehistorische Fixierung des Aktes der creatio originans würde ebenso wie eine entsprechende hystatohistorische Fixierung des Eschaton bedeuten, daß wir Ursprung und Ziel in den zeitläufigen Prozeß selbst hineinnehmen und als Punkte (oder Epochen) innerhalb seiner anschauen wollten. Chronologisch-kategorial vorstellen können wir doch immer nur, was *in* der laufenden Zeit selbst liegt, was also schon „unterwegs" ist vom ersten Woher zum letzten Wohin. Was wir in solcher chronologisch-kategorialen Form vorstellen, könnten also prinzipiell nur welthafte, geschöpfliche Ursachen und Resultate sein. Das Entspringen des zeithaften Daseins selbst und als solches in Gottes Handeln ist etwas anderes als ein Geschehen in der Zeit; und ebenso ist das Eingeholtwerden des Zeitläufigen in sein Ziel durch Gottes Vollenden etwas anderes als ein Geschehen in einem zukünftigen Zeitpunkt. Hier kann der Einwand entstehen: Wenn es sich im echten Sinne um ein Woher der chronologischen Zeitläufigkeit, um ihr Entspringen handeln

soll, dann muß das doch heißen: ein erster Punkt der wirklichen Zeit. Und ebenso, wenn es sich im Ernst um das Eingeholtwerden des Zeitlichen in sein Ziel handeln soll: ein letzter Punkt der wirklichen Zeit. Aber dagegen muß gesagt werden, daß eben ein wirklich erster Zeitpunkt, vor dem kein anderer wäre, schlechterdings nicht vorstellbar ist, und ebensowenig ein letzter, dem kein anderer folgte. Auch geht es nicht an, die Zeit in ihrer Unabgrenzbarkeit nach rückwärts und vorwärts als eine Kategorie des Seins und Wirkens Gottes selbst aufzufassen, also als eine Gott und der Welt gleichsam gemeinsame Seinsform, und dann zu sagen: in einem bestimmten Punkt dieser Zeit geschah die creatio originans und in der unermeßlichen Zeitstrecke vorher war Gott allein, und zu einem bestimmten zukünftigen Zeitpunkt wird das Eschaton eintreten und in der unermeßlichen Zeitstrecke danach wird das Reich Gottes sein. Denn die Zeit ist Element und Kategorie des geschöpflichen Prozesses *zwischen* Ursprung und Ziel in Gottes Schaffen und Vollenden. Die Zeit ist kein von diesem Prozeß ablösbares Absolutum, in das er nach Ursprung und Ziel wie eine bloße Epoche „in" der Zeit hineingedacht werden könnte. Das dürfte auf ihre Weise die moderne Physik gezeigt haben, indem sie klarmachte, daß die Zeit kein Absolutum ist, sondern Element am kosmischen Prozeß. Das hatte auf seine Weise und von ganz anderem Grunde her doch auch schon Augustin gesehen, wenn er sagte: Gott schuf die Welt nicht in der Zeit, sondern die Zeit mit der Welt. Aus dieser Einsicht sind nur selten die vollen Konsequenzen gezogen worden. Die Konsequenz bezüglich unserer Fragestellung muß m.E. lauten: Wir haben theologisch den Anfang des zeitläufigen Daseinsprozesses in Gottes Schöpfungsakt und sein wirkliches Einmünden als zeitlich laufenden Prozeß in Gericht und Vollenden Gottes zu behaupten – wir haben also der Reduktion des theologischen Interesses auf den je gegenwärtigen Augenblick zu widerstehen – aber unter entschlossenem Verzicht auf eine zeitpunkthafte Vorstellung dieses Entspringens und Vollendens selbst. Und dies ist nicht nur ein Verzicht auf faktische Datierbarkeit, sondern auf eine grundsätzliche historische Vorstellbarkeit dieser Akte. Wir haben für sie ebensowenig eine Kategorie, in der sie gedacht werden können, wie wir für Gott selbst eine Kategorie haben, in der er gedacht werden kann. An diesen Grenzen bleibt nur, angesichts der immanenten Unermeßlichkeit des innerweltlichen Woher, das unbedingte Sichbergen in den begründenden Gotteswillen, und angesichts der immanenten Unermeßlichkeit des innerweltlichen Wohin, das unbedingte Hoffen auf den vollendenden Gotteswillen.

5. Was bedeutet das für Adam als den von Gott geschaffenen „ersten Menschen"? In der Tat: Dieser Adam bin nicht nur je ich je jetzt, aus dem aktualen Schöpferwirken des Wortes lebend, sondern „Adam" ist zugleich der Anfang, in dem Gott den Menschen wollte in der Ursetzung des zeitlichen Prozesses, in dem Menschsein und damit auch je meine

Existenz sich biologisch und dann geschichtlich entfaltet. Denn indem wir unser Sein je jetzt auf Gottes Wort hin aus seiner Hand empfangen, können wir ja andererseits nicht davon abstrahieren, daß wir dieses je unser Sein und seine Möglichkeiten als Söhne von Vätern, als Erben geschichtlicher Vorgänge, ja letzten Endes auch als Glieder der Natur und ihres Evolutionsprozesses überkommen haben. Das muß in die glaubende Unterstellung je meiner Existenz unter den Schöpferwillen Gottes mit einbezogen werden. Indem es wirklich gilt, daß Gott jetzt Schöpfer ist, und indem dies je mir gilt, gilt doch zugleich, daß Gott „von Anfang an" und mit allem, was Menschsein heißt, und was dazu gehört, daß Menschsein wurde, auf dieses Jetzt zugeht. Insofern sind wir nicht nur alle „Adam", sondern wir kommen auch „von Adam her", nämlich von dem Adam, wie er gedacht, gewollt und damit auch zur Verwirklichung gesetzt ist in jenem „Lasset uns Menschen machen", in dem Gott den zeitlichen Prozeß menschlichen Daseins entspringen läßt.

Das heißt aber nicht, dieses „von Adam her" mit einem praehistorischen Zeitpunkt oder einer entsprechenden Epoche der Anfänge menschlichen Daseins gleichsetzen zu wollen. Denn an dem Wesen, das dann als Mensch hervortritt, haben ja – innerzeitlich betrachtet – bereits Aeonen kosmischer Evolution gearbeitet. Gottes „Lasset uns Menschen machen" als creatio originans liegt dieser ganzen innerzeitlichen Evolution, in der menschliches Dasein hervortritt, gleichsam transzendental voraus. Es steht als der wirkliche Ursprung des im zeitlichen Prozeß sich Entfaltenden *vor* allen innerzeitlichen Daten, in jenem qualitativen „vor", das grundsätzlich nicht mehr datierbar ist. Der Erdenkloß, aus dem „Adam" geformt wird, ist im Geformtwerden, seit überhaupt der Weltprozeß im Gang ist – und Gottes Entschluß zum Menschen steht am Ursprung dieses Prozesses, an jenem Ursprung, der sich als solcher aller zeitlichen Einordnung entzieht, wie er dann freilich auch über jedem seiner Momente bestehen bleibt. Es ist demgegenüber gleichgültig, auf welchen Wegen und Etappen praehistorischer, innerzeitlicher Entwicklung diese Ursetzung Gottes nun zutage trat, bzw. im Horizont unserer innerzeitlich gebundenen Anschauungen auftaucht: ob z.B. die prae-historische Menschwerdung durch ruckartige Mutation oder in allmählichen Übergängen geschah, ob mit monogenetischem oder polygenetischem Hervortreten des Menschen zu rechnen ist, ob menschliche Geistigkeit und Personalität, menschliches Gewissen, ja selbst menschliche Gotteserkenntnis plötzlich da ist oder allmählich erwacht.

Wir verstehen die biblische Urgeschichte also, soweit in ihr in Frage steht, woher Adam sein Sein hat, weder nur als historisch-symbolisierende Darstellung eines je aktualen Grundverhaltens, noch als historisch-symbolisierende Darstellung eines prae-historischen (der historischen Erkenntnis nur *faktisch* nicht mehr greifbaren) Geschehens. Wir verstehen sie vielmehr als historisch-symbolisierende Darstellung des protologischen (als solcher *grundsätzlich* historisch nicht faßbaren) Ursprungs des Menschen mit der Welt zugleich in der creatio originans Gottes.

III. „Adam" und der Ursprung der Sünde des Menschen

Wir betrachten jetzt die Frage „Adam und wir" unter dem zweiten Aspekt: woher der Mensch sein Sünder-Sein empfängt. Die biblische Urgeschichte erzählt von der ersten Sünde Adams und Evas. Ist auch damit ein Geschehen gemeint, von dem her wir als der „Adam, der wir alle sind," unser Sünder-Sein haben, so wie wir unser Menschsein von dem Adam her haben, zu dessen Erschaffung Gott in jenem Anfang aufbrach, in dem der ganze zeitläufige Prozeß des Daseins seinen Ursprung hat?

Wir möchten zunächst ausscheiden, was hier nicht gesagt werden kann:

1. Kann man, in formalem Gleichziehen mit dem, was zuvor über Adam, den Ersterschaffenen, gesagt wurde, etwa folgendes sagen: Auch die Sünde, deren Gegenwart in unserm Sein wir je aktual unter dem Wort Gottes erkennen und zu bekennen haben, ist ja ein Element nicht nur punktueller Augenblicke, sondern unseres zeitläufigen Daseinsprozesses. Auch mit ihr kommen wir „von woher". Auch über ihren Ursprung muß also eine protologische Aussage gemacht werden, die ihr Hereinkommen in diesen unseren zeitläufigen Daseinsprozeß in einer innerzeitlich nicht mehr faßbaren Ursetzung begründet?

Das kann man u.E. nicht sagen:

Welche protologische Ursetzung könnte das sein, die die Sünde dem Menschen mitgibt auf seinen Weg durch die Zeit? Doch wohl nur die Ursetzung der creatio originans – denn welche andere sollte es geben? Aber dann würde die Sünde auf Gott selbst zurückgeführt. Der Adam, der wir alle sind, kann seine Sünde nicht von Adam haben, so wie ihn Gott in seiner creatio originans vor der Zeit/in die Zeit gewollt hat und entspringen ließ. Denn der Mensch kann seine Sünde nicht von Gott haben.

2. Oder sollte er sie von einer ebenso wie die creatio originans am zeitlich ungreifbaren Ursprung des zeitlichen Prozesses stehenden satanischen Ursetzung haben? Gibt es neben der Protologie der creatio originans Gottes noch eine Protologie der perversio originans durch den Satan? Auch dies kann nicht sein. Denn entweder ist auch die Macht der Empörung wirklich vor der Zeit, und hat also „protologisch" die Macht, den in die Zeitläufigkeit hinein entspringenden Prozeß des geschöpflichen Daseins zu bestimmen. Sie ist dann eine übergeschöpfliche Macht, denn was von vor der Zeit in die Zeit hineinwirken kann, ist übergeschöpflich. Dann ist die Macht, die dies vermag, ein zweiter Gott, und wir befinden uns im manichäischen Dualismus oder etwas Ähnlichem. Oder: Das Böse ist geschöpfliche Empörung und Selbstverderbnis (und auch der Satan

erscheint ja in der Schrift als eine kreatürliche und keineswegs als eine dem Kreatürlichen in ähnlicher Weise wie Gott selbst überlegene Macht); dann aber kann das Böse, ob es nun im Satan personalisiert gedacht wird oder nicht, jedenfalls nicht von vor der Zeit in die Zeit hereinwirken. Es kann nur in der *Zeit* wirken, nämlich im geschöpflichen Daseinsprozeß selbst. Über den Ursprung des Sünderseins des Menschen darf also keine im selben Sinne protologische Aussage gemacht werden wie über den Ursprung seines Daseins in Gottes „Lasset uns Menschen machen".

3. Also wäre der Ursprung der Sünde des Menschen nun, im Unterschied zum Ursprung seines Seins in Gottes Schöpferwillen, als ein praehistorisches Ereignis zu verstehen? Der erste Sündenfall ist einmal in der Zeit, am Anfang der historischen Menschheitsentwicklung, durch einen bestimmten Menschen geschehen, und dieses Geschehen hat kausal bewirkt, daß seitdem wir alle Sünder sind[4]?

Einer solchen Auffassung stehen zunächst die praehistorischen Bedenken entgegen, die schon im ersten Abschnitt genannt waren und jetzt nicht wiederholt werden sollen. Wichtiger sind theologische Bedenken: Die Theologie der Sünde muß dem Bekenntnis der Sünde entsprechen, so wie es in den gelebten Glauben hineingehört. Und hier ist eben nun ein entscheidender Unterschied zwischen dem Bekenntnis unserer Geschöpflichkeit und dem Bekenntnis unseres Sünder-Seins zu beachten. In das Bekenntnis unserer Geschöpflichkeit gehört in der Tat hinein die Anerkenntnis, daß wir das, was wir sind, empfangen haben: von denen, die mit uns sind und uns zu unserem Dasein helfen, von denen, die vor uns waren und uns zu unserem Dasein gebracht haben, und durch dies alles hindurch von Gott dem Schöpfer. Hier gilt: „Was hast du, das du nicht empfangen habest?" Nicht so im Bekenntnis der Sünde. Zwar sehen wir auch hier vielfache geschöpfliche Vermittlungen: Versuchung, Belastung, Bindung durch Menschen, Verhältnisse und Ereignisse, vielleicht auch durch Komponenten, die uns unentrinnbar mit unserer „Natur" zusammenhängen scheinen. Aber wenn die Frage „woher und warum bin ich Sünder?" an uns herantritt – nicht als spekulatives Problem, sondern als Frage, die das Gewissen trifft, dann ist es verwehrt, diese Frage mit dem Rückverweis auf solche Vermittlungen zu beantworten und unser Sünder-Sein als etwas anzusprechen, was wir von da empfangen haben. Die Frage wirft uns vielmehr auf uns selbst zurück. Das Wort Gottes als lex accusans et damnans behaftet uns bei uns selbst und gestattet kein Ausweichen auf verursachende Faktoren. Genau so zeigt es ja die Sündenfallgeschichte, in der bereits Adam und Eva sich auf kausale Faktoren herausreden wollen, die ihrem Aufbruch in die Sünde bedingend vorausliegen, welche Ausreden ihnen von Gott abgeschnitten werden. Es ist ein merkwürdiges

---

[4] Dies scheint *P. Brunner* aaO S.284 ff. festhalten zu wollen. Ich kann ihm an diesem Punkt nicht folgen.

Geschick, daß gerade dieser Bericht, der den Adam, von dem darin die Rede ist, hinsichtlich des Woher seines Sündenfalles so energisch bei sich selbst behaftet, in der späteren Lehrtradition dazu gedient hat, das Sündersein der späteren Geschlechter, zumindest in seinem Charakter als Erbsünde (damit aber doch gerade in seinem wesentlichen Wurzelgrund) kausal auf die einmalige historische Tat eines anderen, nämlich historisch ersten Menschen zurückzuführen, von der dies unser Sünder-Sein wie ein Verhängnis über uns gebracht wurde. Und ganz abgesehen von der Ungemäßheit solcher Zurückführung zu dem Bekenntnis von Sünde, in dem wir rechtmäßigerweise nur die Behaftung bei uns selbst wahrhaben können unter Verzicht auf alle von uns selbst abführenden Herkunftserklärungen: Wie sollte ein einzelner historischer Mensch die ontologische Macht haben, in einer Freiheitstat, die nur ihm freistand, den inneren Zustand aller seiner Nachkommen bindend zu determinieren? Damit würde aus dem praehistorischen Adam eine geradezu demiurgische Gestalt — und aus der Sünde gerade in ihrem innersten Wesensgrund etwas, was uns „einer angetan hat".

4. Es bleibt auf die Frage nach dem Ursprung der Sünde keine andere Antwort übrig als diese: Die Sünde hat Adam, der wir alle sind, von Adam, der wir alle sind. Oder anders ausgedrückt: Auf die Frage nach dem Ursprung der Sünde gibt es keine Antwort, die hier etwas auf bedingende Gegebenheiten und Vorgänge zurückführen könnte. Und genau dies scheint auch dem Bekenntnis der Sünde am meisten angemessen zu sein: der nun auch gedanklich-theologisch radikal durchgeführte Verzicht auf Erklärung und Zurückführung.

Was ist dann der „Sündenfall"? Er ist kein praehistorisches Ereignis, durch das alles so kam, wie es nun aktual ist. Noch weniger ist er ein protologisches Element, das irgendwie auf dieselbe Ebene gebracht werden dürfte wie der Ursprung Adams in Gottes creatio originans vor der Zeit/ in die Zeit. Und übrigens ist der Sündenfall auch kein Ereignis irgendwo am Anfang der Existenz jedes individuellen Menschen — irgendeine „erste Sünde" jedes einzelnen, durch die er in seine Teilhabe am Sünder-Sein Adams eingetreten wäre. Denn wo sollte ein solches Ereignis in der individuellen Lebensgeschichte fixierbar sein, und von welcher Frühepoche der Kindheit sollte man sagen dürfen: Hier ist die Sünde noch nicht geschehen? Der Sündenfall ist das, wo hinein jeder von uns in seiner eigenen Existenz je immer schon aufgebrochen ist und wo hinein aufgebrochen er sich vorfindet, wenn das Wort Gottes ihn trifft. Der „Urstand" ist demnach auch keine zeitlich vorstellbare Epoche, weder eine praehistorische Epoche am Anfang der Menschheitsgeschichte, noch eine solche am Anfang der individuellen Existenz. Wir können „Urstand" nur als den (als solchen allerdings notwendigen) Kontrastbegriff dazu verstehen, daß der Adam, der wir alle sind, aus schlechterdings unbegreiflichem Grunde in einem

Grundwiderspruch existiert zu dem „ersten Adam", wie der creator originans ihm meint und setzt. „Urstand" ist das, wozu Gott den Menschen von Anfang an gemeint und ihn ins Leben gerufen hat und wozu er ihn immer wieder meint und ins Leben ruft. Status corruptionis ist das, wie jeder Mensch je immer existiert im Widerspruch dazu. Der Sündenfall liegt „dazwischen", aber in keinem zeitlich fixierbaren Zwischenpunkt, und vor allem in keinem Punkt, den wir von der eigenen Existenz absetzen könnten in ein verursachendes Ereignis der Vergangenheit.

5. Ich möchte zum Schluß versuchen, einigen Einwänden zu begegnen, von denen diese These getroffen werden könnte:

a) Wird mit einer aktualen Deutung des Sündenfalls in dem soeben dargelegten Sinne nicht ein bestimmtes und notwendiges Anliegen der Erbsündenlehre verneint; nämlich das Anliegen, die Verwurzelung der Akte, mit denen wir Sünde tun, in einem Sünder-Sein der Person zum Ausdruck zu bringen? Wenn die Geschichte vom Sündenfall Darstellung dessen sein soll, was je immer geschieht durch den Adam, der wir alle sind – ist das nicht gleichbedeutend mit Reduktion der Sünde auf Tatsünden und Streichung der Erbsünde als eines So-seins unserer Person, das unseren einzelnen Entscheidungen, Taten und Unterlassungen bedingend vorausgeht?

Eine solche Reduktion ist hier nicht gemeint. Die Verwurzelung unserer Taten in einem Sünder-Sein, aus dem wir nicht auf dem Wege eines Willensentschlusses heraustreten können, ist festzuhalten. Während das Tun oder Unterlassen bestimmter peccata actualia durchaus, wenn auch vielleicht nicht immer, Sache einer Willensentscheidung sein kann, kommt es doch stets aus einem „wie wir *sind*", und „*daß* wir so sind". Und es liegt nicht in unserer Entscheidungmacht, uns von diesem, daß wir so sind, freizumachen und mit einem Entschluß aus ihm herauszutreten in ein neues Sein. Aber was ist das für ein Sein, in dem wir Sünder „sind", um aus ihm heraus Sünde zu tun? Dieses Sünder-Sein ist jedenfalls streng zu unterscheiden von einer Seinsbestimmung, die wir ohne Beteiligung und Einsatz unserer Person überkommen haben, wie etwa unser Geschlecht, unsere Körpermerkmale, geistige Fähigkeiten, eine Erbkrankheit und dergleichen. Für alle diese Bestimmungen läßt sich die Frage stellen, von woher wir sie haben, und sie läßt sich grundsätzlich (nicht immer faktisch) „historisch" beantworten durch Rückverweis auf verursachende biologische Faktoren, die außerhalb unserer Person liegen. Für alle diese Bestimmungen ist auch die Redeweise zutreffend, daß das Dinge sind, „für die man nichts kann". Hingegen muß das Sünder-Sein, aus dem Sünde als einzelner Akt hervorbricht, doch auf jeden Fall als ein Grundverhalten verstanden werden, das die Person vollzieht, biblisch gesprochen „ein Trachten des Herzens"; auch wenn das Vollziehen oder Nicht-Vollziehen dieses Grundverhaltens nicht Sache ihrer freien Entschlüsse ist. Dann aber gehört dieses

Grundverhalten nicht mehr in die Kategorie derjenigen Bestimmungen, von denen gesagt werden darf „ich kann nichts dafür", auch wenn von ihm gesagt werden muß „ich kann mich nicht daraus befreien". Mit der hier vorgeschlagenen aktualen Interpretation des Sündenfalls sind also nicht irgendwelche psychologisch feststellbaren Entscheidungsakte für einzelne Handlungsweisen gemeint, sondern der schlechthin unerklärliche Grund dafür, daß die Person ein ihre Entscheidungsakte unterfangendes Grundverhalten vollzieht, mit dem sie in Widerspruch zu ihrer Bestimmung nach dem Willen Gottes existiert. Dieses Grundverhalten ist etwas, was sich in jedem Augenblick tut und fortsetzt, also immer in actu ist. Es ist etwas, dessen Ursache ich nicht außerhalb des eigenen Willens suchen kann, weil es eben der Grundakt dieses Willens selbst ist. Und doch bleibt es derjenige Grund meines Wollens, den ich durch einen eigenen Entscheidungsakt nicht verändern kann, weil er ja als das, worauf ich vor-entschieden „aus bin", alle Entscheidungakte unterfängt und je immer schon überholt hat.

b.) Wird mit dem aktualen Verständnis des Sündenfalles im dargelegten Sinn das Anliegen der Erbsündenlehre nicht insofern aufgehoben, als die Erbsündenlehre den universalen Zusammenhang aller Menschen im Sünder-Sein zu behaupten hat?

Sie hat ihn zu behaupten, und es ist mit der hier dargelegten Position nicht gemeint, daß an seine Stelle eine Isolierung des einzelnen in seiner Sünde gesetzt werden solle. Der universale Zusammenhang ist zu behaupten nicht nur in dem quasi additiven Sinn, daß jeder einzelne in gleicher Weise wie der andere im Grundakt des Sündenfalls begriffen ist, sondern darüber hinaus in dem Sinn, daß wir uns gegenseitig in diesem Grundakt beeinflussen und binden. Insofern kann man wirklich sagen, daß die unerlöste Menschheit nicht nur eine summa perditorum, sondern eine massa perditionis ist. Es darf aber dies nicht als eine Verderbnis der menschlichen Natur verstanden werden, die durch die katastrophale Tat eines einzelnen Menschen in diese Natur hereingebracht wäre und nun im Erbgang in ihr weitergegeben würde. Denn diese Vorstellung stünde in einem durch keine dialektische Kunst zu überbrückenden Widerspruch dazu, daß wir im Bekenntnis der Sünde (auch wo es durch alles konkrete Einzeltun hindurch unser Sünder-Sein zu bekennen hat) uns selbst als die Schuldigen zu bekennen haben. Man muß also, auch und gerade wo von jenem Zusammenhang der gegenseitigen Bindung die Rede ist, betonen: Wir binden uns gegenseitig, im Zusammenhang der Geschichte wie des je gegenwärtigen Zusammenlebens. Das heißt, jeder Mensch ist in gleichem Maße als Subjekt und als Objekt in dieser universalen Bindung beteiligt. Der Zusammenhang aller Menschen in der Sünde ist also etwas anderes als eine Kausalkette, in der das erste Glied frei eine Wirkung gesetzt hätte, an die dann alle weiteren gebunden wären; in der also das erste Glied in einem höheren Grade verursachendes Subjekt wäre als alle weiteren. Der Zusammenhang ist vielmehr ein Ring, in dem jeder gleicherweise setzend-fortsetzend wie auch bestimmt und gebunden werdend beteiligt ist.

c) Am schwersten scheint der Einwand zu wiegen, der von Röm. 5, 12 ff. her gemacht werden kann. Wird dort der Ursprung der Sünde in der ersten Tat eines bestimmten, ersten Menschen nicht von Paulus in aller Form behauptet? Fordert nicht gerade die Adam-Christus-Parallele, die er dort zieht, daß wir unsere Sünde durch den ersten Adam als eine bestimmte „andere Person" im gleichen Sinne überkommen haben, wie wir die Gerechtigkeit durch Christus, den zweiten Adam, empfangen [5]?

Es kann hier nicht in extenso auf die exegetischen Probleme von Röm. 5 eingegangen werden. In Kürze sei dazu nur folgendes bemerkt: Gewiß, Paulus sagt dort: „Wie durch einen, so durch einen." Er sagt es sogar mehrmals. Andererseits sagt er gerade nicht, daß der erste Sündenfall das Geschehen ist, durch das alle anderen sündigten, sondern woraufhin, d.h. in Fortsetzung dessen auch sie sündigten. Und er gibt in mehrfachen Wendungen, die sich allerdings nicht genau auf unser Problem beziehen, zu erkennen, daß er die Parallele zwischen Sünde und Gerechtigkeit und ihrem jeweiligen Ursprung nicht in mathematische Genauigkeit ausgezogen wissen will.

Wie immer die Adam-Christus-Parallele zu verstehen sein mag, man wird sie gerade nicht so verstehen und dahingehend pressen dürfen, daß wir in formal gleichem Sinne die Sünde durch Adam als einen andern empfangen haben, wie wir die Gerechtigkeit durch Christus empfangen. Denn das Werden und Sein aus der Kraft Gottes, die in Christus begegnet, gehört mit der *Gerechtigkeit* zusammen und damit, daß wir die *Gerechtigkeit* nicht so aus uns selber haben sollen und können, wie wir allerdings die Sünde aus und in uns selber haben. In *Christus* wird die Person des *Glaubenden* „untergebracht", so wie Luther es in dem Bild vom fröhlichen Wechsel ausgedrückt hat, so daß er nicht mehr sich selbst und dem, was aus ihm selbst aufsteigt, überlassen ist. Der in Christus begegnende Gott gründet den Glaubenden so auf seine Gnade, daß er sein Recht-Werden aus Kraft und Wesen dieses mit ihm werdenden Gottes empfängt und es nicht in und aus sich selbst darlebt. Zu diesem Leben aus Gottes beistehender Gerechtigkeit, aus der „aliena iustitia", die doch nicht abwesend bleibt der eigenen Lebenswirklichkeit, sondern sie trägt und gestaltet, ist der Mensch allerdings von der Schöpfung her bestimmt. Aber das kann man nicht zu einer neutralen ontologischen Form des Menschseins machen, die wie für das Gerechtsein des Menschen so auch für sein Sündersein dekliniert werden könnte – als ob dieses auch aus der Tat und Macht eines anderen gelebt würde und nicht aus unserem eigenen Wesen. Denn Sünde ist zutiefst doch der Ausbruch aus dem Getragensein in der Macht des

---

[5] Dieses Argument wird von *P. Brunner* aaO S. 284 ff. mit Gewicht geltend gemacht.

beistehenden Gottes und Aufbruch in den beanspruchten Alleingang, in das Selbstseinwollen – wie nun gerade wieder die Sündenfallgeschichte zeigt. Dem Menschen ist eben in dem Maße nicht gestattet, sich als Sünder auf ein *peccatum* alienum zu beziehen, wie es ihm umgekehrt geboten ist, sich nur auf die *iustitia* aliena Gottes in Christus zu verlassen und sich nicht einer eigenen Gerechtigkeitspotenz zu rühmen. Was immer Paulus mit dem „wie durch einen, so durch einen" gemeint haben mag – eine formale Gleichstellung der Beziehung des Menschen zu Christus in der Gerechtigkeit mit seiner Beziehung zu Adam in der Sünde kann er nicht gemeint haben.

Die Allmacht Gottes und das Leiden der Menschen

„Gott, der Allmächtige" – von alters her war das eine der als selbstverständlich empfundenen Aussagen über Gottes Wesen. Sie hat Anhalt an biblischen Aussagen des Vertrauens in die Macht des *Heilsgottes*, sein Wollen und Werk gegen alle Mächte und Widerstände durchzusetzen. Sie hat aber auch eine Wurzel in dem Bedürfnis nach Erklärung des Vielen aus einem Einen, in der metaphysischen Frage nach dem *Seinsgrund*, als dessen Wirkung alle Vielfalt des Seienden und Geschehenden verstanden werden kann, nach der transzendentalen Voraussetzung des kontingenten Weltbestandes. Dies war die Fragerichtung, in der antike Philosophie zu Aussagen über die Gottheit gekommen war, und in der christlichen Theologie hat sich dieser metaphysisch-kausale Aspekt des Allmachts-Prädikates mit seinem soteriologisch-finalen Aspekt frühzeitig verbunden. „Gott der Allmächtige", das hieß nun auch *theologisch* nicht nur: der Wille, der sein Ziel und Reich gegen alle Mächte und Widerstände durchsetzen wird, sondern zugleich: die Macht, aus der alles, was ist und geschieht, seinen Ursprung und Bestand hat, weshalb es – das war die Folgerung für gelebte Frömmigkeit – als ihre Fügung und Schickung anzunehmen ist.

Die Problematik dieser Aussage im Blick auf Sünde und Übel wurde immer empfunden. Wie kann der Gott, den wir in Christus als die Liebe glauben, zugleich jene Allmacht sein, aus der *alles*, was ist und geschieht, gewirkt wird – angesichts der Wirklichkeit des Bösen? Den Versuchen, diese Frage durch ontologische Definition des Bösen als Ausfall an Seinsgehalt oder später durch andere Theodizee-Theorien zu beantworten, ist hier nicht im einzelnen nachzugehen. Eine in der theologischen und philosophischen Tradition weit verbreitete und zunächst auch einleuchtend scheinende Lösung wurde durch folgenden Gedankengang angeboten: Das Übel in der Welt und im menschlichen Leben ist Wirkung und Strafe der Sünde. Die Sünde aber *will* und *wirkt* Gott nicht; er *läßt sie zu*. Und er mußte sie zulassen, denn gerade weil er nicht Allmacht allein, sondern auch Güte ist, wollte er den Menschen nicht als Marionette, er wollte das *freie* Ja des Menschen zu seinem Willen. Aber frei könnte es nicht sein, wenn der Mensch es nicht auch verweigern könnte. Darum hält Gott – auch *dazu* allmächtig – hier, wo es um die Einstimmung des Menschen in seinen Willen geht, die determinierende Kraft seiner Allmacht gleichsam zurück. Mit der *Freiheit* des Menschen „riskiert" er auch seine *Sünde* und in ihrem Gefolge auch das Eintreten von Übel und Leiden.

Aber ist diese Lösung wirklich so einleuchtend? Erstens: Gegenüber dem Gedanken der Allmacht als des *alles* in aktueller Wirkkraft bedingenden Seinsgrundes ist sie inkonsequent; die Vorstellung des Freiheitsraumes, von dem die Allmacht sich zurückhält, durchlöchert diese metaphysische Komponente des Allmachtsprädikates. Man könnte darin eine theologisch glückliche Inkonsequenz sehen, wenn sich nicht gerade in theologischer Motivation ein zweiter Einwand gegen jene Lösung einstellen müßte: Macht sie mit der Verweigerung und Sünde nicht auch das Ja des Glaubens, das Einstimmen in den Gotteswillen zu jenem Akt des Menschen, von dem Gott sein allmächtiges Wirken zurückhält – zu der Tat einer Freiheit, mit der wir genau in dem, was für unser Geschick mit Gott letztentscheidend ist, uns selbst überlassen bleiben? Und ist es nicht gerade das Bekenntnis des aus dem biblischen Zeugnis lebenden *Glaubens*, daß er weder sein Wollen noch sein Vollbringen, weder seinen Anfang noch sein Beharren bis zum Ende sich selbst verdankt, sondern allein der Gnade, die zu unserm Heil, zu dem *wir* ohnmächtig sind, allmächtig ist? „Herr, wer kann denn überhaupt gerettet werden?" „Bei den Menschen ists unmöglich, aber alles ist möglich bei Gott" (Mt. 19, 25 f.).

Luther hat das sehr genau gesehen. Er hat in De servo arbitrio die Konsequenz gezogen: Soll es wahr sein, daß unser Heil nicht in unserer Macht, sondern in der Allmacht der Gnade Gottes steht, dann darf diese Allmacht gerade am Ort der menschlichen Glaubensentscheidung nicht durchlöchert sein. Dann aber muß auch das Verderben des Sünders, der nicht zum Glauben und Heil kommt, in der wirksamen Allmacht desselben Gottes begründet sein. Dann kann es im Guten wie im Bösen keine *solche* Freiheit des Menschen geben, die in einem von dem aktuellen Wirken Gottes offen gelassenen Raum die *Selbst*bestimmung ihres eschatologischen Geschicks vollziehen würde.

Auch Luther denkt also die Allmacht Gottes, die allein Heil und Glauben wirkt, zugleich als die Allkausalität des Gottes, der alles in allen wirkt. Sein *Interesse* an dieser Gedankenverbindung ist soteriologisch-existentiell: Wie dürfen wir mit Gewißheit glauben und hoffen, wenn wir nicht wissen, daß Anfang und Ziel unseres Glaubens ganz und gar in der Hand und Macht Gottes liegt! Aber genau um dieses soteriologischen Anliegens willen wird die metaphysische Konsequenz beschworen: Wie wäre auf die Macht Gottes zu unserm *Heil* Verlaß, wenn es *irgendetwas* gäbe, das sich ihr mit Erfolg entzieht – wenn Gott nicht dieser Gott wäre, der alles in allen wirkt: also auch in Satana et impio, auch den Tod derer, die nicht zum Heil kommen!

Luther beseitigt also entschlossen die synergistische Konsequenz, die in jener Theorie des Rückzugs der Allmacht vor der Freiheit liegt und deren Sinn es war, das Wirken der Allmacht von der Wirklichkeit des Bösen zu entlasten. Er kann dies nur so tun, daß er den metaphysischen Aspekt des Allmachtsprädikates (so wenig er an ihm ein isoliertes oder philosophisches Interesse hat) undurchlöchert wiederherstellt. Damit muß er den

Widerspruch, der für unser Denken zwischen einer solchen Allmacht Gottes und seinem Liebeswillen klafft, übernehmen. Er übernimmt ihn und bringt ihn zum Schweigen durch den Verweis auf die unerforschliche Majestät. Er unterscheidet zwischen dem in Christus offenbaren Gesicht und Willen des Deus praedicatus und dem Geheimnis der Ratschlüsse, in dem dieser selbe Gott Deus absconditus bleiben will. Er kommt schließlich zu den furchtbaren Worten: Deus praedicatus „deplorat mortem, quam invenit in populo et amovere studet ... ut ablato peccato et morte salvi simus." Aber „Deus absconditus in maiestate neque deplorat neque tollit mortem, sed operatur vitam, mortem et omnia in omnibus."[1]

Es ist allerdings nicht zu übersehen: Luther sagt nicht geradezu, daß Gott den Sündenfall selbst mit seiner Folge, daß nun alle Menschen in Sünde gefangen sind, gewollt und gewirkt habe. An dieser Stelle scheint auch er den metaphysischen Gedanken der Allkausalität zurückzuhalten (der, wenn in seinem Bereich überhaupt von Sünde und Sündenfall geredet werden kann, selbstverständlich auch diese Konsequenz ziehen müßte). Er denkt vom *Faktum* der Gefangenschaft aller in der Sünde aus, ohne dessen *Ursache* und ihr Verhältnis zu der Allmacht Gottes zu erörtern. Sein Thema ist die Frage, warum – dieses Faktum einmal gegeben – Gott die einen aus dieser Gefangenschaft errettet und andere nicht, und seine These: daß dies nicht göttliche Reaktion auf *menschliche* Entscheidung sei, sondern aus Gottes eigener souveräner Entscheidung hervorgehe. Da Luther das Faktum der Sünde selbst *nicht* auf Gott zurückgeführt hat, kann er dem Aufbegehren gegen solche „Ungerechtigkeit" Gottes entgegenhalten: Was haben die Sünder anderes zu beanspruchen und zu erwarten, als daß Gott sie *alle* der Konsequenz des Verderbens überläßt! Wer will mit ihm rechten, daß er nur einige rettet? Glauben aber sollen wir, daß Gott retten *will*, denn so lautet sein Wille da, wo er aufgrund von Christus gepredigt wird, und daran soll jeder sich halten. Gleichwohl sollen wir wissen: Diejenigen, die ins Verderben gehen, weil sie sich nicht retten lassen wollen, wollen sich letztlich deshalb nicht retten lassen, weil Gott selbst hier *nicht* retten will. So verlangt es die Konsequenz, die Heilsmacht und Allkausalität zusammendenkt; und nachdem sie in jener ersten Frage: woher die Sünde kommt, durchbrochen war, – hier, in der Frage, woher die Rettung oder Nicht-Rettung derer kommt, die einmal Sünder sind, setzt sie sich durch. Damit muß im Hintergrund des Gesichtes des Gottes, der um das Verderben des Menschen Leid trägt und aus Tod Leben schaffen will, jenes andere Gesicht auftauchen, in das wir *nicht* schauen sollen, das aber nun doch nicht verschwiegen wird: Deus absconditus in maiestate, der neque deplorat neque tollit mortem. Kann dies, diese doppelte, gespaltene Rede von Gott (deren einer Teil Schweigen bleiben soll und hier

---

[1] WA 18, 685.

eben doch nicht verschwiegen wird) das letzte Wort sein? Ist es unumgänglich, den Gott des Evangeliums, damit seine Gnade wirklich Gnade bleibt, paradox mit dem Gott der Allkausalität, der in erhabener Gleichgültigkeit vitam, mortem et omnia in omnibus operatur (und der dann eigentlich auch Sündenfall und Sünde gewirkt haben müßte) zusammenzubinden[2]?

Oder steht hier eigentlich und im Hintergrund eine ganz andere Paradoxie zur Diskussion: nicht die zwischen dem Gott einer ethisch gewissermaßen blinden, Leben und Tod nach unergründlicher Willkür verteilenden *Allkausalität* und dem Gott des Evangeliums, sondern die zwischen dem Gott des tötenden *Gesetzes* und dem Gott des Evangeliums, der aus dem Tod Leben schaffen will? Ist mit dem Deus absconditus eigentlich der Gott des *Gesetzes* gemeint, der keineswegs nach der unergründlichen Willkür einer metaphysischen Allkausalität, sondern nach dem sehr wohl begründeten Maßstab seiner heiligen Gerechtigkeit die Sünde haßt, (die ihrerseits aus unergründlicher Ursache in seine Schöpfung eingebrochen ist), und der den Tod des Sünders nicht etwa darum weder beklagt noch aufhebt, weil er in der erhabenen Gleichgültigkeit der Allkausalität alles in allen will und wirkt, hier Tod, da Leben – sondern weil er *den Tod des Sünders will*, genau und wohlbegründet gerade dies? Und wäre der Deus praedicatus die Verkündigung eines in Gott selbst aufgebrochenen *Gegen*willens gegen diesen seinen ersten, keineswegs ambivalenten Allmachtswillen, sondern eindeutig gezielten und in seiner Begründung schlechterdings anzuerkennenden Tötungswillen? Dann wäre die Frage: Woher das Verderben derer, die nicht zum Glauben kommen, nicht in die Unergründlichkeit der alles in allen wirkenden Allmacht zu verweisen (dies wäre bei Luther nur ein ins Metaphysische abgleitender Nebengedanke). Sie wäre so zu beantworten: Über ihnen wollte und will Gott seinen gegenüber *allen* wohl begründeten ersten Willen eben nicht aufheben. Der Gegenwille, der mortem in populo suo deplorat et amovere studet und der in Christus dies, was er will, auch wirkt, ist nur für einen Teil der Menschen da – vielleicht nur für einen kleinen Teil. Aber abgesehen davon, ob man Luther angesichts der Beharrlichkeit, mit der er auf den Gedanken der unergründlichen Allkausalität rekurriert, wirklich so verstehen darf: Würde so die Rede von Gott nicht noch furchtbarer gespalten? Jetzt muß die Frage so gestellt werden: Ist es unumgänglich, den Gott des Evangeliums, damit seine Gnade wirklich Gnade bleibt, paradox mit einem Gott des Gesetzes zusammenzubinden, der zunächst und grundsätzlich den Tod des Sünders will und der diesen ersten Willen über allen, die nicht er selbst zum Glauben bewegt, auch aufrecht erhält?

---

[2] Mit großem Nachdruck hat *K. Barth* diese Frage gestellt, vgl. besonders seine Auseinandersetzung mit „De servo arbitrio" in KD II/2, S. 70f.

II.

Wir stellen diese letztere Überlegung und die Frage, in die sie führte, zunächst zurück und halten uns an das, was nach dem Wortlaut der berühmten Sätze Luthers im Vordergrund steht: der Deus absconditus, verstanden als die alles in allen wirkende Allmacht und der Deus in Christo praedicatus. Es geht uns hier auch nicht vorrangig um Lutherexegese, sondern um die dogmatische „Sachfrage": In welchem Sinn können und müssen wir von der Allmacht Gottes reden, und in welchem Sinn dürfen wir es nicht? Luther wurde nur zur Verdeutlichung des Problems dieser Rede herangezogen, und weil er uns allerdings warnen kann vor einer gedanklichen Lösung, die das Setzen auf die allmächtige Kraft Gottes ausgerechnet an dem Ort zurücknehmen würde, wo es dem Glauben am allernötigsten ist und wo er auch durch das Wort Jesu dazu ermächtigt wird: „Herr, wer kann überhaupt gerettet werden?" „Bei den Menschen ists unmöglich, aber alles ist möglich bei Gott."

Die Frage bleibt, ob neben der Macht Gottes, seinen *Heilswillen* zum Ziel zu führen, als ebenso unerläßlicher Satz christlichen Glaubens seine Allmacht zu behaupten ist im Sinne der Kraft, die alles in allen wirkt. Ob dies zu behaupten ist auch angesichts des Verderbens der Sünder, die nicht zum Glauben kommen; und dann auch angesichts der schrecklichsten Leiden, die Menschen durch Menschen angetan oder durch schicksalhafte Abläufe zugefügt werden: sei es, daß man dies als Verhängungen eines Strafens (oder Erziehens?) Gottes über die von ihm nicht gewollte und gewirkte Menschheitssünde verstehen will (was aber im Grunde jenen Allmachtsgedanken bereits durchbrechen würde); sei es, daß man es als die unergründlichen Schickungen seines schlechterdings nicht hinterfragbaren Willens verstehen will. Es sollen aus dem weiten Spektrum gegenwärtiger Diskussion über die Gottesfrage zwei Einwände gegen diese Allmachtsbehauptung herausgegriffen werden. Sie kommen aus ganz verschiedener Richtung und sind sehr verschieden geartet, können aber je in ihrer Art und Intention Anlaß geben, das Thema neu zu durchdenken.

Der erste Einwand entstammt der *sprachanalytischen* Diskussion des Redens von Gott, die bisher besonders im angelsächsischen Raum geführt wurde[3]. Der Analytiker will wissen, was mit „Gott" gemeint ist, welche Vorstellungen die religiöse Rede, die dieses Wort gebraucht, mit ihm verbindet. Er behauptet: Nimmt man die Theologen beim Wort und hält die verschiedenen Näherbestimmungen, die sie geben, zusammen, so läuft ihre Rede von Gott auf ein X absolutum hinaus, das keinerlei bestimmte Konturen mehr hat. Dabei nimmt der Analytiker als gegeben, daß der Theologe auf jeden Fall und vielleicht sogar als erstes sagen wird: Gott

---

[3] Über sie orientieren *A. Flew* und *A. MacIntyre* (Hgg.), New Essays in Philosophical Theology (1955); ferner *B. Mitchell* (Hg.), Faith and Logic (1957).

ist der allmächtige und aktuell wirksame Seinsgrund des kontingenten Weltbestandes, Wille und Kraft, die alles und in allem wirkt, was ist und geschieht. (Und anscheinend haben sich in der angelsächsischen Diskussion manche Theologen etwas zu arglos auf diese Unterstellung dessen, was sie doch wohl auf alle Fälle unter „Gott" verstehen würden, eingelassen und sie bestätigt). Der Analytiker fährt fort: Ihr sagt aber doch auch, daß dieser Wille der schlechthin *gute* Wille, ja „die Liebe" ist. (Der Theologe wird ihm auch dies bestätigen, diesmal im Blick auf den in Christus offenbaren Gott, von dem zu reden ja seine eigentliche Sache ist, mit gutem Grund). Fragt der Analytiker nun aber, welche empirischen Befunde von Leiden und Ungerechtigkeit den Theologen gegebenenfalls veranlassen könnten, seine These, die hinter allem (und also auch hinter solchem) stehende Allmacht sei zugleich unbedingte Güte, als *widerlegt* zu betrachten, so wird der Theologe antworten: Keinerlei empirischer Erfahrung, sie sei so schrecklich wie sie wolle, gestehe ich die Kraft zu, die Überzeugung, daß der Wille des allmächtigen Gottes Güte und Liebe ist, zu widerlegen. Der Analytiker stellt fest: Damit wird „Güte" in Bezug auf Gott zu einem inhaltsleeren Wort, das keinerlei Bezug zu konkreter Wirklichkeit und Erfahrung mehr hat. Denn eine Güte, die mit jedem beliebigen Zustand oder Übelstand der (von ihr in ihrer Eigenschaft als Allmacht ja *gewirkten*) Wirklichkeit vereinbar ist, besagt offenbar überhaupt nichts *Bestimmtes* mehr, was zu ebenso Bestimmtem in Gegensatz treten könnte. Das heißt: Sie besagt eben nichts. Sie ist für uns so gut wie nicht vorhanden. Es bleibt als Bestimmung für Gott im Grunde dann nur die alles kausierende Allmacht mit *blindem* Gesicht. Dann kann ich aber ebenso gut sagen: Deus, sive natura, sive fatum.

Man mag das als spinöse Begriffsklauberei empfinden und einwenden, hier sei eine für alles Reden von Gott von vornherein blockierte Gleichsetzung von Wirklichkeit mit kontrollierbarer Empirie im Spiel. Man mag entgegenhalten, hier werde im Grunde eine Definierbarkeit Gottes in terminis jener kontrollierbaren Empirie verlangt, die scheitern *muß*, weil Gott allem Geschaffenen unendlich überlegenes Geheimnis ist. Aber wir sollen ja von Gott reden und nicht schweigen. Wir sind ja „zum Bescheidgeben gefordert von der Hoffnung, die in uns ist, gegenüber jedermann" (I Petr. 3,15); also auch gegenüber dem, für den Wirklichkeit mit kontrollierbarer Empirie zusammenzufallen scheint und dessen Verständnis für ein Reden von Gott darum zunächst blockiert ist. Seine Frage: Was meint ihr mit euerm Reden von Gott, was bedeutet euch das konkret, ist berechtigt – auch wenn wir sie ihm nicht mit Definitionen beantworten können. Es ist richtig: Gott ist Geheimnis. Aber kann dieses Geheimnis in schlechthinniger Unbestimmtheit liegen? Kann es um dieses Geheimnis so bestellt sein, daß es uns zwar verpflichtet, ihm das Prädikat der Güte beizulegen, uns aber jede konkrete Bestimmung dessen verwehrt, *wofür* und *wogegen* diese Güte steht? Selbstverständlich wird kein Theologe und erst recht kein Prediger auf solche konkrete Bestimmung verzichten. Wir würden ja sonst wirklich keine „Rechenschaft mehr geben können von der Hoffnung, die in uns ist." Wir sollten uns dann aber überlegen – und dazu kann das spinöse Argumentieren des Analytikers in der Tat Anlaß geben –, ob und wie wir damit noch das Verständnis der Allmacht Gottes im metaphysischen Sinn der Allkausalität verbinden können.

Ein aus ganz anderer Richtung kommender Einspruch gegen den Allmachtsglauben kann diese Überlegung noch dringlicher nahelegen – dringlicher deshalb, weil sein Motiv nicht das Insistieren auf logischer Begriffsklärung, sondern der existentielle Protest gegen das Leiden der Menschen ist. Als seine Sprecherin sei *Dorothee Sölle* mit ihrem Buch „Leiden" zitiert[4]. Auch wenn man sich weder mit ihrer Deutung der Intentionen bisheriger christlicher Überlieferung und Seelsorge identifizieren kann noch mit ihren in diesem Buch und anderswo ausgesprochenen Folgerungen in bezug auf ein künftiges „atheistisches" Glauben an Gott – der Protest, den sie erhebt, sollte nicht beiseite geschoben werden. Er zeigt zumindest, wie ein undifferenziertes Reden von der Allmacht Gottes mißverstanden werden *kann*, und vielleicht oft tatsächlich mißverstanden wurde und wird.

D. Sölle richtet eine überaus scharfe Kritik gegen die Anbetung des Allmachtsgottes. Diese Kritik gewinnt ihre Schärfe weniger aus dem sonst oft gehörten Argument, der „heutige Mensch" könne eine solche „metaphysische Größe" nicht mehr denken. Sie argumentiert vielmehr praktisch: Die Verehrung dieses Gottes, die fromme Rückführung auch des gräßlichsten Geschehens auf die unerforschlichen Ratschlüsse seiner Allmacht und Allwirksamkeit habe uns gegen das Leiden, das Menschen durch Menschen zugefügt wird, apathisch und wehrlos gemacht. Sie erziehe zur Resignation, zum Hinnehmen dessen, was nicht hingenommen werden darf. Ich kann mir nicht versagen, eines der vielen Beispiele anzuführen, mit denen diese Beschuldigung belegt wird, Szene aus einem Bombenkrieg – D. Sölle zitiert sie ihrerseits aus Arno Schmidt, Leviathan (1949, Neuausg. 1963):

„Und eins der Kinder war fast völlig zerrissen von zwei Riesensplittern, Hals und Schultern, alles. Die Mutter hielt noch immer den Kopf und sah wie verwundert in die fette karminene Lache ... Der Pfarrer tröstete die weinende Frau; er meinte: ‚Der Herr hats gegeben; der Herr hats genommen' – und hol's der Teufel, der Feigling und Byzantiner setzte hinzu: ‚Der Name des Herrn sei gelobt!'[5]"

Der Vorgang ist so unglaublich, daß man fragen möchte: Ist das wirklich ein Tatsachenbericht? Aber wenn wir dies einmal unterstellen: Hatte

---
[4] *D. Sölle*, Leiden (Themen der Theologie, Hg. H. J. Schultz, Ergänzungsband), 1. A. 1973
[5] AaO S. 29 f.

der Pfarrer *theologisch* recht – war es nur eine schreckliche *seelsorgerliche* Fehlleistung, gerade in diesem Augenblick so zu reden? Das war es gewiß, werden wir sagen – er hätte schweigen und mit der Frau weinen sollen, *vor* allem, was da gesagt werden konnte. D. Sölle sieht aber das seelsorgerliche Fehlverhalten auf theologischem Hintergrund: Es wird möglich aus einer *prinzipiellen* christlichen – nach ihrer Meinung pseudochristlichen – Haltung in bezug auf göttliche Allmacht und menschliches Leiden: Leiden kommt wie alles aus Gottes Hand, und „das Leiden ist dazu da, daß unser Stolz gebrochen, unsere Ohnmacht erwiesen ... wird; das Leid hat den Sinn, uns zu einem Gott zurückzuführen, der nun erst groß wird, da er uns klein gemacht hat"[6]. Dazu wird es als ein heilsames Züchtigen dieses Gottes verstanden, das im Grunde jeder, den es trifft, wohl verdient hat – denn wer ist vor Gott unschuldig? Die Logik dieses theologischen Leidensverständnisses sieht D. Sölle in den drei Sätzen:

„1. Gott ist der allmächtige Lenker der Welt, der alles Leid verhängt.

2. Gott handelt nicht grundlos, sondern gerecht.

3. Alles Leiden ist Strafe für die Sünde.

Aus der Gerechtigkeit des Allmächtigen folgt, daß er nur ‚mit Grund' quält, sogar dann, wenn seine Plagen in gar keinem Verhältnis mehr zum getanen Unrecht stehen."[7]

D. Sölle nimmt Anstoß an der Konklusion: Gibt es nicht tausendfaches Leiden der Unschuldigen, ja muß man nicht sagen, „daß, gemessen am Ausmaß menschlicher Leiden, alle unschuldig sind?" (ebenda). Das proton pseudos, das in Verbindung mit der Behauptung der Gerechtigkeit Gottes notwendig zu dieser Konklusion führen muß, sieht sie aber in dem Obersatz: der leidenmachende, leidverursachende Allmachtsgott. Diesem Gott sagt sie den Glauben auf. „Jeder Versuch, das Leiden als unmittelbar oder mittelbar von Gott verursacht anzusehen, steht in der Gefahr, sadistisch über Gott zu denken"[8]. „Nicht als ob der theologische Sadismus Verhaltensanleitungen enthielte [*menschlichen* Sadismus wecken und rechtfertigen *wollte*, W. J.]. Wohl aber übt er Menschen ein in Denkschemata, die sadistisches Verhalten für normal halten und in denen angebetet, verehrt und geliebt ein Wesen wird, dessen ‚Radikalität', ‚volle Absicht' und ‚höchste Schärfe' eben das Vernichten ist. Die äußerste Konsequenz des theologischen Sadismus ist die Anbetung des Henkers"[9].

Ein Zerrbild des Gottes, aus dessen Hand viele Menschen ihr Leiden angenommen haben und annehmen – nicht in stumpfer Resignation, sondern in einem Glauben, der nicht nur Fürwahrhalten der Lehrsätze von seiner Allmacht und Gerechtigkeit, sondern Vertrauen und Erfahrung seiner Liebe ist. Wird es nicht *erfahren*, daß Gott im Annehmen von Leiden segnen kann? Und: so tausendfach und schrecklich nach den Maß-

---

[6] AaO S. 29.   [7] AaO S. 35.   [8] AaO S. 37.   [9] AaO S. 39

stäben menschlicher Schuldverrechnung die Unschuldigen unter den Aktionen der Gewalttäter leiden müssen – wer von uns könnte vor *Gott* sagen: Ich leide als ein Schuldloser?

Aber andererseits: Darf solche Erfahrung, daß Gott durch Leiden begegnen und zu sich führen kann, zu dem allgemeinen Satz stilisiert werden: daß es die Allmacht Gottes ist, die, weil alles in allem, so auch alles Leiden, das Verhältnisse oder Menschen über Menschen bringen, will und wirkt? Darf die Frage, wer von uns von sich selbst vor Gott sagen könnte: Ich leide als ein Schuldloser, zu der Feststellung gemacht werden, alles Leiden, das die Allmacht geschehen läßt, sei ihre Strafverhängung über die Sünde des Menschen? Werden solche Sätze nicht ebenso die Erfahrung, daß Gott angenommenes Leiden zum Segen machen kann wie den Ernst der Frage nach meiner Schuld vor Gott mit dem Mechanismus der Allwirksamkeit totschlagen und so dem Zerrbild von Gott in die Hände arbeiten, dem D. Sölle den Glauben aufsagt? (Oder wäre dieser Gott, gegen den sie aufbegehrt, in Wahrheit kein Zerrbild, sondern der Gott des *Gesetzes* und seines Tötungswillens, der in dialektischer Spannung zu dem Deus in Christo praedicatus nun eben auch – und zuerst – auf dem Plan ist?)

III.

Die folgenden Überlegungen zu den hier aufgeworfenen Fragen gehen von einer zweifachen Voraussetzung aus. Zunächst von der *christologischen* Voraussetzung: In der Person, dem Verhalten und der Geschichte Jesu Christi, so wie sie durch das Christuszeugnis des Neuen Testaments begegnet, hat der verborgene Gott uns sein wahres Gesicht gezeigt. Mit Jesus Christus hat er sich selbst, seine Selbstgegenwart bei und für uns identisch gesetzt, so daß gilt: Wo und wie Jesus ist, da und so ist in ihm Gott selbst; wofür und wogegen Jesu ist, dafür und dagegen steht in ihm Gott selbst; mit wem Jesus ist, zu dem kommt in ihm Gott selbst. Gott kann und will nicht „definiert" werden, aber in Jesus Christus will er sich von uns identifizieren lassen.

Dazu die *prinzipientheologische* Voraussetzung: Jesus Christus ist die eine authentische und endgültige Gestalt, in der Gott zu erkennen gegeben hat, wer er in Wahrheit ist. Das heißt auf jeden Fall: Es kann keine andere und anders*geartete* Gotteserfahrung geben, aufgrund deren zu Recht behauptet werden dürfte, Gott möge zwar einerseits so sein, wie er sich in Christus gezeigt hat, sei aber andererseits auch so, wie diese Erfahrung ihn *anders* zeigt. Heißt das, daß es vor oder neben Christus überhaupt keine Gotteserfahrung gegeben hat und geben kann? Wir können den konkreten Jesus von der alttestamentlichen Glaubensgeschichte nicht abstrahieren und also jedenfalls nicht in Abrede stellen, daß der Gott, der sich in Jesus Christus identifiziert hat, schon zuvor zu Israel geredet hat.

Aber seine Selbstidentifizierung in Jesus Christus ist das *Telos* seines Redens zu Israel und der Glaubensgeschichte, in die Israel dadurch hineingeführt wurde; damit auch das *Kriterium* aller wahren Erkenntnis Gottes in dieser Geschichte. Und dies gilt erst recht für die viel problematischere Frage einer „allgemeinen" (oder sporadisch außerhalb dieses Zusammenhangs Israel – Christus möglichen) Gotteserfahrung und ihres Verhältnisses zu Gottes Selbstidentifizierung in Jesus Christus. Daß Gott solche Erfahrung wirken *kann*, muß nicht bestritten werden – ist es aber der *wahre* Gott, der sie gewirkt hat, so ist Christus das Kriterium ihrer Wahrheit, dem sie nicht widersprechen kann. Der Lauf der Welt, die Erfahrung der Schicksalsmacht, die menschliche Selbsterfahrung kann uns aus sich selbst nicht sagen, wer Gott in Wahrheit ist. Sie kann uns nicht einmal sagen, *ob* Gott wirklich ist. Und *wenn* sie uns etwas zu sagen scheint, wofür das Wort „Gott" eingesetzt werden könnte oder herkömmlich eingesetzt wurde, so wird das zu sehr unbestimmten, unter Umständen in sich zwiespältigen, bei verschiedenen Menschen und in verschiedenen Zeiten auch verschiedenen Vorstellungen von „Gott" führen. Nur Gott selbst kann authentisch sagen, wer er in Wahrheit ist. Er hat es gesagt, indem er in Jesus Christus sich selbst identifiziert hat.

Die Fragen: Wie verhält sich *Gott* zu der Sünde und zum Leiden der Menschen? Wie verhält sich zu Sünde und Leiden seine Allmacht? Was heißt das überhaupt, Gottes Allmacht?, sind also an *Jesus Christus* zu richten, an ihn selbst, sein Verhalten und seine Geschichte [10].

Jesus hat die *Sünde* nicht vergleichgültigt, noch viel weniger gerechtfertigt. Gerade indem er den Gotteswillen authentisch und radikal vertrat, hat er den Gegensatz des in der Macht der Sünde gelebten Lebens zu diesem Gotteswillen in seiner Tiefe aufgedeckt. Und wenn wir dem neutestamentlichen Zeugnis der Bedeutung des Kreuzes folgen: er hat in *seinem* Sterben die Konsequenz dieses Lebens in der Macht der Sünde, den Tod der Gottverlassenheit, übernommen und ausgetragen. Aber Jesus hat nicht den Gott der nach Maß belohnenden und vergeltenden Gerechtigkeit vertreten. Er, der die Sünde aufdeckte, hat die Sünder angenommen. Er hat damit den Gott vertreten, der seinen Prozeß mit den Menschen so und nur so zum Austrag bringen will, daß er „den Gottlosen rechtfertigt"; daß er den Sünder nicht mit seiner Sünde identifiziert und ihrer Todeskonsequenz überläßt, sondern die „Person" von dem Unrecht ihres gelebten Lebens trennt und die Sünde so verwirft, daß er den Sünder annimmt. Und wenn es auch von dem am Kreuz hängenden Jesus gilt: Wo und mit welchen

---

[10] Mit aller Entschiedenheit hat *K. Barth* die Eindeutigkeit der Selbstaussage Gottes in Jesus Christus und eine Neubestimmung des Allmachtsbegriffes aus diesem in Christus gegebenen Grund aller christlichen Rede von Gott vertreten. So besonders KD II/1, § 31,2 (S. 551 ff.). In vieler Hinsicht ist dort den in diesem Aufsatz aufgeworfenen Fragen eine Antwort gegeben, der ich mich nur anschließen kann.

er, da und mit denen Gott selbst, dann ist es ja in ihm Gott selbst, der jene Todeskonsequenz der Sünde in sich hineingenommen hat – wie immer dies nun zu verstehen sein mag – und sie damit aus *unserm* Sterben *weggenommen* hat.

Jesus hat sich auch zum *Leiden* der Menschen nicht verhalten wie zu einer Schickung der göttlichen Allmacht, die widerstandslos hinzunehmen ist; übrigens auch nicht wie zu einer göttlichen Strafverfügung – Fragen seiner Jünger, die in diese Richtung zielten, hat er abgewiesen (Lk. 13,1–5; Joh. 9,1–3). Er hat im Leiden die Macht des die Menschen knechtenden *Feindes* Gottes erkannt. Er *ergrimmt* über diese Macht. Er *kämpft* gegen das Leiden – sein Heilen ist von seiner Verkündigung unablösbar. Er bricht in die Burg des Starken ein und raubt ihm seine Beute – so hat er selbst sein heilendes Tun gedeutet. Jesus hat sich so auf die Seite der leidenden Menschen gestellt, daß er selbst mit dem Leiden in allen seinen Gestalten beladen wurde, bis hin zu dem Leiden der Gottverlassenheit, die die Todeskonsequenz der Sünde ist. Und nochmals, wenn die Voraussetzung gelten soll, dann heißt das ja: in ihm hat Gott sich selbst gegen das Leiden und den Tod des Menschen erklärt, sich gegen diese Mächte auf die Seite des Menschen gestellt, der ihnen unterworfen ist. *Daß* es so ist – *daß* er selbst, der wahre Gott, in Christus ist und in ihm auf die Seite der den Mächten der Sünde, des Leidens und Todes unterworfenen Menschen gekommen ist, hat Gott in der Auferweckung des Gekreuzigten besiegelt (ohne sie könnte das Kreuz Jesu nur besagen: der wahre Gott ist eben doch der Gott der vergeltenden Gerechtigkeit, er hat den Jesus, der frevelhaft in seinem Namen die Sünder anzunehmen wagte, diesen Sündern nachgeworfen in die Verdammnis). In der Auferweckung des Gekreuzigten hat Gott das Zeichen seines Endsiegs über jene Mächte, die Hoffnung der von ihnen befreiten Zukunft seiner Schöpfung aufgerichtet.

Wer ist also Gott?

Der Gott, der in der Person und Geschichte Jesu erkannt sein will, ist jedenfalls nicht das unveränderliche, leidensunfähige, durch nichts von außen berührbare, selig in sich selbst ruhende summum esse, das eine mehr von griechischem Denken als von dem biblischen Gotteszeugnis bestimmte Metaphysik in der Gottheit sah.

Gott ist nicht das Ideal einer absoluten Macht, die aus unergründlicher und unhinterfragbarer Willkür Wohl und Wehe, Leben und Tod und so eben alles in allem wirkt. Gott will und wirkt die *Sünde* nicht, und Gott will und wirkt auch das *Leiden* nicht, dessen Zusammenhang mit menschlicher Sünde uns sichtbar werden kann, oft aber unerkennbar bleibt. Denn Jesus hat gegen Sünde und Leid als den *Feind* Gottes gekämpft und gegen diesen Feind den eindeutigen Willen Gottes zu Heil und Leben vertreten.

Gott ist nicht das Ideal der abrechnenden Gerechtigkeit, die Maß für Maß vergilt, so daß alles „seine Ordnung hat". Denn Jesus hat die Sünder angenommen. – Gott ist allerdings auch nicht das Ideal einer Großzügigkeit, die sich die Sünde, den Widerspruch unseres Lebens gegen seinen Willen überhaupt nichts angehen läßt, über ihn hinwegsieht als wenn er nicht wäre. Denn der Jesus, der sich zu den Sündern stellte, hat den Tod der Gottverlassenheit als die Konsequenz der Sünde übernommen und ausgetragen. Dieser Tod *ist* die Konsequenz, der alle Sünde entgegentreibt – das ist im Kreuz Jesu aufgezeigt. Aber *Gott* will den Tod der Sünder *nicht*. Denn gerade an diesem Kreuz ist ja er selbst in Christus in diese Konsequenz eingetreten, an den Ort des gottverlassenen menschlichen Sterbens getreten, damit wir genau an diesem Ort nicht die Gottverlassenen, sondern die Angenommenen sein sollen.

Gott hat sich selbst in Jesus identifiziert als der unbedingte Wille der leidenschaftlichen, darum auch leidensfähigen, an der Sünde des Menschen leidenden und gegen sie in äußersten Widerspruch tretenden, aber nicht aufgebenden, sondern durch allen Widerspruch durchbrechenden *Liebe*. Gott will Leben, Liebe und die Rettung derer, die in Abkehrung von seiner Lebens- und Liebesmacht auf den Tod zuleben, den die Sünde auszahlt. Das ist in Jesus Christus sein eindeutiges Gesicht. Wenn Luther neben diesem Deus in Christo revelatus von einem Deus absconditus gesprochen hat, in dessen Gesicht wir freilich nicht schauen sollen, das aber gleichwohl in jenen oben zitierten furchtbaren Worten angedeutet wird – muß man nicht sagen: Jener Deus absconditus ist *nicht* der Gott, den wir aufgrund von Jesus Christus glauben? Der Gott, der in seiner Majestät verborgen den Tod des Sünders weder beklagt noch überwindet, sondern Leben, Tod und alles in allen wirkt, mag ein Gott der Philosophen (gewesen) sein. Der Gott, der in Jesus Christus zum Menschen gekommen ist, ist es nicht.

Wenn der Analytiker fragt: Könnt ihr wirklich alles, was in der Welt geschieht, mit eurem Glauben an den Liebeswillen des Gottes vereinbaren, auf dessen Allmacht ihr es zurückführt – warum sollten wir nicht antworten: Nein! Es geschieht vieles, was wir mit dem Willen und der Macht des Gottes, den wir glauben, *nicht* vereinbaren können und was unsern Glauben an diesen Gott *wirklich* widerlegen würde – wenn es das letzte Wort behielte.

IV.

Es stehen dann allerdings Fragen an, die hier wenigstens im Ansatz aufgenommen sein sollen.

1. Ist Leiden gleich Leiden? Müßte der Satz „Gott will und wirkt das Leiden nicht" begrenzt werden auf Leiden, das durch menschliche Sünde verursacht wird? Wäre dagegen in solchem Leiden, das uns aus einem menschlicher Verursachung entzogenen Naturgeschehen betrifft, die Erfahrung unserer kreatürlichen *Endlichkeit* zu sehen, die wir aus Gottes

Schöpferwillen annehmen sollen, anstatt uns gegen sie aufzulehnen (und sie uns so erst – als Sünder – zum Leiden zu *machen*)? Es sei nicht bestritten, daß es auch Leiderfahrungen geben kann, denen dies zur Antwort gegeben werden darf und muß. Aber gegenüber der zerstörerischen Grausamkeit tausendfachen Leidens solcher „natur"verursachten Art müßte solcher Hinweis auf die gottgewollte Endlichkeit der Kreatur versagen. Und hat Jesus nicht gerade auch in der Menschen knechtenden Macht der *Krankheit* jenen Feind des Lebenswillens Gottes erkannt? Eine umfassendere Untersuchung der Frage, wie Gott sich zum Leiden verhält, müßte mit einer sorgfältig differenzierenden Analyse verschiedener und verschieden begründeter Gestalten von Leiden, auch unter bibeltheologischen Gesichtspunkten, einsetzen. Das kann hier nicht geschehen. Aber soviel kann gesagt werden, daß eine Einteilung in von Gott nicht gewolltes, weil durch Sünde verursachtes Leiden und in von Gott gewolltes und gewirktes, weil „natur"verursachtes Leiden zu kurz greift.

2. Gott will und wirkt das Leiden nicht – widerspricht dem nicht die Erfahrung vieler Leidender, denen gerade im Annehmen ihres Leidens aus *Gottes* Hand ein Wirken Gottes an ihrem Leben geschehen ist, das ihnen zum Heil wurde?

Solche Erfahrungen sind nicht zu bestreiten. Daß Gott Leiden – Leiden, das Menschen durch Naturgewalten und Krankheit trifft, das ihnen durch Menschen angetan wird, ja auch Leiden, in das sie sich durch eigene Sünde gebracht haben, *in seine Hand nehmen* und zum Werkzeug machen kann, durch das er diese Menschen zu sich zieht, aus Bösem Gutes schafft, bleibt bestehen. In der Betroffenheit durch eigenes oder fremdes Leiden *glauben*, daß Gott solches tun kann und will, ist gewiß ein Stück des *wahren*, an Jesus Christus orientierten Bekenntnisses zu seiner Allmacht. Aber solcher Glaube hat nichts zu tun mit der abstrakten und allgemeinen Behauptung, die Allmacht der prima causa wolle und wirke, weil alles, was überhaupt sich verwirklicht, so auch das Leiden bis zu seinen schrecklichsten (und unendlich oft gerade nicht zu Gott hinführenden) Gestalten. Der Glaube an die Leiden *verwandelnde* Macht Gottes hat noch weniger zu tun mit der Vorstellung, Gott sei eben – neben oder hinter dem Gesicht, das er in Christus gezeigt hat – auch der andere Gott jener unerforschlichen Willkür, der das Leiden *will*. Wird nicht durch diese Vorstellung gerade verhindert, daß es zu solchem Glauben kommt, der sich auch im Leiden *vertrauend* in Gottes Hand gibt? Wie kann es anders zu ihm kommen als aufgrund der in Jesus Christus *eindeutigen* Zusage seines unbedingten Lebens- und Rettungswillens?

3. Widersprechen aber dem Satz, Gott wolle das Leiden und den Tod der Sünder nicht, nicht zahllose biblische Aussagen, die vom *Zorn* Gottes reden, der über die Sünde entbrennt und sie in ganz konkreten Zusammenhängen an den Sündern mit Leiden und Tod straft? So daß nun nochmals

die Frage ansteht, es möchte jenes Andere in Gott neben der Liebe, in der er sich in Christus erzeigt hat, zwar nicht eine blinde Willkür sein, wohl aber jener Zorn, in dem er zunächst und im Prinzip *sehr wohl* den Tod des Sünders will? Ist seine Gnade zu verstehen nur auf dem Hintergrund dieses in sich gnaden*losen* Zorns, als die große Ausnahme und Durchbrechung dessen, was zunächst und grundsätzlich gegenüber dem Sünder Tötungswille ist – sei es, daß diese Durchbrechung als durch das Opfer Jesu „erkauft", sei es daß sie als spontaner Durchbruch eines Gegenwillens gegen seinen ersten Willen in Gott selbst verstanden wird?

Vom Zorn Gottes muß geredet werden, gerade *weil* in Christus Gottes wahrer Wille unzweideutig als Lebens- und Liebeswillen kund wurde, der um den Menschen eifert und ihn nicht gleichgültig seinen Weg gehen lassen kann. Dieser Wille ist pathisch – er kann das von ihm abgekehrte, gegen die Liebe gelebte Leben des Menschen nicht ertragen. Das ist sein Zorn. Aber dieser *göttliche* Zorn muß als der Zorn der eifernden Liebe aufs deutlichste unterschieden werden von dem *menschlichen* Zorn der Rachsucht, des kalten Vergeltungs- und Abrechnungswillens. Er muß auch unterschieden werden von der furchtbaren menschlichen Grenzmöglichkeit, daß leidenschaftliche Liebe, die enttäuscht wurde, in verzehrenden Haß *umschlagen*, in ihm untergehen kann. Auch angesichts der biblischen Aussagen vom Zorn Gottes darf aufrechterhalten werden: Gott will den *Tod* des Sünders, sein *Verharren* in dem in sich selbst verschlossenen und gegen die Liebe gelebten Leben, gegen das sein Liebeswille nur mit Zorn reagieren kann, *nicht*. Gott will *nicht*, daß der Mensch definitiv sich selbst mit diesem seinem Leben in der Macht der Sünde identifiziert und so der Todeskonsequenz dieses Lebens verfallen muß. Denn in Christus hat er sich dahin erklärt, daß er, Gott selbst, Mensch und Sünde „auseinandersprechen" und die Sünde *so* abtun will, daß er die Sünder zu seinen Angenommenen macht, sie aus der Macht und Todeskonsequenz der Sünde herausrettet. Die Aussagen über Zorn und Gerichte wollen doch nicht als isolierte Teil-loci eines biblischen Gesamtlocus de Deo verstanden sein, die je für sich genommen Definitives über Gottes Wesen und Willen aussagen, das dann *neben* die Selbstaussage Gottes in Christus zu stellen wäre. Sie wollen als Elemente einer *Geschichte* Gottes mit der von ihm abgekehrten Menschheit – zunächst seiner Geschichte mit dem exemplarisch herausgerufenen, immer wieder sich abkehrenden Israel – verstanden sein; der Geschichte, in der Gott von Anfang an darauf hinzielt, daß und wie er in *Christus* seinen Prozeß mit dem Menschen zum Austrag bringen will. Dürfen dann nicht auch die Zorn- und Strafgerichte so verstanden werden: Gott kann schreckliches Leiden, das durch Naturereignisse und durch Menschen über Menschen gebracht wird (z. B. durch die Babylonier über Jerusalem), *in seine Hand nehmen* und zu seinem Werkzeug machen – nicht aus einem Tötungswillen, der endgültig vernichten will, sondern aus dem Willen der eifernden Liebe, die die von ihr Abgekehrten aus ihrer Selbstüberlassenheit an die Macht und Konsequenz ihrer Sünde herausholen will? Es ließen sich dafür gerade im Alten Testament viele Belege finden, vor allem wenn man nicht das Einzelne isoliert, sondern den Gesamtduktus der Glaubens-, Unglaubens- und Leidensgeschichte Israels und der diese Geschichte deutenden Prophetie beachtet. Daß es ein endgültiges Verfallen von Menschen an die Todeskonsequenz iher Sünde geben *kann*, haben wir kein Recht zu bestreiten. Aber kann es das angesichts des in Christus erklärten Rettungswillens Gottes anders geben als da, wo Menschen sich nicht annehmen lassen *wollen* und so dem erklärten Willen Gottes gegenüber, sie *nicht* mit der Sünde ihres Lebens und deren Konsequenz zu identifizieren, ihre eigene Selbstidentifizierung mit diesem Leben festhalten? Ist *Gott* es, der die Hölle will?

3. Wenn Gott das Böse, die Knechtung des Menschen unter Sünde und Leiden nicht will, und dieses Böse dennoch wirklich ist – wenn Gott den Tod des Sünders nicht will und dieser Tod dennoch wirklich werden kann – was kann dann das Bekenntnis zu der *Allmacht* dieses Gottes heißen, und was nicht?

Wir sollten dieses Bekenntnis lösen von der theoretischen Fragestellung, die der Theologie von der antiken Philosophie vererbt war und die ihre Gotteslehre lange beeinflußt hat: von der kausalen Frage nach dem Weltgrund, der arché, von der Frage nach der einen Ursache hinter der Vielfalt der Welterscheinungen. Das ist ja auch im biblischen Schöpfungszeugnis nicht eigentlich die bewegende Frage, und es ist eine Frage, die mit dem *gelebten* Glauben wenig zu tun hat. In der Geschichte des alttestamentlichen Glaubens ist das Bekenntnis zu Gottes Schöpfermacht nachweislich aus dem Zusammenhang der *Heilsverheißung* Gottes erwachsen, und zwar gerade angesichts der Weltmächte, die die Einlösung dieser Verheißung in Frage zu stellen scheinen. Die Schöpfermacht Gottes wird gewissermaßen gegen diese Mächte angeglaubt. Auch im Neuen Testament tritt der Preis der Schöpferallmacht nicht im Zusammenhang der Frage auf, woher denn *alles* komme und welche Macht denn hinter allem stehe. Sondern er wird laut im Blick auf den Gott, der aus Sünde Gerechtigkeit und aus Tod Leben schafft, „der dem, was nicht ist, ruft, daß es sei" (so gerade in Röm. 4, dem Kapitel, das zentral von der Rechtfertigung des Sünders handelt). Wir sollten den Gedanken der Allmacht des Schöpfers also gerade nicht dahin wenden, nun auch das Böse, das Leiden, die Sünde und ihre Todeszwänge auf den Willen und das Wirken des Gottes zurückzuführen, der seinen Willen, Leben zu wirken, gerade gegen diese Mächte setzt. Vielleicht nicht einmal in der abgeschwächten Formulierung, Gott „lasse das zu", und dann womöglich mit spekulativen Begründungen dafür, warum er das zulasse.

Das bedeutet dann allerdings auch: Wir sollten uns definitiv entschließen, eben *nicht zu wissen*, woher das Böse seine Wirklichkeit und Wirksamkeit hat und wieso es in einer Welt, die wir als Schöpfung des in Christus offenbaren Gottes glauben, „zwischeneinkommen" konnte[11]. Anstatt uns zu bemühen, den Glauben an die schöpferische Allmacht des Gottes, der der Wille unbedingter Liebe ist, mit der Wirklichkeit des Bösen in dieser Welt gedanklich zu vereinbaren, sollten wir zugeben: Wir *können* das nicht vereinbaren. Aber *müssen* wir es denn vereinbaren? Müssen wir *verstehen* können, warum das Böse dasein kann? Würde hier verstehen wollen nicht bedeuten: intellektuell rechtfertigen wollen, was existentiell nicht gerechtfertigt werden, sondern nur als das, was in Gottes Schöpfung ganz und gar *nicht* sein sollte und dennoch unbegreiflich wirklich ist, diesem Gott *geklagt* und *bekannt* werden kann? Ist die einzig wesentliche Frage nicht vielmehr die, ob und wie das Böse *überwunden* wird?

Wir sollten in dem Bekenntnis zu Gottes Allmacht überhaupt nicht die Antwort sehen auf die Frage: Woher *kommt* alles, was ist der *Erklärungsgrund* aller Dinge. Wir sollten Gottes Allmacht bekennen lernen als Glaubensantwort auf die Frage: Wo *hinaus* dies alles, was dürfen wir *hoffen* für uns und diese Welt? Was ist der *Bestehungsgrund* unseres Lebens, der Grund zu unbedingter und unverschämter Hoffnung, trotz allem, was dagegen spricht? Nicht als ob Gott nicht schon jetzt und in jedem Augenblick *Herr* wäre über allem, was ist und geschieht, auch über dem, was seiner Herrschaft widerspricht. Nicht als ob er seine Allmacht nur in der Schöpfung des Anfangs eingesetzt hätte und sie in der Vollendung wieder zur Geltung bringen werde, inzwischen aber die Welt sich selbst und der zerstörenden Macht des Bösen überließe. Gott bleibt dieser Welt in jedem Augenblick allmächtig gegenwärtig – das hat der in Christus begründete Glaube in der Tat zu behaupten, auch angesichts der Wirksamkeit des Bösen und Zerstörenden. Aber Gott ist dem Zerstörenden nicht bejahend, es wollend und wirkend, sondern *verneinend*, ihm sein *Ende* ansagend gegenwärtig. Und *Glauben* an Gottes Allmacht heißt glauben, daß der Gott, der in Christus seine Liebesmacht, seinen Lebens- und Rettungswillen kundgetan hat, *überwinden* wird, was diesem seinem Willen jetzt in der Welt und in uns selbst widerspricht.

---

[11] Der Versuch K. Barths, die Realität des Bösen aus einer Art negativer Willenserklärung Gottes – als das von ihm ausdrücklich *Verneinte*, als solches aber auch ausdrücklich ins Auge Gefaßte, Angesprochene und insofern irgendwie Existente – zu verstehen, geht einen Schritt über dieses „Nicht wissen, woher" hinaus. Aber warum nicht auch auf diesen Schritt, der zudem in gedanklich kaum mehr Nachvollziehbares führt, entschlossen verzichten? – Dieser Verzicht auf das „Wissen, woher" schließt selbstverständlich auch die Abwehr jedes dualistischen Erklärungsversuches aus einer neben Gott stehenden satanischen Urmacht in sich.

Die Gegenwart Gottes in dem Menschen Jesus

Zur Interpretation des christologischen Dogmas

I.

Ganz Gott selbst kommt in Jesus *ganz zu uns*. In ihm ist Gott so zu dem im Abseits von ihm gefangenen Menschen gekommen, daß kraft der Gegenwart Jesu in unserm Leben und Sterben die Gefangenschaft dieses Lebens und Sterbens in Gottlosigkeit, Gottwidrigkeit und Gottverlassenheit aufgehoben ist. Die Person und Geschichte Jesu heißt: Gott, der mit uns wurde.

Man darf dies als die *soteriologische* Aussage des *christologischen Dogmas* verstehen.

In der Begrifflichkeit des Dogmas ist das so ausgedrückt: *Göttliche Natur* ist in Jesus mit *menschlicher Natur* zu *einer Person* vereint. Unter der Voraussetzung dieser Begrifflichkeit muß dann ebenso die völlige Vereinigung, ja Durchdringung beider Naturen in der Einheit der Person betont werden (denn sonst ist in ihm nicht Gott *ganz* bei uns, sondern bliebe in irgendeinem Abstand *über* dem Menschsein Jesu und seiner Teilhabe an dem unsrigen), wie andererseits auch die Integrität jeder der Naturen in ihrem vollgöttlichen bzw. vollmenschlichen Wesen (denn sonst ist in Jesus nicht der *wahre* Gott zum *wirklichen* Menschen gekommen). Daher die vier chalkedonensischen „Alpha privativa".

In der christologischen Lehrtradition wird das entfaltet; in der Regel so, daß zunächst Aussagen über jede der beiden Naturen in Christus gemacht werden: Seiner göttlichen Natur (die ja, trinitätstheologisch gesprochen, Gott der Sohn ist) eignen alle Eigenschaften Gottes selbst, wie sie zuvor in der Lehre vom Wesen Gottes entfaltet waren – Allmacht, Ewigkeit, Allgegenwart, Unveränderlichkeit, Seligkeit. In seiner menschlichen Natur hat Christus teil an menschlicher Endlichkeit, Orts- und Leibgebundenheit, Bedürftigkeit, Leidensfähigkeit, jedoch mit der Besonderheit der „impersonalitas sive anhypostasia" dieser menschlichen Natur: *Als solche* ohne eigenes Selbst, das der konkrete Personträger dieser Natur wäre, hat sie ihr Selbst in der Person des göttlichen Logos, der sie annahm. In sich an-hypostatisch, ist sie im Logos en-hypostasiert. Diese Auffassung schien notwendig um der Einheit der Person willen; unter der Voraussetzung des Begriffsschemas „göttliche und menschliche Natur in einer Person vereint" und der Unmöglichkeit, dem Logos Personalität abzusprechen, mußte die Behauptung einer eigenen Personalität der menschlichen Natur Jesu diese Einheit sprengen.

In ihrer weiteren Entfaltung interpretiert die orthodoxe Lehrtradition folgerichtig das Inkarnationsgeschehen (unitio personalis) „assumptionschristologisch": Gott der ewige Sohn hat im Mutterschoß der Maria menschliche Natur an sich genommen, in Personeinheit mit sich selbst aufgenommen. Das konnte, wenn die Unveränderlichkeit göttlicher Natur bedacht wurde, als die begrifflich genauere Interpretation der Rede von der Mensch*werdung* Gottes erscheinen – kann die göttliche Natur im strengen Sinn etwas „werden", was sie nicht schon immer ist und immer bleiben wird? So sind nun die beiden Naturen verbunden in der einen Person Jesus Christus, die um ihrer menschlichen Natur willen in concreto auch Mensch genannt werden darf und muß – Mensch, dessen Selbst aber das Gottes des Sohnes ist. Um der Einheit der Person willen wird auf die *communio* der Naturen in ihr großes Gewicht gelegt: Sie sind – bei aller Betonung ihrer jeweiligen Integrität – in Christus nicht ein bloßes Nebeneinander, sondern ein sich durchdringendes In- und Miteinander, wobei die göttliche Natur aktiv, die menschliche empfangend ist (klassische Verdeutlichungshilfe: nicht wie zwei Bretter zusammengeleimt sind, sondern wie im glühenden Eisen das Feuer das Eisen durchdringt).

In der Konsequenz dessen wird die *communicatio idiomatum* gelehrt: wechselseitige Anteilhabe jeder der Naturen an den Eigenschaften und Tätigkeiten der je anderen Natur insofern, als die eine *Person* Subjekt der Eigenschaften und Tätigkeiten beider Naturen ist. In der altlutherischen Theologie wurde das bekanntlich entfaltet bis hin zum „genus maiestaticum", wonach auch die menschliche Natur Jesu *als solche* Anteil an den Majestätseigenschaften der göttlichen empfängt. (Ein symmetrisch hinzugehörendes „genus tapeinoticum" – die göttliche Natur als solche erhält Anteil an den Eigenschaften der menschlichen – wurde nicht behauptet, da man an die Vorstellung der Unveränderlichkeit der göttlichen Natur gebunden war)[1]. Gegen den Einwand, durch die Behauptung des „genus maiestaticum" werde die volle Menschlichkeit der menschlichen Natur Jesu aufgehoben, meinte man diese dadurch zu wahren, daß man die Teilhabe an den göttlichen Majestätseigenschaften nicht als einen *Besitz* dieser Natur in sich selbst, sondern als *geschenkweise* Anteilhabe interpretierte an dem, was wesenhaft der Gottheit zugehörig ist und bleibt. In bezug auf das konkrete irdische Dasein Jesu als Mensch kann man freilich fragen, ob eine menschliche Natur, die – einerlei ob „von Natur" oder durch geschenkweise Anteilhabe – faktisch über göttliche Eigenschaften verfügt, noch in wirklicher Gleichheit mit *unserm* Menschsein verstanden werden kann. Auch läßt sich diese Vorstellung schwer mit dem Bild Jesu in den Evangelien, besonders mit seinem Leiden und Sterben, vereinbaren.

---

[1] So und mit dieser Begründung z. B. *Joh. Gerhard*, Loci theologici, Loc. IV, Cap. XII, § 201.

Dieses Problem wurde empfunden; die Lehre von den beiden *Ständen* Jesu suchte ihm Rechnung zu tragen. Man unterschied im Anschluß an den Christuspsalm Phil. 2, 5 ff. am Weg Jesu den Stand der Entäußerung und den Stand der Erhöhung. Der Weg Jesu von der Krippe bis zum Kreuz ist durch eine *Selbstbeschränkung* (ekenosen heauton) in der Ausübung göttlicher Hoheit gezeichnet, von der die allgemeine Lehre von Person und Naturen Jesu Christi zunächst abstrahiert hatte. Betroffen ist von dieser Selbstentäußerung (hier m. E. im Unterschied zu Phil. 2) nicht der menschliche Natur annehmende Logos selbst (die Gottheit *kann* sich nicht entäußern oder beschränken − Unveränderlichkeit der göttlichen Natur!)[2], sondern die in der Menschwerdung angenommene menschliche Natur. Die Entäußerung besteht darin, daß Christus in der Zeit seines Erdenlebens für seine *menschliche* Natur auf deren volle Anteilhabe an den Majestätseigenschaften seiner Gottheit (also auf die Vollverwirklichung des „genus maiestaticum") verzichtet hat. Über die Art dieses Verzichts entstand im 17. Jahrhundert die bekannte Auseinandersetzung zwischen den Gießener und Tübinger Theologen. Die Gießener: Dieser Verzicht bedeutet, daß Jesus sich im Stand der Entäußerung des Gebrauchs der Majestätseigenschaften für seine menschliche Natur *enthalten* hat. Die Tübinger: Der Verzicht bedeutet, daß Jesus ihn nur *verhüllt* ausgeübt hat. Dabei blieb gemeinsame Voraussetzung beider Schulen, daß Christus hinsichtlich seiner *göttlichen* Natur auch in der Zeit seines Erdenlebens im unverminderten Besitz göttlicher Herrlichkeit blieb. Und unter *dieser* Voraussetzung scheint die Gießener These allerdings (was ihr die Tübinger auch vorwarfen) auf eine Spaltung der Person Jesu Christus hinauszulaufen: Ein Christus, der einerseits − als Gott − göttliche Macht ungebrochen hat und ausübt und zugleich andererseits − als Mensch − sie nicht ausübt? Aber läuft umgekehrt nicht die Tübinger These auf Doketismus hinaus, vor allem im Blick auf die Teilhabe Jesu an menschlichem Leiden und Sterben: Ein Christus, dessen menschliche Natur auch da noch an der Majestät und Seligkeit göttlicher Natur teilhat − nur zeigt er es nicht? Der Streit zeigt am Ende der orthodoxen Lehrentfaltung symptomatisch die Aporien, in die die Formulierung der Gegenwart Gottes in Christus im Begriffsschema: Zwei Naturen in einer Person, führen konnte.

II.

Wir wollten die Aussageabsicht der orthodoxen Christologie als soteriologische verstehen und hatten sie in die Kurzformel gefaßt: *Ganz Gott selbst* kommt in Jesus *ganz zu uns*. In die Begrifflichkeit der Zwei Naturen-Lehre gefaßt fordert das ebenso die völlige Einheit der Person Jesu Christi

---

[2] *Joh. Gerhard*, aaO Loc. IV, Cap. XIV, § 294: „κένωσις proprie dicta ad λόγον ασαρκον et simplicem deitatem, utpote immutabilem et invariabilem, accommodari nequit."

wie andererseits die völlige Integrität jeder der beiden Naturen in der Einheit dieser Person. Die Geschichte des christologischen Denkens stellt aber in Frage, ob diese doppelte Intention durchgehalten werden konnte. Mußte nicht entweder die Wahrung der Integrität der Naturen auf Kosten der Einheit der Person gehen, oder aber (das ist die in der Tradition vorherrschende Neigung) die Wahrung der Personeinheit auf Kosten der Integrität der Naturen, und dann in aller Regel der menschlichen Natur? Sehr zugespitzt ausgedrückt scheint das kombinatorische Denkschema: menschliche Natur zu der göttlichen des Logos hinzugenommen, in folgendes Dilemma zu führen: Entweder jede der beiden Naturen bleibt, was sie ist, auf ihre Eigenschaften festgelegt. Dann entsteht ein gespaltener Christus mit unmöglichen Konsequenzen (in seiner göttlichen Natur allwissend, bedürfnisfrei, unveränderlich – als Mensch lernt er wie wir alle, kann wirkliche Fragen stellen, hat wirklichen Hunger, Durst und Schmerz). Oder man muß um der Einheit der Person willen die Durchdringung der Naturen behaupten, und dann konsequent bis hin zu der Teilhabe der menschlichen an den Majestätseigenschaften der Gottheit. Dann entsteht ein doketischer Christus, der an *unserer* menschlichen Begrenzung nicht mehr teilhat. Ist dann aber ganz Gott selbst in ihm ganz zu uns gekommen?

Problematisch ist an der Fassung dieses Grundanliegens der christologischen Aussage in die Begrifflichkeit der Zwei Naturen-Lehre das Reden von „göttlicher Natur" nicht darum, weil Gott damit quasi „physisch" gedacht würde. Das wäre moderne Eintragung in den Begriff „natura", der im altkirchlichen Sprachgebrauch ganz einfach „Wesen" bedeutet. Problematisch ist es aber, daß hier überhaupt ein Vorwissen um das „Wesen" der Gottheit und seine metaphysischen Eigenschaften ins Spiel gekommen ist und nun das Denken der Gegenwart Gottes in Jesus präjudiziert[3]. Problematisch ist in diesem Zusammenhang besonders das aus antiker Denktradition ererbte Postulat der Unveränderlichkeit und in sich ruhenden Seligkeit göttlichen Wesens. Sollte nicht, wer Gott in Wahrheit ist, gerade erst in *Jesus Christus* von uns erkannt werden, an der *Bewegung* und *Geschichte*, die dieser Gott vollzogen hat, indem er in Jesus und seiner Geschichte zu uns kam[4]? Wenn aber das vorgefaßte Postulat der Unver-

---

[3] So auch *E. Jüngel*, Thesen zur Grundlegung der Christologie, in: Unterwegs zur Sache (1972), Th. A 3.41 (S. 276): „Der altkirchliche, scholastische und altprotestantische Ansatz, von einem unabhängig von" der „Einheit von Gott und Jesus gewonnenen Verständnis des göttlichen und des menschlichen Wesens her die christologische Einheit von Gott und Mensch zu bestimmen, ist zu überwinden." – Ich glaube die Christologie-Thesen *E. Jüngels* recht zu verstehen, wenn ich in ihnen eine ganze Reihe sachlicher Berührungspunkte zu den in diesem Aufsatz vorgetragenen Überlegungen finde, und werde darum im folgenden mehrfach auf sie hinzuweisen haben.

[4] Grundsätzlich ist damit aufgenommen, was *K. Barth* für alle christliche Rede von Gott mit Leidenschaft vertreten hat. – Vgl. auch *E. Jüngel*, aaO Th. A 3.42 (S. 276): „Wer und was Gott ist, ist allererst in der Einheit Gottes mit Jesus bestimmbar."

änderlichkeit göttlichen Wesens zurückzustellen ist – *muß* diese Bewegung dann in die gedankliche Figur einer Hinzunahme bloßer menschlicher „Natur" in die göttliche Person des Logos gefaßt werden? Einer menschlichen Natur, die *dann* freilich als an sich selbst anhypostatisch gedacht werden muß, denn im kombinatorischen Denkschema des Hinzunehmens der Menschheit zu der Gottheit käme man sonst zu zwei Personen. Darf nicht die biblische Redeweise (Joh. 1) auch die für die dogmatische Reflexion *eigentliche* Weise sein, hier zu reden: Gott *wurde* Mensch, der Logos *wurde* Fleisch, und gerade diese Bewegung seiner *Selbstidentifikation* mit dem Menschen Jesus konnte und wollte er vollziehen, ohne darin aufzuhören, Gott zu sein. Gerade in diesem seinem Eingehen in Ohnmacht bewährte er, was in Wahrheit in seiner göttlichen Macht steht, gerade *in* der Begrenzung des Menschseins Jesu ist er Gott, der ganz als er selbst ganz zum Menschen gekommen ist. Auch diese Weise, von der Menschwerdung Gottes als einer wirklichen *Menschwerdung* zu reden, hat ja in der Kirche eine sehr alte Tradition. M. E. entfällt dann allerdings der Denkzwang, von einer Anhypostasie der menschlichen Natur Jesu zu reden[5]. Denn in der Bewegung der Selbstidentifikation Gottes mit dem Menschen Jesus entsteht ja kein Verdoppelungsproblem – eben er selbst „in Person" *wird* die Person dieses Menschen. Erst recht entfällt die Nötigung, zwei „Naturen" mit je ihren Eigenschaftskomplexen in Jesus zu unterscheiden, um sie dann doch wieder auf problematische Weise und mit (ungewollt) doketischen Konsequenzen verbinden zu müssen.

III.

Es entsteht aber hier ein weiteres Problem, das nun besonders die neueren Auseinandersetzungen im Feld der Christologie bewegt hat. Mit der Zurückführung des Denkschemas: göttliche und menschliche Natur zur Einheit einer Person vereint, in den Aussagemodus der personalen Selbstidentifikation: Gott *wird* dieser Mensch, ohne aufzuhören, Gott zu sein, wäre es noch nicht gelöst, ja könnte es sich erst recht zu Wort melden.

Die Evangelien zeigen Jesus im *Gegenüber* zu Gott: als den *wahren* Menschen, der dem Willen des Vaters in gehorsamer Hingabe ganz entspricht; aber zugleich als *wirklichen* Menschen. Und dies nicht nur in dem ontologischen Sinn seiner Teilhabe an den geschöpflichen Bedingungen und Begrenzungen des Menschseins, sondern auch in einem hamartiologischen

---

[5] *K. Barth* hat allerdings die Anhypostasie-Lehre entschieden verteidigt (KD I/2, S. 180), wobei er aber ihre Aussageintention in einem andern als dem hier vorausgesetzten Sinn zu verstehen scheint; nicht: Jesu menschliche Natur hat kein menschliches *Selbst*, sondern: der Mensch Jesus hat seine *Existenz* allein aus dem Willen Gottes, uns in der Gestalt dieses Menschen gegenwärtig zu werden. Das ist freilich uneingeschränkt zu bejahen – aber wollte Anhypostasie im Rahmen der altkirchlichen Zwei-Naturen-Lehre wirklich nur dies besagen?

Sinn: Er lebt wahres Menschsein vor Gott nicht auf einer Insel urständlicher Unberührtheit, sondern unter denjenigen Bedingungen, denen *unser* Menschsein von der Macht der *Sünde* her unterworfen ist, als wirklicher Mensch unter den Bedingungen *unserer* Wirklichkeit[6]. Das Böse begegnet ihm nicht nur von außen, sondern auch als Macht der Versuchung seiner selbst. Der Tod ist ihm nicht angstfreier Ein- und Übergang aus irdischem in ewiges Leben – er wird *unserer* Todesangst unterworfen, muß in ihr um Ergebung in den Willen Gottes ringen, wird zuletzt in die Erfahrung eines Sterbens geführt, in dem er Gegenwart Gottes nicht mehr fühlt. Er gerät so wahrhaft und in einem äußersten Sinn auch *unter* Gott, nämlich unter sein Gericht. Wird dies in der Erzählung der Evangelien von der Versuchung Jesu symbolisch angedeutet, lassen sie es im Bericht von Gethsemane, dem bei Matthaeus und Markus überlieferten Schrei der Gottverlassenheit am Kreuz sehr real deutlich werden, so wird es auch von Paulus in christologischen Formulierungen ausgesprochen: „Gott sandte seinen Sohn in die Gleichgestalt des sündlichen Fleisches" (Röm. 8, 3), „geboren von einem Weib und *unter das Gesetz* getan" (Gal. 4, 4). Der Hebräerbrief sagt es auf seine Weise: „Daher mußte er in allen Dingen seinen Brüdern gleich werden" (2, 17), mitleidend mit unseren Schwachheiten, „versucht in allem gleich wie wir, wenn auch ohne Sünde" (4, 15). „Er hat in den Tagen seines Fleisches Gebet und Flehen mit starkem Geschrei und Tränen geopfert zu dem, der ihm vom Tode konnte aushelfen" (5, 7). Jesus vor Gott als der wahre, dem Willen des Vaters ganz entsprechende Mensch, ohne Sünde – aber als dieser von Gott unter die Belastung, die *uns* als *Sünder* trifft, und so in der Tat ganz zu uns in die faktische Wirklichkeit unseres Menschseins gestellt; Jesus als Mensch *gegenüber* Gott und *unter* Gott an unserer Seite in dieser radikalen Konsequenz dessen, was „unsere Seite" bedeutet – in der Theologie war das sicher nie vergessen. Der Frömmigkeit blieb es nicht immer gegenwärtig, in ihrem Christusbild war die Niedrigkeit des Irdischen zu Zeiten stark vom Glanz des Erhöhten überblendet.

Heute ist Vielen gerade dieses Menschliche des Menschseins Jesu wichtig geworden: „Versucht in allem gleichwie wir"; auch er, der wahre Mensch, kein Unangefochtener, der jeder seelischen Bedrängnis enthoben war und sich jeder physischen Bedrohung mit Wundermacht hätte entziehen können, sondern in Anfälligkeit und Angefochtenheit, Leiden und Todesangst und Sterben *ganz bei uns*. Freilich konnte diese Verlagerung des Akzentes auf Jesu wirkliches Menschsein nun auch zur Streichung des *„ganz Gott selbst* in Jesus" führen. In der Theologie der Aufklärung ist das geschehen, und in heutiger Theologie setzt sich eine Ersetzung von Christologie im alten Sinn durch „Jesulogie" auf mancherlei Weise fort. Menschsein und Menschlichkeit Jesu konnten und können betont werden im Gegenzug

---

[6] Vgl. dazu die eindringlichen Ausführungen von *K. Barth*, KD I/2, S. 165 ff., bes. S. 173.

gegen das Bekenntnis zu seiner Gottheit und in dem Interesse, sich von aller Christus-Dogmatik zu entlasten. „Jesus ganz bei uns" *ohne* das andere: „ganz Gott selbst in diesem, der ganz bei uns ist" – das bedeutet die Auflösung nicht nur einer als zu „spekulativ" empfundenen *Form* von Christologie, sondern die Selbstauflösung ihrer soteriologischen Aussageabsicht, und in letzter Instanz die Verwandlung des Evangeliums in das Gesetz eines Menschlich-werdens nach dem Vorbild Jesu.

Aber damit ist das Anliegen, Jesus nicht nur in seiner himmlischen Herrlichkeit zu sehen, ihn vielmehr in dem Menschsein, das er in allen Erfahrungen der Anfechtung und des Leidens teilte, ganz auf unserer Seite zu haben, nicht ins Unrecht gesetzt; es ist, wenn auch faktisch oft mit ihr verwoben, nicht einfach mit jener Tendenz a-christologischer Jesulogie gleichzusetzen. Ja steht dieses Anliegen nicht, sich selbst vielleicht oft unbewußt, in seinem Gewicht darauf, gerade *ihn* ganz bei uns zu haben, in einem latenten Widerspruch zu der Tendenz, in Jesus „den Menschen und *nur* den Menschen" zu sehen? Bekommt es nicht in einem bestimmten Sinn Recht, wenn Paulus einer in seinen Gemeinden virulenten Theologia gloriae entgegen darauf insistiert, daß es der *Gekreuzigte* ist und bleibt, der als der Erhöhte gegenwärtig ist – nicht eine göttliche Gestalt, deren menschliche Geschichte wie etwas Erledigtes hinter ihr liegt und so auch für den Glauben erledigt wäre? Und wenn jenes Anliegen nicht in einem wesentlichen Sinn im Recht wäre – warum wären dann die Evangelien geschrieben und bis heute in den Christusglauben der Kirche hineingehalten, in denen bei aller Herkunft ihres Zeugnisses vom Osterglauben nun eben doch die menschliche Geschichte Jesu in seinem gehorsamen, betenden, dienenden Gegenüber zu Gott erzählt wird bis hin zu jenem Schrei am Kreuz: Mein Gott, warum hast du mich verlassen?

War aber Gott selbst in diesem Menschen, ja wurde und ist Gott selbst dieser Mensch – wie ist dann sein Menschsein gegenüber und unter Gott zu verstehen? Betet in ihm Gott selbst zu Gott? Gehorcht Gott sich selbst? Wird Gott selbst von Gott verlassen? Man wird vom trinitarischen Denken her entgegnen: Nicht Gott schlechthin, sondern Gott-*Sohn* – die zweite Person der Trinität – wurde und ist dieser Mensch. Nicht einfach Gott betet zu sich, sondern Gott der Sohn betet in der Person dieses Menschen zu Gott dem Vater, gehorcht Gott dem Vater. Gott der Sohn ruft als dieser Mensch den Vater an: Warum hast du mich verlassen? Das innertrinitarische Gegenüber des Sohnes zum Vater in Gott selbst hat sich in dieses menschliche Gegenüber Jesu zu dem Vater hineingegeben.

Dem soll hier nicht grundsätzlich widersprochen werden. In der Tat stehen wir an der Stelle, an der, wenn die Rede von der Gegenwart Gottes in dem Menschen Jesus nicht durch die Rede von seinem Menschsein *ersetzt* und verdrängt werden soll, nun von dem Gott, der in Jesus ganz zum Menschen gekommen ist, trinitarisch geredet werden muß.

Aber mit dem uninterpretierten Verweis auf die Trinitätstheologie wären Fragen, die auch hier noch sich stellen, vorerst mehr zurückgedrängt als aufgenommen. Was heißt das: Gott der Sohn steht als dieser Mensch betend, leidend, fragend im Gegenüber zu Gott dem Vater? Wie kann diese Gegenwart Gottes in ihm, die ihn Gott den Sohn sein läßt, so verstanden werden, daß nun nicht noch einmal die Frage des Doketismus auftaucht: ein Mensch, der sich zugleich als Gott weiß, als der Sohn in unauflöslicher innertrinitarischer Einheit und Gemeinschaft mit dem Vater – und nun doch auch *unter* ihm bis hinein in die Dunkelheit der letzten Stunde, und darin ganz am Ort *unseres* Menschseins vor Gott und unter Gottes Gericht? Muß das innertrinitarische Sohnesbewußtsein nicht das menschliche in sich aufheben [7]?

IV.

Es gibt in der neueren Theologie den Versuch, in Abhebung von einer rationalistischen Reduzierung die besondere und einmalige Beziehung Jesu zu Gegenwart Gottes zu behaupten, jedoch den soeben nochmals angedeuteten Fragen so zu entgehen, daß diese Gegenwart als *Vergegenwärtigung* Gottes für uns im Spiegel des *Verhaltens* Jesu gedeutet wird. Man kann den Ansatz dieses Weges, die christologische Frage zu lösen, bei Schleiermacher sehen. Mit variierenden Ausdrucksmitteln wurde er seitdem und bis in die jüngste Vergangenheit mehrfach beschritten [8]. Auf ihren Kerngehalt reduziert lautet diese Lösung der Frage etwa so: Es ist zunächst von einer besonderen Gegenwart Gottes *für* Jesus zu sprechen: Er als der wahre Sohn lebt ganz in und von der Gegenwart des Vaters. Er hat den Vater in reinem Glauben, in exemplarischem Sohnesverhalten ganz gegenwärtig. Darin wird er auch für uns zur Vergegenwärtigung Gottes: In seinem Verhalten zu dem Vater zeigt er uns die Wirklichkeit dieses Vaters und ermächtigt und entbindet dadurch in uns ein gleiches Verhalten. Wie er und ihm nach sollen auch wir im Glauben Gott gegenwärtig haben und so Söhne Gottes werden. Damit scheint das Problem gelöst, wie im Zusammenhang mit Jesus von Gegenwart Gottes geredet werden kann, ohne das menschliche Gegenüber Jesu selbst zu Gott aufzuheben. Denn in diesem Verständnis *ist* Jesus nicht Gott im Sinn einer personalen Identität, er bleibt als der Sohn im Gegenüber zu Gott und ist so der wahre, Gott wohlgefällige *Mensch*. Und doch entsteht an ihm – nämlich daran, daß er eröffnet, daß und wie auch wir uns als die Söhne zu dem Vater verhalten

---

[7] Wer einmal durch Nietzsches Wort, für den, der wisse, daß er in drei Tagen auferstehen wird, habe das Sterben offenbar nicht viel zu besagen, wirklich betroffen wurde, der wird solche Fragen nicht ohne weiteres als unsachgemäßes Psychologisieren verdrängen können.

[8] Ich kann z. B. die Christologie *Fr. Gogartens*, wiewohl sie sich viel differenzierter artikuliert als das hier wiedergegeben werden kann, letzten Endes nur in dieser Richtung verstehen.

dürfen – Vergegenwärtigung Gottes für uns. Zugleich scheint so auch die Komplikation eines trinitarischen Redens im Sinn einer immanenten Selbstunterscheidung in Gott vermeidbar zu werden.

Aber redet das biblische Christuszeugnis nur von solcher Vergegenwärtigung der *über* uns stehenden Wirklichkeit des Vaters durch Jesu exemplarisches Sohnesverhalten? Es redet doch unüberhörbar von einem *Zu*-uns-kommen Gottes, das in der Person Jesu selbst und seiner Geschichte *Ereignis* wurde: „Gott war in Christus und versöhnte die Welt mit sich selbst" (II Kor. 5,19 – andere Aussagen, vor allem die des Johannesprologs, könnten dem zur Seite gestellt werden). Auf dieses *Ereignis* des Kommens Gottes zum Menschen in Christus wird die Ermächtigung gegründet, uns als die Versöhnten und Söhne Gottes zu glauben. Man kann fragen, ob daraus nicht in der soeben referierten Konzeption (vielleicht gegen die letzte Intention mancher ihrer Vertreter selbst) etwas anderes wird: Der Glaube als Entscheidungsakt, im Nachvollzug der Haltung Jesu das Vatersein Gottes als ein grundsätzlich Gegebenes wahrzunehmen und wahr zu haben, nachdem es Jesus uns voraus exemplarisch wahrgenommen hat. *Ist* das aber grundsätzlich gegeben für den Menschen, der im Abseits von Gott lebt, im Bereich einer Macht, die ihn von Gott trennt? Können wir aus diesem Bereich und Stand der Getrennten heraus einfach die exemplarische Existenz des Glaubens Jesu nachvollziehen? Was mußte *geschehen*, damit die Getrennten sich als die Versöhnten und Angenommenen glauben dürfen? Gott wollte und mußte „in Person" zu denen kommen, die in sich kein Recht haben, ihn bei sich und sich bei ihm zu wissen. Er mußte zu ihnen herkommen an den Ort ihres Abseits, an den sie von ihnen selbst her gebannt sind. Nur so ist dieser Bann aufgehoben und dieser Ort zu dem Ort gemacht, an dem wir (nicht Aufschwünge und Entscheidungen vollziehen, sondern) uns darauf lassen können: Gott ist bei uns und für uns da, und wir können ihn als unsern Vater anrufen. Dann heißt Glauben nicht: Sich im Nachvollzug einer Haltung etwas vergegenwärtigen, sondern: Sich auf Gegenwart lassen, an den Gegenwärtigen halten. Wir sind dann angenommen, wenn der, von dem wir getrennt waren, trotz unser selbst zu uns gekommen und mit uns ist. Eben das ist in Jesus geschehen, und dies muß Christologie zum Ausdruck bringen.

V.

Es soll im folgenden versucht werden, diese Selbstgegenwart Gottes in Jesus auszusagen, ohne doch das menschliche Gegenüber Jesu selbst zu Gott in Frage zu stellen[9]. Auf dem Weg dahin kann eine Überlegung des mehrfachen Bedeutungsgehalts hilfreich sein, der dem Symbolwort „der

---

[9] *E. Jüngel*, aaO Th. A 5. 321 (S. 278): „Die christologische Einheit von Gott und Mensch darf nicht so gefaßt werden, daß ein menschliches Verhältnis [Jesu] zu Gott undenkbar wird."

Sohn" eignen kann je nach der Relation, in der es eingesetzt wird. „Der Sohn" – in der Relation seines eigenen Gegenüber zum Vater kann das meinen: Der dem Vater gehorsam Hingegebene, Sich untergebende, seinem Willen antwortend Entsprechende. In Relation zu anderen, Außenstehenden kann „der Sohn" bedeuten: Der den Vater bevollmächtigt Vertretende, im Namen des Vaters Handelnde. Beides schließt sich nicht aus, sondern kann in Hinsicht der jeweiligen Relation *gleichzeitig* gelten. Das ist freilich ein idealtypisches Konstrukt, das im Bereich menschlicher Vater-Sohn-Verhältnisse kaum so verwirklicht wird (auch nicht auf Dauer verwirklicht werden soll – menschliche Söhne sollen ja einmal aus der unbedingten Vaterbindung herauswachsen), und das andererseits in bestimmter Hinsicht auch in Anwendung auf die Gegenwart Gottes in Christus zu kurz greift, worauf noch zurückzukommen ist. Dennoch kann diese Zwischenüberlegung als Hinweis auf eine doppelte Bedeutungsrichtung auch der neutestamentlichen Bezeichnung Jesu als des Sohnes Gottes eine Verständnishilfe geben, und so auch eine Aussagehilfe für das Zugleich des menschlichen Gegenüber Jesu zu Gott und der Gegenwart Gottes in ihm. Wir versuchen, dieses Zugleich nicht *substantial* zu verstehen als eine ontische Doppelbeschaffenheit Jesu in und für sich selbst, sondern *relational* als eine zweifache Funktion, die Jesus zukommt einmal in *seinem* Verhältnis zu *Gott*, und zugleich in dem Verhältnis, das *Gott* in ihm *zu uns* eingegangen ist. In beiden Relationen ist er der Eine, dem aus der Setzung und Selbstbestimmung *Gottes* heraus solche Funktion zukommt.

Wir versuchen also, das Anliegen der Naturenchristologie durch eine Relationschristologie zu interpretieren[10]:

In seinem eigenen Verhältnis zu Gott war der unter uns auf dieser Erde lebende und sterbende Jesus als Mensch Gott gegenüber; und zwar als der *wahre* Mensch in der Ganzheit vertrauend-gehorsamer Hingabe bis dahin, daß er sich von Gott an den Ort stellen ließ, der uns, den unwahren Menschen, zukommt: unter das Gottesgericht des Kreuzes. So ist er, an unsere Stelle tretend, der rechte Sohn in dem Sinn, in dem auch wir – durch ihn – Söhne Gottes werden sollen[11]. Würde seine Sohnschaft aber nur in dieser Richtung und Hinsicht ausgesagt (und eine Christologie der bloßen Vergegenwärtigung Gottes im Spiegel des menschlichen Sohnesverhaltens Jesu scheint sich darauf zu beschränken), dann bliebe uns Jesus als bloßes Exemplum vor Augen gestellt, und auf uns bliebe die Frage lasten, wie wir ihm nach zu Gott kommen sollen.

---

[10] *E. Jüngel*, aaO Th. A 5.21 (S. 277): „Die altkirchliche Zweinaturenlehre ist in ihrem Wahrheitsgehalt so aufzunehmen, daß die Kategorie der Natur durch die ontologisch angemessenere Kategorie der Relation interpretiert wird."

[11] Er ist auch dies von *Gott* her: Nicht die Menschheit hat aus ihrer Mitte heraus in ihm den wahren, im rechten Sohnesverhalten zu Gott lebenden Menschen hervorgebracht, sondern Gott hat ihn als diesen Menschen in ihre Mitte hinein gegeben.

Nun aber ist derselbe Jesus zu *uns* her, in dem Verhältnis, das Gott in seiner Person zu den von ihm getrennten Menschen eingeht, zugleich der Eine, in dem Gott selbst sich für uns identifiziert hat: der Sohn als der die Gegenwart und das Verhalten des Vaters selbst vollmächtig Vertretende – und *darin* ist er der Sohn Gottes in dem ihm allein zukommenden Sinn, der „eingeborene" Sohn. Er ist dies aber (hier ist die Stelle, an der das Hilfsgerüst jenes vom Menschlichen hergenommenen Konstrukts möglicher Vater-Sohn-Relationen gesprengt wird) nicht als Repräsentant eines *abwesenden*, sondern gerade des in *seinem* menschlichen Mit-uns-sein bei uns *anwesenden* Gottes. So daß gilt: Nicht nur *wie* Jesus, *so* (auf der Ebene seines göttlichen Verhaltens, für das Jesus und sein menschliches Verhalten nur repräsentierendes Gleichnis wäre) Gott selbst; sondern: *Wo* Jesus, *da* in ihm Gott selbst. Und mit welchen Jesus, mit denen darin, daß er bei ihnen ist, Gott selbst – und auch dies nun bis dahin, daß in seinem Sterben Gott selbst zu uns in unsern Tod gekommen ist. So ist er, der wahre Mensch vor Gott, in seiner Relation zu uns die Menschgestalt des Kommens Gottes zu uns, der „Ort" Gottes bei uns geworden. In der Geschichte Jesu vollzieht Gott selbst die Bewegung, in der er dem ihm verlorenen Menschen nachgeht. Und es ist nun nicht mehr die Frage, wie wir ihm nach zu Gott kommen sollen. Sondern Gott ist in ihm zu uns gekommen, und es ist erlaubt und geboten, sich darauf zu lassen, daß Gott mit uns ist und sein wird auch in seinem Gericht und unserm Tod, so gewiß Jesus bis in das Sterben der Sünder hinein mit uns wurde.

Man könnte das auch so ausdrücken: Der Mensch Jesus ist das Personsakrament der die Sünder annehmenden, ihre Unannehmbarkeit durchbrechenden Gemeinschaftsaufnahme Gottes mit den Menschen. Nur so ist er zugleich das exemplum eines in Kraft dieser Gemeinschaft neu geschaffenen Menschseins. Wird damit (entgegen dem ausdrücklichen Veto der alten Dogmatik) die unio *personalis* von Gott und Mensch in Jesus durch eine unio *sacramentalis* ersetzt? M. a. W. könnte man nun sagen: Wie das Brot im Sakrament als solches nicht Christus *ist*, wohl aber da, *wo* das Brot empfangen wird, ineins mit ihm auch Christus leibhaft gegenwärtig ist und sich gibt – so *ist* der Mensch Jesus nicht Gott, aber da, *wo* Jesus ist, ist ineins mit ihm auch Gott der Vater? Noch einmal würden wir so nicht nur aller Fragen, wie sich das Gott-sein Jesu mit seinem Gegenüber zu Gott vereinbaren lasse, enthoben, sondern es würde sich auch ein trinitarisches Reden von Gott erübrigen.

Ist aber Jesus wirklich das *Person*-Sakrament der Gegenwart Gottes, so wird die Parallele einer unio sacramentalis von „Element" und Persongegenwart gesprengt. In ihr können wir das unpersönliche Element, das die Gegenwart Christi repräsentiert, bei allem Wissen darum, daß diese Gegenwart sich dem Empfang des Elementes ohne Vorbehalt zugesagt hat, von der Person des Christus praesens unterscheiden (wenn auch nicht scheiden). Hier, in Jesus selbst als dem Ursakrament der Gegenwart des uns annehmenden Gottes, geht es aber um *Person* als Träger von Persongegenwart: um das *Du*, mit dessen Sein bei uns Gott sich selbst in seinem Kommen zu uns *identifiziert* hat. Der „Ort" Gottes bei uns ist dieses Du. Darum ist es hier nicht mehr erlaubt, schlechthin zu sagen: Der Mensch Jesus ist nicht Gott. Sondern *für uns*, in der Relation, die Gott in ihm zu uns her eingegangen ist, *ist* dieser Sohn ununterscheidbar Gott selbst in der Gestalt, in der er zu uns in unser Menschsein gekommen ist, und so in der Tat *Gott*, der Sohn – indem er zugleich in seiner eigenen Relation zu Gott als Mensch dem Vater gegenüber war. *Für uns*, zu uns her ist er, indem er an sich selbst am Kreuz das gottverlassene Sterben des Menschen erfahren mußte, Gott selbst, der zu uns in unser Sterben und unsere Gottverlassenheit gekommen ist und sie damit aufgehoben hat. Das kann freilich nur gesagt werden im Glauben an die Auferweckung des Gekreuzigten von den Toten. Denn in ihr hat Gott seine Selbstidentifizierung mit dem Menschen Jesus und seiner Geschichte unter den Menschen offenbart und besiegelt[12]. Und man wird sagen dürfen: Durch sie ist Jesus auch für ihn selbst, in seiner eigenen Relation zu dem Vater, in die Identität mit der Gottheit Gottes aufgenommen. Denn der Vater ist nun in alle Zukunft nicht anders Gott als zugleich in diesem Sohn, durch dessen menschlichen Weg er sein eigenes Kommen zu den im Unheil gefangenen Menschen vollzogen hat.[13]

Auf das trinitarische Reden von Gott kann nun in der Tat nicht verzichtet werden. Mit ihm bekennen wir uns zu ihm als dem Gott, der diese Bewegung vollzogen hat: als der Vater wie uns allen so auch dem Menschen Jesus *gegenüber*, und doch zugleich in ihm als dem Sohn, dessen Sein mit uns von der Gegenwart des Vaters nicht zu scheiden ist, *mit* uns geworden, ganz auf unsere Seite gekommen; und dies so umfassend, daß derselbe Gott es ist, der – nun *in* uns selbst wirkend – uns in den Glauben an sein Mit-uns-sein in Christus hineinträgt und in ihm erhält. Im Blick auf die klassischen trinitätstheologischen Unterscheidungen wird man fragen können, ob dies eine Reduktion der Wesens- auf Offenbarungstrinität bedeutet. In der Tat werden wir das trinitarische „Wesen" Gottes nur aus dieser seiner sich erschließenden, uns ihm aufschließenden *Selbstbewegung* zu dem ihm verschlossenen Menschen heraus ansprechen können. So und nicht anders hat Gott sich uns erzeigt. Das kann aber gerade nicht heißen (und in der Abwehr dessen, nicht im Beschreiben innergöttlicher Vorgänge schon „vor" dieser seiner offenbarenden Selbstbewegung, meine ich die theologische Funktion der Aussage der „immanenten" Trini-

---

[12] Vgl. *E. Jüngel*, aaO Th. B. 2. 27 – 2. 272 (S. 288).
[13] *E. Jüngel*, aaO Th. B 3.44 (S. 291): „Die Mitteilung göttlichen Lebens an den toten Jesus ist die dem Sein des Menschen Jesus widerfahrende *Erhöhung* in die definitive Einheit mit Gott."

tät zu sehen): dieser Gott behalte hinter seiner Selbstbewegung zum Menschen ein „Wesen" zurück, in dem er noch anders, ein anderer wäre als dieser, der sich uns so erzeigt hat. Sondern Gott war und ist in seiner allen unsern Fragen nach „vorher" und „nachher" überlegenen Ewigkeit kein anderer als der Gott, der, ganz er selbst, in Jesus ganz zum Menschen kommen will und gekommen ist, und der, allein er selbst, uns diesem seinem Kommen zu uns erschließen will und erschließt.

Orte der Erstveröffentlichung

Das „Personale" und der Glaube. Möglichkeit und Grenzen einer theologischen Interpretationskategorie. Aus: KuD Jg. 7, 1961, S. 36–53, 152–171, unter dem Titel „Die Personalität des Glaubens".

Zwischen Barth und Bultmann. Aus: Theologie zwischen Gestern und Morgen, Interpretationen und Anfragen zum Werk Karl Barths, Hg. W. Dantine und K. Lüthi, 1968, S. 69–84, unter dem Titel „Barth, Bultmann und die ‚existentiale Interpretation'".

Thesen zum Problem der existentialen Interpretation. Aus: KuD Jg. 14, 1968, S. 153–157.

Bewahren im Übersetzen. Zur hermeneutischen Aufgabe der Theologie. Aus: Praxis Ecclesiae. Kurt Frör zum 65. Geburtstag, Hg. D. Stollberg in Verbindung mit R. Bohren und M. Seitz, 1970, S. 13–26, unter dem Titel „Überlegungen zum hermeneutischen Problem der Theologie".

Das Gebot und die Gebote. Thesen zur theologischen Begründung der Verbindlichkeit ethischer Normen. Aus: Christsein in einer pluralistischen Gesellschaft, Walter Künneth zum 70. Geburtstag gewidmet, Hg. H. Schulze und H. Schwarz, 1971, S. 289–303, unter dem Titel „38 Thesen zur Frage der Verbindlichkeit ethischer Normen".

Die Frage der Transzendenz Gottes. Aus: Humanität und Christentum heute, Hg. G. Lanzenstiel, 1964, S. 7–18, unter dem Titel „Die Frage der Transzendenz Gottes in der gegenwärtigen Theologie".

Gott der Schöpfer und der Kosmos. Zum Verhältnis von Theologie und Naturwissenschaft. Aus: Zeitwende XXXV. Jg., 1964, S. 522–536, unter dem Titel „Raum, Zeit und Kausalität. Über den Glauben an Gott den Schöpfer und das naturwissenschaftliche Weltbild".

Adam und wir. Gedanken zum Verständnis der biblischen Urgeschichte. Aus: Humanitas – Christianitas, Walther von Loewenich zum 65. Geburtstag, Hg. K. Beyschlag, G. Maron und E. Wölfel, 1968, S. 302–315, ohne den Untertitel.

Die Allmacht Gottes und das Leiden der Menschen (1975; bisher unveröffentlicht).

Die Gegenwart Gottes in dem Menschen Jesus. Zur Interpretation des christologischen Dogmas (1977; bisher unveröffentlicht).

Wilfried Joest · Gesetz und Freiheit

Das Problem des tertius usus legis bei Luther und in der neutestamentlichen Parainese. 4. Auflage 1968. 240 Seiten, broschiert

„In gedrängter Kürze führt dieses hervorragend gründlich gearbeitete und weit horizontierte Werk zunächst in die Kernproblematik der Lehre Luthers ein. Joest gelingt es in einer überaus besonnenen Weise, die Einheit im Widerspruch des ntl. Zeugnisses zu erhellen und aus ihr fruchtbare Erkenntnisse für die Hermeneutik des NT abzugewinnen. Abschließend werden die Übereinstimmung Luthers mit dem NT und ihre Grenze aufgewiesen, der Begriff des tertius usus als unzulänglich erkannt und aus der Unterscheidung von ‚Gebot' und ‚Gesetz' neue Gesichtspunkte für die Weiterführung der gesamten Problematik gewonnen. Dabei werden die theologische Auseinandersetzung, vor allem mit Karl Barth, aber auch die zwischen den reformatorischen Bekenntniskirchen schwebenden Fragen auf eine neue Sachebene erhoben."

Evang.-Luth. Kirchenzeitung

Wilfried Joest · Ontologie der Person bei Luther

1967. 240 Seiten, Leinen

„Sowohl von protestantischer als auch von katholischer Seite ist im Blick auf Luther und die Reformation eine ontologische Ausrichtung abgelehnt bzw. abgesprochen worden. Der Verfasser geht auf diese Interpretation ausführlich ein, erblickt aber im Personbegriff und überhaupt in der Theologie Luthers eine Vielzahl ontologischer Strukturelemente, die bei Luther in ihrer christologischen Ausgangsbasis von jeder philosophischen – und speziell der aristotelischen Ontologie – geschieden werden sollen. Es geht also bei Luther auf Grund des christologischen Fundamentes um eine spezifisch personontologische Fragestellung. Die umfangreiche Untersuchung darf als einer der entscheidenden Wendepunkte innerhalb der neueren Luther-Literatur bezeichnet werden."

Jahrbuch für Liturgik und Hymnologie

Katholizität und Apostolizität · Hrsg. von Wilfried Joest

1971. 187 Seiten, engl. brosch. (Beiheft 2 zu KERYGMA UND DOGMA)

Inhalt: J. N. D. Kelly: Die Begriffe „katholisch" und „apostolisch" in den ersten Jahrhunderten / Jean Bosc: Die Katholizität der Kirche / J.D. Zizioulas: Abendmahlsgemeinschaft und Katholizität der Kirche / R. Schnackenburg: Apostolizität – Stand der Forschung / J.L. Witte: Einige Thesen zur Sakramentalität der Kirche / W. Pannenberg: Die Bedeutung der Eschatologie für das Verständnis von Apostolizität und Katholizität der Kirche / E. Lanne: Vielfalt und Einheit: Die Möglichkeit verschiedener Gestaltung des kirchlichen Lebens im Rahmen der Zugehörigkeit zu der gleichen Kirche / E. Lanne: Die Ortskirche / A. Ganoczy: Amt, Episkopat, Primat.

VANDENHOECK & RUPRECHT · GÖTTINGEN UND ZÜRICH

Peter Brunner · Bemühungen um die einigende Wahrheit

Aufsätze. 292 Seiten, kartoniert

Von ihrem Ursprung her sind diese Aufsätze jeweils in einer konkreten dialogischen Situation entstanden; es sind Anreden, die eine Antwort, Stellungnahme, Urteil und Entscheidung der Angesprochenen erwarten. Es geht hier, auch bei gelegentlichen Rückblicken, um Zukünftiges, das noch nicht erreicht ist.

Das Verblassen einer dem Evangelium entsprechenden Eschatologie in Lehre und Verkündigung und unser hilfloses Versagen gegenüber einem vorgeschichtlichen protologischen Geschehen sind eine nicht geringe Gefahr für die Erkenntnis der innergeschichtlichen Heilstaten Gottes. Die einigende Wahrheit kann durch diese theologischen Schrumpfungen und Verluste sehr verdunkelt werden. Die einigende Heilswahrheit zur Sprache zu bringen und in der Macht ihrer Verkündigung lebendigen Glauben zu wecken, ist die Aufgabe, vor der wir heute mit besonderer Dringlichkeit stehen, ein Ruf, der gewiß für alle christlichen Kirchen mitsamt ihren Theologen gilt.

Regin Prenter · Theologie und Gottesdienst

Gesammelte Aufsätze. Etwa 288 Seiten, kartoniert

Inhalt:
1. Die Einheit von Schöpfung und Erlösung. Zur Schöpfungslehre Karl Barths.
2. Karl Barths Umbildung der traditionellen Zweinaturlehre in lutherischer Bedeutung. Eine vorläufige Beobachtung zu Karl Barths neuester Darstellung der Christologie.
3. Die göttliche Einsetzung des Predigtamtes und das allgemeine Priestertum bei Luther.
4. Die Beziehungen zwischen Theologie und Philosophie als dogmatisches Problem. Einige Thesen zu dem oft diskutierten Problem des gegenseitigen Verhältnisses von Theologie und Philosophie.
5. Das Augsburgische Bekenntnis und die römische Messopferlehre.
6. Eucharistic Sacrifice according to the Lutheran Tradition.
7. Liturgy and Theology.
8. Worship and Creation.
9. The Doctrine of the Real Presence.
10. Luthers „Synergismus"?
11. Zur Theologie des Kreuzes bei Luther.
12. L'Interprétation de la doctrine des deux règnes.
13. Der Gott, der Liebe ist. Das Verhältnis der Gotteslehre zur Christologie.

VANDENHOECK & RUPRECHT · GÖTTINGEN UND ZÜRICH